子ども法

大村 敦志・横田 光平・久保野 恵美子 著

有斐閣

もくじ

プロローグ　子ども法の出現 ―――――― 1

1. 子ども法への期待，子ども法の不在 ……………… 1
2. 普遍の法と差異の法 ……………………………… 2
3. 法の独自性を支える要素――法典・裁判所と大学 ……… 3
4. 子ども法の原理 …………………………………… 4
5. 子ども法の定義・用語 …………………………… 4
6. 本書の構成・想定読者 …………………………… 5
7. 本書を読む上での基礎知識 ……………………… 6

序章　「人」としての子ども　子どもの人格 ―――――― 8

1. 子どもは「人」である …………………………… 9
   - (1) ヒトは「人」として生まれる　9
   - (2) 「人」であることの承認　10
2. 「人格」ということ ……………………………… 11
   - (1) 技術的な意味での「人格」　11
   - (2) 実質的な意味での「人格」　11
   - (3) 「人格」の砦としての「財産」　12
3. 誰が子どもの「人格」を守るか？ ……………… 13
   - (1) ヤヌスとしての親　13
   - (2) 社会の子，国家の子　15
   - (3) 様々な補助者　16
4. 「人」を守ること，「人」を開くこと …………… 17
   - (1) 「人と人」が社会をつくる　17
   - (2) 「人」と「市民」の関係　18

Column 1　氏名権と命名権　20

第1章　家族の形成 — 21

はじめに……………………………………………………………………… 22
1　家族とは——縦と横・大と小 ………………………………………… 23
2　結婚するということ …………………………………………………… 24
　(1) 結婚と親子関係　24
　(2) 結婚することの意味　26
　(3)「男女間」の結婚？　26
3　子育てと家族 …………………………………………………………… 28
　(1) 親の責任　28
　(2) 大きな家族　30
　(3) 家族の再構成と子ども　31
4　子育てと社会 …………………………………………………………… 31
　(1) 子育てに対する社会の責務　31
　(2) 母子保健　33
　(3) 保育　34
　(4) 金銭的支援　35
　(5) 子ども・子育て支援　36
Column 2　技術的補助による生殖と家族　39

第2章　家族の動揺 — 40

1　父母の離婚と子の親権 ………………………………………………… 42
2　養育費の支払 …………………………………………………………… 43
　(1) 父母の基本的義務　43
　(2) 支払確保のための方法　43
　(3) 行政上の支援制度との連携　44
3　両親間における子どもの奪い合い …………………………………… 46
　(1) 子どもの奪い合い紛争　46
　(2) 裁判所での解決手続　47
　(3) 国際的な子の奪取　48
4　子と同居していない親と子との面会交流 …………………………… 48

(1) 面会交流の位置づけ　48
　　　(2) 面会交流の具体的内容・その決定基準　49
　　　(3) 円滑な面会交流のための条件整備　49
　　⑤　離婚後の父または母の再婚……………………………………………50
　　　(1) 再婚相手と子どもとの関係　50
　　　(2) 他方の親と子との関係　51
Column 3　国際結婚・ハーグ条約　53

第3章　児童虐待　虐待の発見，保護まで ……………………… 54

　　① 親の責任 …………………………………………………………………56
　　② 「しつけ」──親の権限 ………………………………………………58
　　③ 「ネグレクト（養育放棄）」──虐待の類型 ………………………58
　　④ 虐待は犯罪──刑罰 ……………………………………………………60
　　⑤ 児童虐待の通報──虐待発見者の通告義務 …………………………60
　　⑥ 児童虐待の立入調査 ……………………………………………………63
　　⑦ 警察の役割 ………………………………………………………………65
　　⑧ 一時保護 …………………………………………………………………66
　　⑨ 児童虐待から子どもを保護する ………………………………………67
　　　(1) 児童福祉法上の対応　67
　　　(2) 民法上の対応　68
　　　(3) 関連する手続　69
　　　(4) 子ども本人の意思　69
　　⑩ 再び親の元へ──親子再統合 …………………………………………72
　　⑪ 逮捕──刑事手続 ………………………………………………………74
　　⑫ 虐待の予防──子育て支援 ……………………………………………75
　　⑬ 虐待の予防──連携・ネットワーク …………………………………76
Column 4　子どもの性被害　79
Column 5　学校に通えない理由　80

第4章 児童虐待，その後　家族の再構築，自立へ ────── 81

- 1 親の意思……………………………………………………… 83
- 2 里親と児童福祉施設………………………………………… 86
- 3 もう一つの児童虐待………………………………………… 88
- 4 祖父母，親族——扶養義務と社会的養護………………… 91
- 5 社会的養護から自立へ……………………………………… 93
- 6 自立支援施策の拡充………………………………………… 94
- 7 未成年後見・身元保証……………………………………… 96
- 8 養子縁組と社会的養護……………………………………… 98
- 9 親子の縁——2つの養子縁組……………………………… 99

Column 6　DV　102
Column 7　子どもの貧困　103

第5章 子どもと責任 ────── 104

- 1 民事責任と刑事責任………………………………………… 105
  - （1）民事責任——損害賠償の責任　105
  - （2）刑事責任——刑罰　107
  - （3）民事責任と刑事責任との違い　110
- 2 高校からの停学処分………………………………………… 112
- 3 行政責任……………………………………………………… 113

Column 8　家庭裁判所　115

第6章 学校で何が？　いじめ ────── 116

- 1 子どもと学校………………………………………………… 119
  - （1）教育を受ける権利・義務教育　119
  - （2）公立学校　119
  - （3）学区制・学級制　120
  - （4）子ども達と教師　121

iv

2 いじめの予防と発見……………………………………………123
3 子どもを守る……………………………………………………125
　(1) 学校の中で　125
　(2) 教育行政の役割　126
　(3) 学校教育関係の外で　127
4 重大な事態………………………………………………………130
5 いじめる子ども…………………………………………………131
6 少年非行としての対応…………………………………………134
7 親の法的地位……………………………………………………135
　(1) 親と教師・学校　135
　(2) 親の継続的な地位・他の子どもや学校との関係　136
　(3) 子どものための法的地位　137
8 情報へのアクセスと個人情報保護……………………………137
　(1) 個人情報保護の制約　137
　(2) 開示請求の根拠　138
　(3) 開示請求と子どもの福祉　139
9 損害賠償…………………………………………………………142
10 ネットいじめ……………………………………………………143
Column 9　学校に通えなくても（学校を超える不登校支援）　146
Column 10　体罰　147

第7章　少年非行　児童福祉と刑事裁判の間 ── 148

1 飲酒，喫煙，深夜のコンビニ，バイク暴走──不良行為少年……150
2 少年法の理念──犯罪少年，触法少年，ぐ犯少年……………152
3 触法少年，ぐ犯少年──児童福祉法上の手続………………154
　(1) 調査・送致・通告　154
　(2) 児童相談所の対応　156
4 児童自立支援施設………………………………………………159
5 犯罪少年は家庭裁判所へ………………………………………160
6 観護措置・調査…………………………………………………163

7　試験観察……………………………………………… 165
　　8　家庭裁判所の決定…………………………………… 166
　　9　少年審判の場………………………………………… 168
　　　（1）裁判官と少年が向き合って（職権主義）　168
　　　（2）職権主義の下での付添人・検察官　169
　　　（3）審判の非公開と被害者　170
　　10　少年院………………………………………………… 172
　　11　保護観察……………………………………………… 174
　　12　少年の刑事裁判……………………………………… 177
　Column 11　障害と児童虐待・少年非行　181
　Column 12　メディアと子ども　182

第8章　子どもと財産 ──────────────── 183

　　1　財産の所有…………………………………………… 184
　　2　財産の取得…………………………………………… 185
　　3　未成年者の財産──親権者による管理………………… 187
　　4　未成年者自身が管理できる財産──処分を許された財産……… 188
　　5　親権者による管理の範囲…………………………… 189
　　　（1）親権者の管理の裁量性　189
　　　（2）利益相反　190
　　　（3）親権者による管理権の濫用または不適切な行使　191
　　　（4）第三者が無償で子に与えた財産の管理　191
　　　（5）親権者がいない場合の財産の管理──未成年後見　192
　Column 13　親権・未成年後見　195

第9章　子どもの社会との交わり ──────────── 196

　　1　社会との交わり・その1──契約……………………… 197
　　2　契約の危険性？……………………………………… 198
　　　（1）契約の拘束力　198

vi

もくじ

　　（2）判断過程に瑕疵がある場合　199
　3　未成年者は一人で契約ができない？──行為能力……………199
　　（1）利害損失の判断が十分にできない場合　199
　　（2）未成年者の行為能力の制限　201
　　（3）相手方の保護　203
　　（4）携帯電話の契約──利用料負担との関係　204
　4　契約の危険性に対する一般的対応──消費者法……………205
　5　社会との交わり・その2──「人格」にかかわる行為…………206
　　（1）未成年者が単独ですることのできる行為──結婚　206
　　（2）家族に関する行為　207
　　（3）人身にかかわる行為　208
　　（4）未成年者の法的手続への関与　210
Column 14　医療と子ども　214

第10章　障害児の現在と将来 ─────────── 215

　1　障害児…………………………………………………………217
　　（1）障害の「社会モデル」　217
　　（2）定義と手帳制度　218
　　（3）手帳制度の意味　218
　　（4）手帳の申請　219
　2　障害の発見と療育………………………………………………222
　　（1）早期の発見と支援　222
　　（2）保育所・幼稚園と共生の理念　223
　　（3）障害児施設　223
　3　特別支援教育システム…………………………………………226
　　（1）学校教育を受ける権利　226
　　（2）特別支援学校　226
　　（3）小中学校等での特別支援教育　227
　4　学校が決まるまで………………………………………………229
　5　特別支援学校・学級での学校生活……………………………233
　6　障害児，保護者への生活支援…………………………………235

7　バリア・フリー（社会的障壁の除去）……………………… 236
　　　8　自立に向けて ……………………………………………… 239
Column 15　意思決定支援　243
Column 16　外国人の子どもの学校教育　244

第11章　学校から社会へ ───────────── 245

　　　1　子どもの自由・法令による制約・親の権限 ……………… 247
　　　2　校　　則 ………………………………………………… 249
　　　3　親の判断に委ねる ………………………………………… 250
　　　4　親の参加 …………………………………………………… 252
　　　5　選挙権 ……………………………………………………… 254
　　　6　学校への参加，政治社会への参加 ……………………… 256
　　　7　政治教育 …………………………………………………… 258
　　　8　住民としての地位 ………………………………………… 260
　　　9　外国人の地位 ……………………………………………… 262
Column 17　出入国管理と外国人の子ども　265
Column 18　子どもの労働　266

あ と が き
事 項 索 引

■著者紹介

大村敦志（おおむら あつし）〔プロローグ・序章 執筆〕
 東京大学教授
  主著 新基本民法7 家族編（有斐閣，2014）
    文学から見た家族法（ミネルヴァ書房，2012）
    法学入門──「児童虐待と法」から「こども法」へ（羽鳥書店，2012）
    家族法（有斐閣，第3版，2010）
    基本民法Ⅰ・Ⅱ・Ⅲ（有斐閣，Ⅰ：第3版，2008 Ⅱ・Ⅲ：第2版，2005）

●メッセージ；子どもの生活も法制度によって支えられています。「子ども法」を知ることは，子どもが生きる世界をよくすることに繋がるはずです。

横田光平（よこた こうへい）〔第3章・第4章・第6章・第7章・第10章・第11章 執筆〕
 同志社大学教授
  主著 子ども法の基本構造（信山社，2010）
    「行政過程における司法と行政訴訟──家事審判・臨検捜索・一時保護」宮崎良夫先生古稀記念論文集・現代行政訴訟の到達点と展望（日本評論社，2014）
    「子どもの意思・両親の権利・国家の関与──『子の利益』とは何か」法律時報83巻12号（2011）

●メッセージ；様々な子どもたちとのやりとり（茨城県立土浦二高のみなさんには特にお世話になりました）を通じて今の子どもたちの世界を想像しつつ，自分自身が子どもだった時に経験したことや，考えたり感じたりしたこと，何より「子どもの感覚」を思い出しながら，一つ一つの章を書きました。

久保野恵美子（くぼの えみこ）〔第1章・第2章・第5章・第8章・第9章 執筆〕
 東北大学教授
  主著 児童虐待の防止（共著，有斐閣，2012）
    比較家族法研究（共著，商事法務，2012）

●メッセージ；法は，人が人とつながりつつ，その人らしさを尊重されて生きていく土台になります。「子ども」という視点から，そのことを伝えられたらと思います。

■凡　例

(1)　法令について
＊法令名の略語
　本文では，正式名称を使用しました。本文に正式名称が記されている際には，（　）を用いて条文を示す場合，法令名は略語を使用しました。本文に正式名称がなく，（　）内で引用されている場合には，初出に正式名称を付し，次から略語を使用しました。
　《略語の例》
　　憲　　　　日本国憲法
　　民　　　　民　法
　　児　福　　児童福祉法
　　児童虐待　児童虐待防止法
　　少　　　　少年法
＊条文の引用
　とくに読んでほしい条文を本文中に掲載しました。またその条文の文言のなかでも，注意してほしい文言は太字にしました。著者の補足は〔　〕で囲み文字を小さくしました。
　引用はしなかったものの，重要な条文については，見出しのみ掲げました。条文そのものに見出しがついている場合は，見出しには（　）がついています。また，条文そのものには見出しがついておらず，著者が見出しをつけた場合には，〔　〕をつけました。
　「児童の権利に関する条約」は，「子どもの権利条約」としました。

(2)　判例・判例集について
＊判　例
最高裁昭和51年5月21日大法廷判決・刑集30巻5号615頁
　　＝　昭和51年5月21日の最高裁判所大法廷判決，判決文は，最高裁判所刑事判例集30巻5号615頁に掲載されています。
＊判例集の略語
民　集　　最高裁判所民事判例集
刑　集　　最高裁判所刑事判例集

(3)　ストーリーと解説の対応について
　ストーリーの太字の部分に番号（1, 2……）を付していますが，これは，解説の見出し番号と対応しています。

プロローグ
子ども法の出現

1 子ども法への期待，子ども法の不在

　子どもをめぐる問題は，この四半世紀を通じて常に社会の大きな関心事でした。「少子化」「いじめ・虐待」「非行」「子の奪い合い」「貧困・経済格差」「ニート・フリーター」「成年年齢の引き下げ」など，たくさんの例が直ちに思い浮かびます。ところが，法の世界に目を転じると，「子ども法」という法領域は十分に発達しているとはいえません。

　これは奇妙なことです。20世紀は「女性の世紀」と呼ばれると同時に，「子どもの世紀」とも呼ばれてきました。このことは，1985年発効の「女子差別撤廃条約」と1995年発効の「児童の権利条約」（「子どもの権利条約」とも呼ばれます。以下，本書ではこちらの呼び方に従います）の存在が象徴的に示すところです。国内法ならば，2000（平成12）年の「配偶者からの暴力の防止及び被害者の保護等に関する法律（DV防止法）」と1999（平成11）年の児童虐待防止法を挙げることもできます。しかしながら，ごく最近になって「子ども法」に関する著作も現れ始めているものの，その展開は十分とは言えません。例えば，発展しつつある「ジェンダー法」と対比してみると，「子ども法」はずいぶんと立ち遅れているように見えてしまいます。

　その理由はいくつか考えられます。直ちに思い当たるのは，「子ども法」には当事者団体が存在しないために，十分なバックアップが得られないということです。ジェンダー法のほか，労働法・消費者法など強力な支援団体が存在する法領域と比べてみると，この点の違いははっきりしてきます。しかし，保育・教育・児童福祉あるいは医学などの領域を中心に，「こども学会」や「こども学部」が成立していることを考えるならば，これは絶対的な理由とはいえません。より立ち入った理由がありそうです。

2　普遍の法と差異の法

　まず考えられるのは、原理的な問題です。
　近代法において、個人は「国民」あるいは「人」と呼ばれる均質な存在として現れます。日本国憲法は「すべて国民は、法の下に平等であって……差別されない」（憲14条）と定めていますし、現行民法では当然のこととして削除されているものの、旧民法には「凡そ人は私権を享有」する（旧民法人事編1条）との規定が置かれていたのは、このことの現れであるといえます。
　たしかに、すべての個人が平等に扱われることの意味は大きいといえます。しかし、現実にはあらゆる場面において個人の属性を捨象することが望ましいわけではありません。憲法には「勤労者」の権利が定められているし（憲28条）、民法は「精神上の障害により事理を弁識する能力を欠く常況にある者」などを保護しています（民7条以下）。特別な扱いを受けているのは、労働者や精神障害者に限られません。例えば1960年代以降は消費者問題がクローズアップされ、様々な特別法が制定されてきました。また、性的・文化的なマイノリティ（例えば性同一性障害者や少数民族）に関する立法もなされています。さらには、数の上では少数とはいえませんが、近年において女性の権利の増進が著しいことは周知のとおりです。
　個人の普遍性ではなく差異性に着目し、ある属性にかかわる法規範を取り出すと、様々な属性に対応する形で様々な法領域を観念することが可能になりま

【法学の基礎知識　現行民法と旧民法】

　現行民法は1898（明治31）年に施行され、1947（昭和22）年に大改正を受けて今日に至っていますが、これに先立ち、1890（明治23）年にすでに民法が制定されていました。施行されずに廃止されたこの民法を、今日では「旧民法」と呼んでいます。
　個人と個人の基本的な関係を規律する民法は、憲法が国家の基本法であるのに対して、社会の基本法と呼ばれることがあります。旧民法は近代日本最初の民法であったため、現行民法よりも丁寧に、基本的なしくみを定めていました。

す。例えば，労働法や消費者法は今日では，すでに確立された法領域となっており，全国の大学ではこれらの法領域を対象とする授業が行われており，専門の研究者の学会も設立されています。また，性や女性に関しては，「ジェンダー法」という領域が立ち上がりつつあります。さらに，（精神障害者と密接なかかわりを持つ）高齢者法あるいは（マイノリティ問題の一環をなす）外国人法などはそれほどの熟度は持たないものの，その名を冠した概説書が現れるようになっています。

以上のように見てくると，少なくとも今日では，「子ども法」を確立する上での理論的な障害はさほど大きいとは思われません。

③ 法の独自性を支える要素——法典・裁判所と大学

次に考えられるのは，ある意味では「子ども法」はすでに存在しているということです。

すなわち，民法は「未成年者」や「子」について充実した規定を持っています。刑事に目を転じれば，「少年」を対象とする少年法も大きな存在感を見せています。また，福祉の領域には児童福祉法を中心として「児童」に関する法制が存在します。つまり，それぞれの法分野において子どもはすでに一定の位置を占めているために，改めて「子ども法」を観念することの意味が理解されにくいという事情があります。

改めて考えてみると，ある法領域の独自性が認められるには，何が必要でしょうか。ある論者は，法典（基本法律），裁判所，大学（講座・学会・標準概説書）などの状況が影響を及ぼしうると述べています。これを「子ども法」にあてはめてみると，子どもの権利条約や少年法・児童福祉法が存在し，かつ，家庭裁判所が設立されておりそこでは独自の手続（家事事件手続法・人事訴訟法による，あるいは少年法による）が取られていることは容易に理解されます。だから，「（民法の）未成年者法」「少年法」「児童福祉法」の存在はそれなりに認められています。ところがこれらを総括する法律はありません。それだけでなく，大学においても「子ども法」の独自性主張は十分な形では展開されてきませんでした。

プロローグ　子ども法の出現

そうだとすると,「子ども法」の確立のためには大学にかかわる諸要素を活性化することが求められているのかもしれません。

4　子ども法の原理

もっとも,「子ども法」が確立されるためには, それだけでは足りません。おそらくは, 子ども法の存在理由を明らかにすることが望まれるでしょう。別の言い方をするならば, 既存の「民法 (未成年者に関する法)」「少年法」「児童福祉法」を束ねて, あえて「子ども法」を打ち立てる理由が明らかにされなければなりません。

このこと自体が「子ども法学」の一つの研究テーマとなりえます。詳細な検討は今後の研究に委ねざるをえません。ここではごく簡単に, 次の5点を挙げておきます。①子どもが発達途上にある可塑的な存在であること, ②子どもは自分の意思を十分には表明できないこと, ③子どもは関係的な存在であること (孤立・自閉した存在ではなく親や周囲の人々との関係の中で自己を形成すること), ④そして, 子どもは全体的な存在であって法領域ごとの把握では十分に捉えられないこと (子どもに関する実定法もすでに, 伝統的な法領域の制約を超えつつあること), また, ⑤子どもは私たちの社会の未来・希望であること (子どもにどのように対応するかによって, 社会のあり方が定まる面があること), です。本書は子ども法の基本原理を明示的に提示することを目標とするものではありませんが, 各章の背後には基本原理を求めるという姿勢が潜んでいます。

5　子どもの定義・用語

「子ども法」と題する書物を刊行するにあたっては,「子ども」の定義を明らかにしておく必要があります。まず,「未成年者」「子」(以上, 民法),「少年」(少年法),「児童」(児童福祉法) の定義を確認しておきます。「未成年者」「少年」とは20歳未満の者 (民3条, 少2条) を指し,「児童」は18歳未満の者 (児福4条1項) を指します。いずれにしても年齢が基準とされています。これに対して,「子」とは「親」に対する概念であり, 年齢とは無関係です。ただし,

子に対して親権を行使するという形で、親が子の保護に当たるのは未成年の間に限られること（民818条1項）を考えるならば、親子の関係においても年齢が一定の意味を持っていることがわかります。以上から差し当たり、「子ども」とは（発達途上にある）「年少者」を指すと考えることができるでしょう。ただし、何歳までを子どもと考えるか、一律の線引きが必要かという点は、それ自体が問題となりえます。

　このように考えるならば、「子ども」という用語を用いるのは適切ではないとも言えます。少し前までは、日常用語においても「子」（親の子）と「児」（年少者）は区別されていたし、「こども」にも「子供」「小供」という表記が用いられていました。この両方をあわせるならば、「こども」と呼んだ方がよいかもしれません。しかし、「子ども」の表記は年少者を表すものとしてある程度の定着を見ているので、本書ではこれに従うこととしました（なお、親子関係を想定しつつも年少者を指している場合には「子ども」としますが、明らかに親子関係における子を指す場合には「子」としています）。

6　本書の構成・想定読者

　本書の構成・想定読者についても一言しておきましょう。この点に関しては、あらかじめ3点に触れておく必要があります。第一に、本書の各章は「事例」から説き起こされているということ。これは本書が問題中心の発想に立つことを表しています。しかしながら、ある程度までは体系的な観点にも留意しています。第二に、本書は実質的には二人の著者による共著であるということ。それぞれの専門は民法と行政法であるため、本書はこの二つの領域を中心とすることになります。もっとも、二人の著者は各章において、それぞれに専門領域を超えた叙述を行っています。そもそも「子ども」を全体として捉えたいという思いが本書を生み出すことに繋がっています。第三に、本書は読者として、法律家や法学学習者だけでなく子どもにかかわる大人たちや（年長の）子ども自身を想定しています。そのため法律家にとっては目新しくはないけれども、子どもが実際に遭遇することが多い問題にも言及しています。

　その結果、本書は次のような構成を採っています。①まず、「人」（さらには

「市民」としての子どもから説き起こし（序章：大村），子どもを育てる場となる「家族」につき，その形成と動揺について語り（第1章・第2章：久保野），続けて家族関係と密接にかかわる「虐待」の問題に及びます（第3章・第4章：横田）。②次に，一方で，「交通事故」「いじめ」「非行」をとりあげて，加害者・被害者としての子どもについて説き（第5章・第7章：横田，第6章：久保野），他方で，「財産」「取引」の主体としての子どもの保護について考えます（第8章・第9章：久保野）。③最後に，「学校から社会へ」という観点によって子どもを捉え，「障害児」についてもこの文脈の中に位置づけます（第10章・第11章：横田）。

なお，本書の各章は，まず冒頭に内容と関連する**ストーリー**（事例）を掲げ，続いて読み進む上での**ポイント**を指摘し，解説を行うという構成になっています。解説の中では，必要な**条文**を引用するとともに，最後に**まとめ**を置くようにしています。

7 本書を読む上での基礎知識

本書では，法学に関する知識を持たない読者にも読んでいただけるように，必要な基礎知識については各所で説明をするように注意していますが，本書全体にかかわる基礎知識のいくつかについて，ここで予め簡単な説明をしておきましょう（より詳しいことを知りたい方は，道垣内弘人『プレップ法学を学ぶ前に』〔弘文堂，2010〕をご覧ください）。

① **法律の条文の書き方** 法律の条文はいくつかに区切られていて，番号が振られていることがあります。例えば，1から3までに分かれている場合（通常は「1」は省略されて「2」から番号が振られていますが），それぞれを「1項，2項，3項」と呼びます。また，一つの条文（または一つの項）に，「ただし」という注意書きが付いていることもあります。この場合，「ただし」以下の部分を「ただし書」，それ以前の部分を「本文」と呼びます。なお，一つの条文（または一つの項）の中に，いくつかの項目が「一，二，三…」という形で列挙されていることもありますが，これらは「1号，2号，3号…」と呼びます。

ほかに，「○○条」の後に「○○条の2」という条文が置かれていることが

ありますが，これは後から挿入されたもので，他の条文の番号をずらすことを避けるために，このような番号が振られています（「枝番」と呼んでいます）。

　② **条約・法律・命令・規則の関係**　「法令」の中心をなすのは国会が定める「法律」で，法律は日本国内に適用されます。これに対して，国と国との約束として定められているのが「条約」です。条約が国内で適用されるためにはいくつかの手続が必要ですが，これについては省略します。また，本書の中には「命令」「規則」が出てくることがあります。例えば，児童福祉法施行令や児童福祉法施行規則などがその例ですが，これらは児童福祉法という法律を実施するために，内閣が政令で定めたもの（施行令），厚生労働省が省令で定めたもの（施行規則）であり，法律の下に位置づけられるものです。

　③ **裁判所のしくみ**　日本の裁判所は，基本的には，最高裁判所を頂点にして8つの高等裁判所，50の地方裁判所（各都道府県の県庁所在地にありますが，北海道にはほかに3つあります）によって構成されています。訴えはまず地方裁判所に起こされ，その裁判に不服があれば，高等裁判所に控訴，さらに最高裁判所に上告がなされます。これらとは別にいくつかのやや特殊な裁判所がありますが，その中でも本書にしばしば登場するのは家庭裁判所です。家庭裁判所は「家事事件」と「少年事件」を扱う裁判所ですが，これについてはColumn 8をご覧ください。

　④ **判例とは何か**　裁判所の裁判は，直接にはその事件に解決を与えるものです。しかし，事件に直面した裁判官は，似たような事件についてなされた裁判を探して，これを参考にすることがあります。特に，最高裁判所の裁判がある場合には，上告された場合に最高裁が下す判断を予想することができますので，多くの場合には，その内容に従って裁判をすることになります。このように，先行する裁判所の裁判，特に最高裁判所の裁判は，類似の事件を裁判する際の基準として機能しています。裁判が持つルールとしての側面を指して，これを「判例」と呼びます。日本の法律には，諸外国の法律に比べると，条文の数が相対的に少ないシンプルなものが多いこともあって，実際の裁判にあたっては，法律のほかに判例が大きな役割を果たしています。

序　章
「人」としての子ども
子どもの人格

◆ ストーリー

　Ａさんは B さんと離婚し，その後に C を出産した。しかし，Ａさんは C の出生届を出さなかった。そして，母親であるＤさんの手を借りて C を育てている。
　Ａさんと D さんの会話。

Ｄさん　C ももうすぐ 3 歳になるけれど，幼稚園にはやらないの？
Ａさん　行かせるなら来年からだけど，C は住民登録をしていないからね。
Ｄさん　どうして住民登録しないの？
Ａさん　だって，C は出生届も出していなくて，戸籍もないから……。
Ｄさん　C は戸籍もないの？
Ａさん　そうなの。生まれた時に出生届を出そうと思ったんだけど，そうすると別れた B の子どもってことになっちゃうんだって。それっていやじゃない。
Ｄさん　そうかもしれないけど，戸籍が無くちゃ，困るだろうに。だいたい，名前はどうなっているの？
Ａさん　戸籍がないから，正式には名前もないわけ。C は C でいいじゃない。
Ｄさん　そんな猫の子のようなわけにはいきませんよ。それに，あなただってそのうちに再婚するんでしょ。その時に，相手の人にどうやって説明するのよ。この子は私の子どもだけど，戸籍はありませんって言えないでしょ。
Ａさん　戸籍はともかく，住民票がないといろいろ困るみたいだから，小学校に入るまでには何とかしようとは思っているんだけどね。
Ｄさん　大人になったら戸籍なしじゃ，やっぱり困るわよ。結婚だってできないよ。

□ 子どもは「人」である

◆ ポイント
　生まれた子どもは（日本人であれば）戸籍に登録されます。それによって，その存在が社会的に承認されることになります。子どもは生まれてきたことによって様々な権利を持っています。その中には戸籍の有無とは直接に関係しないものが多いのですが，戸籍と密接に関係する住民登録の有無は，子どもの持つ権利に様々な影響を及ぼします。それゆえ，子どもが一個の人格として尊重され，その権利が守られるようにするためには，まず登録が必要です。その次に問題になるのは，誰が，いかに，子どもの権利を守るかです。

1 子どもは「人」である

(1) ヒトは「人」として生まれる

　生物としてのヒト（homo sapiens）は，生まれたばかりの状態では一人で生きていけません。しかし，法の世界では出生の瞬間から，ある意味では一人前の「人」として扱われます。旧民法は人事編の冒頭に次のような規定を置いていました。

旧民法人事編
1条　凡ソ人ハ私権ヲ享有シ法律ニ定メタル無能力者ニ非サル限リハ自ラ其私権ヲ行使スルコトヲ得

　ここで大事なのは「およそ人は私権を享有」すると定める部分です。最初の近代民法典であるフランス民法典（1804年）も，第1編「人」の最初から2番目の条文において，「すべてのフランス人は私権を享有する」（同8条）と定めていました。どちらの条文も，誰もが「私権」の主体となることができると宣言しているのです。
　現行民法では，その内容は当然のことであるという理由で，この規定が削除され，代わりに，次の規定が置かれました。

序章 「人」としての子ども

民　法
3条1項　私権の享有は，出生に始まる。

　これは生まれたその時点から，嬰児であっても権利を持つ資格があることを示しています。「権利を持つ資格」（この資格を「権利能力」と呼び，この資格を備えることを「法人格」を有すると言います）を持つ点においては，ヒトは法の世界では等しく「人」として現れるのであり，年齢による差はありません。これはヒトとして生まれながら「人」としては扱われないものは，もはや存在しないことを宣言するものです。
　すべてのヒトは生まれた時点から「人」として扱われる。このことの意味は非常に大きいのです。権利の主体ではなく権利の客体であった「奴隷」のような存在は認められないし，「外国人」の権利能力を恣意的に制限することも今では許されません。

(2) 「人」であることの承認
　「人」であることは生まれながらに認められる。そのためにいかなる手続も必要ではない。理論上は全くその通りです。しかし実際上は，この世に生まれて「人」としての扱いを受けるためには，その社会においてその存在を認めてもらうことが必要になります。具体的には何らかの形で登録され，呼び名を与えられることが求められるのです。子どもの権利条約に置かれた次の規定は，このことを端的に示しています。

子どもの権利条約
7条1項　児童は，出生の後直ちに登録される。児童は，出生の時から氏名を有する権利及び国籍を取得する権利を有するものとし，また，できる限りその父母を知りかつその父母によって養育される権利を有する。

　この規定に正面から対応する規定は，国内法には置かれていません。しかし，戸籍法には次のような規定が置かれています。

戸籍法
49条1項 出生の届出は，14日以内（国外で出生があったときは，3箇月以内）にこれをしなければならない。

② 「人格」ということ

(1) 技術的な意味での「人格」

すでに述べたように，法の世界で「人」であることは，権利を持つ（そして義務を負う）資格を有することを意味します。そして，この状態を指して「法人格」を有していると呼んできました。

そうだとすると，論理的には，ある存在に権利を持つ資格さえ認められていれば，その存在は法人格を有するということになります。したがって，観念上の存在であってもそれに法人格を与えることはできます。例えば，会社やNPO法人は人々の集まり（社団）に権利を持つ資格を認めたものです。また，現実の存在ではあるがヒト以外のものに法人格を認めることもできます。例えば，動物に「法人格」を与えることも，理論上は不可能ではありません。もちろん，動物は権利を持っているとしても，自分で自分の権利を行使することはできません。しかし，生まれたばかりのヒトも権利を持つことは可能ですが，自分で行使することはできないので，この点では大差ありません。

では，生まれたばかりの嬰児が権利を持つ場合とは具体的にはどんな場合でしょうか。その場合，本人が権利を行使できないとすると誰が代わりに行使するのでしょうか。これらの点については**第8章・第9章**で説明します。

(2) 実質的な意味での「人格」

生まれたばかりのヒト（以下，「子ども」といいます）に，技術的な意味での「法人格」が認められることには一定の意味があります。しかし，それ以上に重要なのは，その子どもの「こころ」（精神）や「からだ」（肉体）が守られることでしょう。ここでいう「こころ」が（実質的な意味で）「人格」と呼ばれ，「からだ」が「人身」と呼ばれます。なお，人身を含めて広い意味で「人格」という言葉が使われることもあります。

序章　「人」としての子ども

　具体的には，保護されるべき「人格」には，名誉やプライヴァシー（さらに氏名や肖像），あるいは様々な自由（思想・良心・宗教の自由や集会・結社・表現の自由など）などが，「人身」には，生命・身体・健康などが，それぞれ含まれます。

　他人の人格や人身にかかわることがらは，本人の承諾なしにはできないのが原則です。例えば，公園で遊ぶ子どもの写真を勝手に撮るのは肖像権の侵害になりうるでしょうし，子どもの身体を拘束するような仕事は，親であっても本人の承諾がなければさせることができません（民824条ただし書き。後出参照）。また，医療行為（例えば手術）のように正当な目的によるものでも，身体に影響を与える行為については，やはり本人の承諾が必要だとする考え方が有力です。

　ここまでの説明を整理すると，法の世界では「人格」という言葉は次のように使われていることがわかります。なお，技術的な意味での「人格」と実質的な意味での「人格」を区別するために，前者を「法人格」と呼び，後者を「人格権」と呼ぶことがあることも付記しておきましょう。

　　　　　　　（最広義での）人格
　　　　　　　　技術的な意味での「人格」＝ 法人格
　　　　　　　　実質的な意味での「人格」＝ 人格権
　　　　　　　　（最狭義での）「人格」＝ 精神的利益
　　　　　　　　　　　　　　　「人身」＝ 身体的利益

(3)　「人格」の砦としての「財産」

　ところで，実質的な意味での「人格」（＝人格権）を守るためには，その人の財産を守ることが必要になります。例えば，安全な住居がなければ人格も人身も守ることは難しいでしょう。さらに生活が困難であればやはり人格・人身が損なわれます。それゆえ，最低限の財産を持つことが必要になります。この点に関しては，子どもの権利条約の次の規定を見るとよいでしょう。

子どもの権利条約
　27条1項　締約国は，児童の身体的，精神的，道徳的及び社会的な発達のため

の相当な生活水準についてのすべての児童の権利を認める。
 2項　父母又は児童について責任を有する他の者は，自己の能力及び資力の範囲内で，児童の発達に必要な生活条件を確保することについての第一義的な責任を有する。

　ここでは，「資力」（＝財産）は人間としての「発達」のために用いられるべきものとされています。もちろん，財産は人間性の開花のためにのみ用いられるわけではありませんが，プロパティー（所有権＝財産）という言葉は，もともとはその人に固有のもの（＝生きるのに必要なもの）を指していたことに注意する必要があります。
　子どもはもちろん，人が人として生きていくためには，人格・人身が保護されることが必要であるだけでなく，財産が保護されることも必要である。このことは，民法の次の規定によく表現されています。

民　　法
710条　他人の身体，自由若しくは名誉を侵害した場合又は他人の財産権を侵害した場合のいずれであるかを問わず，前条の規定により損害賠償の責任を負う者は，財産以外の損害に対しても，その賠償をしなければならない。

　人が生きるために守られるべきものは，人身（生命，身体，自由）と人格（自由，名誉），そして財産なのです。別の言い方をすると，「法人格」としての（子どもを含む）人は，「人格権」と「財産権」を持っており，これによって人間らしく生きることができるということになります。

　　　　　　　人（＝法人格）　→　人格（人格権）
　　　　　　　　　　　　　　　　　財産（財産権）

3　誰が子どもの「人格」を守るか？

(1) ヤヌスとしての親

　人格権にせよ財産権にせよ，一定の年齢に達していない子どもは自らの権利

序章 「人」としての子ども

を行使することは全くできませんし，ある程度の年齢に達したとしても，権利行使にあたって自らの利益を適切に守ることはかなり難しいことです。

それゆえに，子どもの権利の保護はまずは親に委ねられています。親が子にとって最も密接な関係を持つ存在であり，子に対して継続的で親密な配慮をなしうる存在であることによると言えます。このことは子どもの権利条約においては，次のように定められています。

子どもの権利条約
5条　締約国は，児童がこの条約において認められる権利を行使するに当たり，父母若しくは場合により地方の慣習により定められている大家族若しくは共同体の構成員，法定保護者又は児童について法的に責任を有する他の者がその児童の発達しつつある能力に適合する方法で適当な指示及び指導を与える責任，権利及び義務を尊重する。

この条文は読みにくいですが，①「父母若しくは…」または②「児童について法的に責任を有する他の者」が児童の権利行使につき第一義的な責任等を負うことを前提としています。これに対応することは日本国内では，民法によって次のように定められています。

民　法
818条1項　成年に達しない子は，父母の親権に服する。
820条　親権を行う者は，子の利益のために子の監護及び教育を有する権利を有し，義務を負う。
824条　親権を行う者は，子の財産を管理し，かつ，その財産に関する法律行為についてその子を代表する。ただし，その子の行為を目的とする債務を生ずべき場合には，本人の同意を得なければならない。

民法820条は，この「養育」につき，民法824条は「財産管理」につき，親権者に義務と権限とを付与するものです。では，子どもの「人格」については，どうでしょうか。すでに述べたように，（人身を含む広義の）「人格」に関しては，

本人の承諾が必要とされるのが原則です。この点は，子どもだからといって変わりません。しかし，子ども自身が承諾をすることができない（例えば嬰児の場合），あるいは，それに適さない（例えば小学生の場合）というときに，誰が代わって承諾するのかが問題になります。そもそも親権者であるというだけで，代わりに承諾することができると考えてよいかといえば，必ずしもそうであるとは断言できません。

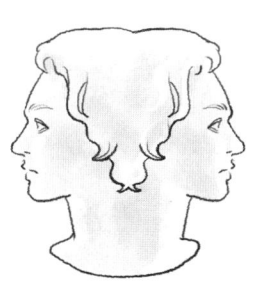

　また，養育や財産管理についても，親が常に子の利益を図るというわけではないことにも，注意しなければなりません。親は子と密接な関係を持つがゆえに，子の利益を最も侵しやすい存在でもあります。それゆえ子の権利保護を親に委ねるだけではなく，親の権限濫用をチェックする必要があります。

　親は親権を行使することによって，家庭の外に向けては子を守る働きを果たしますが，同時に，家庭の内に子を抱え込み外からの干渉を拒むことによって子を損なう危険を秘めている双面のヤヌスのような存在なのです。

(2) 社会の子，国家の子

　子どもの権利条約も民法も，親の権利に加えて義務にも言及しています。そこでの「義務」は子に対する義務であるとともに，社会や国家に対する義務であるとも言えます。親権には，子どもを守り育てるための当然の権利であるという側面と子どもを守り育てるために社会や国家から委ねられた権限という側面がありますが，後者に着目するならば，親権は，その目的を実現する義務を伴っているということになります。ここでいう「目的」は民法においては「子の利益」と表現されており，子どもの権利条約においては「児童の最善の利益」（同3条1項）と表現されています。

　他方で，子どもの権利条約の最大の眼目は，締約国が子どもの権利を確保する義務を負うことを確認し，具体的な措置を講ずべきことを示す点にあります。ただし，国は親の存在を考慮に入れた上で，行動することが求められています。こうした関係は子どもの権利条約において次のように表現されています。

子どもの権利条約
3条1項 児童に関するすべての措置をとるに当たっては，公的若しくは私的な社会福祉施設，裁判所，行政当局又は立法機関のいずれによって行われるものであっても，児童の最善の利益が主として考慮されるものとする。
2項 締約国は，児童の父母，法定保護者又は児童について法的に責任を有する他の者の権利及び義務を考慮に入れて，児童の福祉に必要な保護及び養護を確保することを約束し，このため，すべての適当な立法上及び行政上の措置をとる。

(3) 様々な補助者

以上のように子どもの権利保護は，親だけに委ねられているわけではありません。様々な補助者が協力しあうことが想定されています。直前に引用した条文を見ただけでも，一方で具体的に「法定保護者又は児童について法的に責任を有する他の者」や「公的若しくは私的な社会福祉施設」などが登場するとともに，他方，より抽象的に「裁判所，行政当局又は立法機関」も挙げられています。

ここでは，やや理解が難しい裁判所（特に家庭裁判所）の役割について触れておきます。まず，いくつかの法律から典型的な条文を引用してみましょう。

民　法
834条 父又は母による虐待又は悪意の遺棄があるときその他父又は母による親権の行使が著しく困難又は不適当であることにより子の利益を著しく害するときは，家庭裁判所は，子，その親族，未成年後見人，未成年後見監督人又は検察官の請求により，その父又は母について，親権喪失の審判をすることができる。……

840条1項 前条の規定により未成年後見人となるべき者がないときは，家庭裁判所は，未成年被後見人又はその親族その他の利害関係人の請求によって，未成年後見人を選任する。未成年後見人が欠けたときも，同様とする。

児童福祉法
28条1項 保護者が，その児童を虐待し，著しくその監護を怠り，その他保護

者に監護させることが著しく当該児童の福祉を害する場合において，第27条第1項第3号の措置を採ることが児童の親権を行う者又は未成年後見人の意に反するときは，都道府県は，次の各号の措置を採ることができる。
　　1号　保護者が親権を行う者又は未成年後見人であるときは，家庭裁判所の承認を得て，第27条第1項第3号の措置を採ること。
少 年 法
3条1項　次に掲げる少年は，これを家庭裁判所の審判に付する。
　　1号　罪を犯した少年
裁 判 所 法
31条の3第1項　家庭裁判所は，次の権限を有する。
　　1号　家事事件手続法（平成23年法律第52号）で定める家庭に関する事件の審判及び調停
　　2号　人事訴訟法（平成15年法律第109号）で定める人事訴訟の第一審の裁判
　　3号　少年法（昭和23年法律第168号）で定める少年の保護事件の審判
　2項　家庭裁判所は，この法律に定めるものの外，他の法律において特に定める権限を有する。

　以上に見るように，家庭裁判所は，親権の濫用がある場合に親権を喪失させたり，親権者が欠けた場合に後見人を選任するほか，児童福祉法によって都道府県が行う措置に対して承認を与えます。また，一般の裁判所に代わって少年の犯罪に対して審判を下したりもします。つまり，親，行政当局，裁判所の活動を監督・補完する役割を果たしているのです。

4　「人」を守ること，「人」を開くこと

(1)　「人と人」が社会をつくる
　子どもが「人」として，親によって，社会や国家によって保護を与えられるのはなぜでしょうか。それは子どもが，人間らしく生きることができるように育ち，「人」たるにふさわしい存在になることが，当の子どもだけでなく，社会全体にとって望ましいこと，必要なことだからでしょう。

序章　「人」としての子ども

　もっとも，個人の観点から見ても社会の観点から見ても，自らの人格と財産を自ら「守れる」に至るだけでは，十分とは言えません。私たちは「人と人」との繋がりによって社会を作り出し，社会を通じて自己実現を図っています。さらに言えば，「人」の領分や「人と人」の関係は自然にではなく，私たちの不断の努力によって維持されていくものでもあります。
　そうだとすると，子どもには，（人と人の関係を含む）「人」の存在の基盤を維持する姿勢や能力も身につけてもらう必要があります。それは社会に対して一定の責任を負うということです。そのような責任を負う存在が「市民」です。私たちは「市民」としてよりよい社会（＝市民社会）を創り出すことを通じて，「人」としてよく生きることができるのです。「市民となることを通じて人となる」（ルソー）とはこの経緯を指すものでしょう。

(2)　「人」と「市民」の関係

　ここで再びフランス民法を見ると，私権の享有に関する前掲の規定（同8条）に先立ち，「私権の享有は政権の享有と独立である」（同7条）と定める規定を置いていることに気づきます。「人」に関する規定の冒頭に置かれたこの規定は，私権の享有主体（「人」）と政権の享有主体（「市民」）とが二本立てになっていることを示していると言えます。
　やや立ち入って言えば，ここでの「私権」は市民的諸自由を含むものであり，「市民的権利」と訳されるべきものです。他方，「政権（公権）」は「参政権」に限られています。「人」の中にはすでに「市民」が内包されている一方で，特定の「市民」（フランス国籍を有し一定の年齢に達した者。20世紀中葉までは男子のみ）だけが（狭義の）政治的権利（参政権）を行使するのです。つまり，二本立てというよりも，二重構造になっていると言った方がより正確です。
　そうだとすると，子どもには政治的権利（参政権）が与えられていないとしても，「市民的権利」を行使して，社会のあり方に対して意見を言ったり（表現の自由），何らかの活動を行う（結社の自由）ことは妨げられないと言うべきでしょう。詳しくは，第11章で説明します。

④ 「人」を守ること，「人」を開くこと

◆ま と め

　子どもは一人の人として，一個の人格として尊重されなければならない。このことに正面から異論を唱える人は少ないでしょう。本章では，このことが法の世界ではどのような形で現れるのか（1，2），また，子どもの人格の尊重は，誰がどのようにして実現するのか（3）を見てきました。そして，人として守られることを通じて，子どもがどのように育っていくことを法は期待しているのか（4）という点についても考えてみました。

　本章で述べたことの多くは，後続の章でより詳しく取り上げられますが，本章を通じて，子ども法の基本部分を押さえていただくと，以下の各章の理解も含まるはずです。

◇ Column 1　氏名権と命名権

　氏名は社会が個人を同定する手段であると同時に，個人の同一性の基盤である。それゆえ，人は誰でも自分の氏名に対する権利を持っている。これは人格権の一部をなす権利であると考えられており，「氏名権」と呼ばれている。氏名を勝手に使われた場合にはそれを止めることができるし，不正確な呼び方をされたことを理由に損害賠償を求めることも，全く考えられないわけではない。では，氏名はどのように決まるのだろうか。

　家族への帰属を表す氏は，家族関係を基礎として定まる。具体的には，子は父母のどちらかの氏を称するのが原則である（民790条）。いったん定まった子の氏は，父母の事情に応じて，父母のイニシアチブによって変更されることがある（民791条1項～3項）。

　しかし，このようにして行われた氏の変更については，子は，成年に達した後に，元の氏に戻るかどうかを選択することができる（民791条4項）。氏名の一部をなす氏は子どもの人格と深く結びついているため，最終的な選択権は子ども自身に留保されているのである。なお，「やむを得ない事情」があれば，家庭裁判所の許可を得て，家族全体の氏を変更することもできる（戸107条1項）。

　家族内で個人を特定する名は，父母によって定められる。このことを定める明文の規定はないが，前述のように，父母が出生の届出義務者であるため（戸52条1項），父母に命名が委ねられた形になっている。ただし，棄児の場合には，氏も名も市町村長がつけることとされている（戸57条2項）。

　子に名をつける権限は「命名権」と呼ばれるが，命名権には限界がある。一方で，「常用平易な文字」の使用が求められている（戸50条）。これは社会の利益のための制限である。他方，子の利益の観点から，社会通念上，不適切な名をつけることは許されない。なお，「正当な事由」があれば，家庭裁判所の許可を得て，名を変更することができる（戸107条の2）。名の変更は氏の変更よりも広く認められている。

第1章
家族の形成

◆ ストーリー

　Aさんは，高校を卒業した後，実家のある故郷を離れて一人暮らしをしつつ学生生活を送る大学2年生である。
　成人式のために帰省したAさんは，中学校の同窓会に参加した。級友は，中学校や高校を卒業して就職したり，結婚して主婦・主夫をしている人など様々で，ずっと学生だったAさんは，新鮮な印象を受けた。

—— 同窓会を思い出すA ——

　昔，仲良くしていたB子は，すでに結婚して，一生懸命子育て中。
　ちょっと不良っぽかったC君は墓石屋に勤めながら妻と実家で暮らしていて，妻とお母さんの間に入って，気を遣う毎日のようだった。
　D子はバイトで知り合った先輩と同棲中で，結婚するかどうか随分悩んでいるようだったなあ。
　私は，彼氏とつきあい始めたところで，友達に写真を見せたりしたけれど，昔，生徒会長をしていたE君からは，結婚を想像しているのを見抜かれて，「お前，まずは立派に仕事ができるようになるのが先だろ」なんて言われた。正直，心に残る一言だった。

—— 大学で ——

　Aさんは大学の友人たちと同窓会の話に花を咲かせる。

A　同窓会に行ったら，結婚して子育てしていたり，同棲していたりする友達がたくさんいて，正直，驚いた。
F　それで，Aも結婚とかに気持ちが傾いたとか？

第1章　家族の形成

> A　そうね，大学も楽しいし，仕事をするのも楽しみだけれど，今の彼氏との将来のこととか，いろいろ想像したりもするなー。
> F　Aの彼氏，年上だよね。早く結婚したい感じなの。
> A　うん，できれば，私が卒業したら，早めにしたいみたい。
> G　えっ，それ，早いね。なんでそんなに**結婚**[2]したいんだろう。結婚なんて，子どもができない限り，急がなくて良いと思うけど。
> F　子どもができたらできたで，仕事しながら**子育て**[3]するのって大変だよ，きっと。やっぱり急ぐ必要はないと思うけどなあ。
> A　うーん，私，仕事もしたいけれど，子どもも欲しくって，良い人がいれば早く結婚したいと思う。同窓会で聞いていたら，専業主婦だからって子育てが簡単そうでもなかったし。
> F　たしかに，**保育園**[4]だけでなくて，**実家の両親に助けてもらう**[1]とか，工夫すれば何とかなるのかな。最近は，NPOとかのいろいろなサービスも充実してきているみたいだし。

◆ ポイント

　人が生きていくための重要な基盤となる家族とは何かについて，子どもの出生から，結婚，そして親戚関係までを視野に入れて考えてみましょう。その上で，子どもの成育について，家族だけではなく，社会がどのような責務を有し，その責務がどのように果たされているかを概観したいと思います。

はじめに

　人は一人では生きていけない，と多くの人は思うでしょう。では，自分を支えてくれたり，自分が支えたいと思う身近な人は誰でしょう。実家で暮らす中学生，高校生であれば，お父さん，お母さんを思い浮かべるかもしれません。実家を離れて大学に通ったり，仕事をしたりしていて，付き合っている彼，彼女がいる成人前の「子ども」の人は，その彼や彼女が真っ先に頭に浮かぶでしょうか。祖父母，叔父さん，叔母さんや兄弟，従兄弟という人もいるでしょう。これらは「家族」や「親戚」（になる人）といえます。でも，自分には家族はいないという人や，家族や親戚よりも恩師や友達が大事という人もいるはずです。

家族を出発点に考えてしまって良いでしょうか。そもそも，家族とは何でしょうか。

1　家族とは──縦と横・大と小

　「家族」とは何かについて，実は，個人の私生活の基本枠組みを定める民法を探しても，定義がありません。他の法律を含めても，「家族」というまとまりの明確な輪郭を描くことはできません。そうであれば，支え合う身近な人として家族を出発点に捉えることについても，いったん立ち止まって考えてみてもよいでしょう。

　当たり前のことを確認します。ある人が生きているというとき，その人は自分だけで生まれてきたのではありません。人工的な器機による妊娠・出産は未だ空想の域を出ませんから，必ず，その人を出産した女性がいます。ですから，ある人の生について，その人とその人をこの世に生み出した女性との親子関係──タテの関係──を最低限の出発点とすることは許されるように思います。

　次に，これも現代の社会の条件の下では，ある女性が一人で子どもを懐胎することはできず，男性の関与が必要です。ある人の存在の前提として，必ず二人の人が関与しているということは，意味深いことではないでしょうか。このような男性と女性との二人の関係──ヨコの関係──は，上述のタテの関係と密接不可分だといえるでしょう。

　このようなタテとヨコを合わせると，夫婦とその間の子というある典型的なひとつの家族像（核家族）が結ばれます。ヨコの関係は夫婦に限らないのでは，という問題は次項で扱うとして，家族というものは，このような核家族の範囲にとどまるでしょうか。

　祖父母，叔父・叔母，従兄弟等とは，夫婦親子の関係に準じる親近性をもって，その他の友人等との関係よりも強い関係があることも多いでしょう。これらの人々との関係は，日常的には親戚関係といわれるもので，夫婦および親子からなる小さな家族に対して，大きな家族とでも呼ぶべきものでしょう。

2　結婚するということ

(1)　結婚と親子関係

　小さな家族のヨコとタテはどういう関係にあるでしょうか。1では，誕生する子どもの視点から，その母たる女性とその相手との関係としてヨコを捉えました。子どもを懐胎することが交際する男女の結婚のきっかけとなることは社会的に多く見られる現象です。他方で，恋愛関係にある若い男女が支え合う関係としての家族を想像するときの関係は，主としてヨコの関係だと考えられます。その際のヨコの関係は「結婚」でしょうか。子どもを懐胎することが結婚のきっかけとなるということは，逆に，タテの関係がなければ，ヨコの関係は結婚した夫婦でも，そうでない恋愛関係でも大差がないということとも思えます。

　民法では，結婚（法律の規定上は「婚姻」といいます）と親子関係を直接に結び付ける規律の仕方はされていません。しかし，子どもの父を定めるのに，出産した女性の夫が父であると推定され（民772条），推定された父子関係を覆すのが制限されること（民774条～777条），父性の推定の重複を避けるために女性について再婚が禁止される期間が設けられること（民733条），実親との関係を切断して子どもに実親子関係同様の安定した関係を与えることを趣旨とする特別養子制度において養親となれるのは夫婦に限られること（民817条の3），普通の養子縁組においても夫婦が養親になる場合には裁判所の監督が緩和される場合があること（民798条），夫婦の間の子であるか否かに応じて嫡出子と非嫡出子が区別され，氏（民790条），親権の扱い（民818条3項，819条4項5項）に差が生じること，非嫡出子の父母の婚姻によって当該子は嫡出子の身分を取得すること（民789条）などからは，民法では，結婚と親子との間に，密接な，そして肯定的な含意を持つ関係を見いだしていると考えられます。ただし，嫡出子と非嫡出子との間に相続分の区別を設けていた民法の規定（下記の改正前の民法900条4号ただし書）が憲法（憲14条1項）に違反すると判断され（最高裁判所の決定〔最高裁平成25年9月4日決定・民集67巻6号1320頁〕によります），当該区別が立法により解消された（平成25年法律第94号による民法900条4号ただし書の改正）ことは，嫡出子と非嫡出子との区別を相対化する契機を含んでおり，結婚と親子との結び付け方が問われているといえます。

◆ 条　文

日本国憲法

14条1項　**すべて国民は，法の下に平等であって**，人種，信条，性別，社会的身分又は門地により，政治的，経済的又は社会的関係において，差別されない。

民　　法

733条1項　**女は**，前婚の解消又は取消しの日から**6箇月を経過した後**でなければ，**再婚をすることができない**。

　2項　女が前婚の解消又は取消しの前から懐胎していた場合には，その出産の日から，前項の規定を適用しない。

772条1項　**妻が婚姻中に懐胎した子は，夫の子と推定する。**

　2項　婚姻の成立の日から200日を経過した後又は婚姻の解消若しくは取消しの日から300日以内に生まれた子は，婚姻中に懐胎したものと推定する。

774条　第772条の場合において，夫は，子が嫡出であることを否認することができる。

776条　夫は，子の出生後において，その嫡出であることを承認したときは，その否認権を失う。

777条　嫡出否認の訴えは，夫が子の出生を知った時から1年以内に提起しなければならない。

789条1項　父が認知した子は，**その父母の婚姻によって嫡出子の身分を取得**する。〔2項以下省略〕

790条1項　**嫡出である子は**，父母の氏を称する。……

　2項　**嫡出でない子は**，母の氏を称する。

817条の3第1項　〔特別養子の〕養親となる者は，配偶者のある者でなければならない。〔2項は省略〕

818条3項　親権は，**父母の婚姻中は**，父母が共同して行う。……

819条4項　父が認知した子に対する親権は，父母の協議で父を親権者と定めたときに限り，父が行う。

900条

　　　4号　子……が数人あるときは，各自の相続分は，相等しいものとする。ただし，〔「**嫡出でない子の相続分は，嫡出である子の相続分の2分の1とし，**」と定める部分を2013年に**削除**〕……

（2） 結婚することの意味

では，男女にとって，親子関係と関係なく，純粋にヨコの関係として結婚することには意味が無いのでしょうか。ここでも懐胎をきっかけに結婚をする男女が多いことを想起すれば，今日の社会では男女関係をめぐる社会的観念がそれほど厳しくないことがうかがわれ，子どもを持たないのであれば，結婚してもしなくてもあまり変わりがないとの評価も可能です。この点は，相手だけでなく相手の親等の親戚とも関係（姻族関係）が生まれること（民726条2項・728条），結婚をすると姓が同一になること（民750条），同居し，協力し助け合うべきこととされ（民752条），家計の相互負担が生じる（民760条）こと，一方的な意思で簡単に解消はできなくなること（民770条），未成年者は結婚をすると，法的には成人として扱われること（民753条）等の，子どもを持つことと直接には関係しない結婚の効果をどのように評価するかによることになります。

◆ 条　文
民　法
752条　夫婦は同居し，**互いに協力し扶助**しなければならない。
760条　夫婦は，その資産，収入その他一切の事情を考慮して，**婚姻から生ずる費用を分担**する。
770条1項　夫婦の一方は，**次に掲げる場合に限り**，離婚の訴えを提起することができる。……
　2項　裁判所は，前項……に掲げる事由がある場合であっても，一切の事情を考慮して婚姻の継続を相当と認めるときは，離婚の請求を棄却することができる。

（3）「男女間」の結婚？

親子関係と関係なく純粋にヨコの関係として結婚することに意味がないかという前記の問いは，人が支えあうヨコの関係を「男女」に限ってしまって良いのかという疑問にもつながります。日本の憲法は，結婚について「両性の合意のみに基づいて成立し」（憲24条1項）と定めていますし，婚姻制度を定める民法も結婚の当事者を「夫婦」と称している（民750条・752条等）こと等から，

男女を想定しているものと解するのが自然です。実務的にも，結婚式を挙げた同性の芸能人同士の事例で，婚姻届が不受理とされたことが報道されています（2015〔平成27〕年4月～5月）。日本では，他国に比べて，同性婚にかかわる公的な動きはあまり活発ではありませんでしたが，2015年4月に，東京都渋谷区において「男女平等及び多様性を尊重する社会を促進する条例」が成立し，同性婚的な関係を認めるものとして話題となっています。条例は，相互に将来の後見人とすることを約束し（任意後見契約の締結），その旨を登記していることなどを条件として，区長が「パートナーシップ証明」を発行し，事業者等に対して配慮を求めることを定めています。証明書に与えられる具体的な効果は未定であり，現時点では，「同性婚的な関係」を認めたものとさえいえません。日本では，年齢の差が少しでもあれば成立させることができる特殊な養子制度を有している事情もあって，「婚姻」に対する需要が顕在化しにくいとの指摘もありますが，条例制定を機に，同性間で支えあっていきたいと願う人々が社会的に承認された安定した関係を求めるとき，社会がどのように応えるかが，問われています。「家族」というものが，様々な形をとりうる可能性について，常に，柔軟で開かれた考え方を持っておくことが重要だと思います。

「男」または「女」であることは何を基準に決まるのかということもあります。生来の身体的な性別に違和感を抱き続けている人にとっては，婚姻が男女を想定していることが，ヨコの関係を形成する阻害要因となりえます。この点については，特に法律が制定され，性同一性障害を有する人が一定の要件を満たす場合には，法的な性別の取扱いの変更を受けることが認められ，変更された性別に基づいて婚姻ができ，婚姻相手との間に生まれた子も他の婚姻の場合と同等に位置づけられるようになっています（「性同一性障害者の性別の取扱いの特例に関する法律」。出生子の位置づけについては最高裁判所の判例〔最高裁平成25年12月10日判決・民集67巻9号1847頁〕によって明らかにされました）。

◆ 条　　文
日本国憲法
24条1項　婚姻は，**両性の合意のみ**に基いて成立し，夫婦が同等の権利を有することを基本として，相互の協力により，維持されなければならない。

第 1 章　家族の形成

民　　法
750 条　夫婦は，婚姻の際に定めるところに従い，**夫又は妻**の氏を称する。
性同一性障害者の性別の取扱いの特例に関する法律
2 条　この法律において「性同一性障害者」とは，生物学的には性別が明らかであるにもかかわらず，心理的にはそれとは別の性別（以下「他の性別」という。）であるとの持続的な確信を持ち，かつ，自己を身体的及び社会的に他の性別に適合させようとする意思を有する者であって，そのことについてその診断を的確に行うために必要な知識及び経験を有する二人以上の医師の一般に認められている医学的知見に基づき行う診断が一致しているものをいう。
3 条 1 項　家庭裁判所は，性同一性障害者であって次の各号のいずれにも該当するものについて，その者の請求により，性別の取扱いの変更の審判をすることができる。
　1 号　20 歳以上であること。
　2 号　現に婚姻をしていないこと。
　3 号　現に未成年の子がいないこと。
　4 号　生殖腺がないこと又は生殖腺の機能を永続的に欠く状態にあること。
　5 号　その身体について他の性別に係る身体の性器に係る部分に近似する外観を備えていること
〔2 項は省略〕

3　子育てと家族

　次に，人が生まれて成人となっていく過程から，家族を見てみましょう。

(1)　親の責任

　人が生まれるときには，その人の懐胎，出産をもたらした，二人の人間が存在することは 1 で確認しました。その人を生んだ女性は，法的に母親とされます（民 772 条 1 項，最高裁昭和 37 年 4 月 27 日判決・民集 16 巻 7 号 1247 頁）。つまり，ある人が生まれたときには，母子関係が保障されることになります。対して，父親については，生物的には必ず存在するものの，法的にはある人に父がいることは必ずしも保障されていません。母が結婚していれば原則としてその

夫が父親とされますが（前出の民772条），母が結婚していないときには，出生した子に父子関係を生じさせるためには，母および子の側または父の側からの何らかの行動が必要になります（認知〔民779条・781条～787条〕）。親子関係の形成に関するこれらの民法のしくみからは，子どもを起点としたとき，父母とその間の子どもという家族（いわゆる核家族）と並んで，子どもとその母という家族もありうるということが確認できます。

　子どもは，このようにして定められた親が責任をもって養育していくことが基本とされます。親には，責任をもって子どもを育てていくために，他の者に優先して子どもに対する責任を果たす地位，すなわち，親権が与えられます（民820条以下）。子どもの方から見れば，子どもには，他の誰でもなく，自分の親によって育てられる権利があるということもできます（子どもの権利条約18条。なお，9条・10条も参照）。

◆ 条　　文
民　　法
779条 **嫡出でない子**は，その父又は母がこれを認知することができる。
781条1項　認知は，戸籍法の定めるところにより**届け出る**ことによってする。
　〔2項は省略〕
787条　子，その直系卑属又はこれらの者の法定代理人は，**認知の訴え**を提起することができる。……
820条　親権を行う者は，**子の利益のために子の監護及び教育をする権利**を有し，義務を負う。

　子どもの権利条約
　9条1項　締約国は，児童がその父母の意思に反して**その父母から分離されない**ことを確保する。……
　18条1項　締約国は，児童の養育及び発達について**父母が共同の責任**を有するという原則についての認識を確保するために最善の努力を払う。父母又は場合により法定保護者は，児童の養育及び発達についての第一義的な責任を有する。児童の最善の利益は，これらの者の基本的な関心事項となるものとする。……

第1章　家族の形成

(2) 大きな家族

　親が子どもの養育に責任を持つということは，子どもの成長に親以外の大人がかかわりを持てないということを意味するわけではありません。子どもが成長する過程で，祖父母，叔父・叔母等から，生活上の保護や教育的な影響を受けるのは，時代や地域による傾向や程度の差はあるとしても，馴染みの光景でしょう。これらの者は，親の親権のように，他の大人に優先して子どもに関与する地位を与えられているわけではありませんが，子どもの「親族」として，その子どもと相互扶助（民725条・730条）や場合によっては扶養する（民877条）関係にあります。子どもの親が死亡するなどしたときに，子どもの保護を確保するために主導役を果たすことも期待されています（未成年後見の申立権者を規定する民840条1項を参照）。親に代わって祖父母等が子どもの衣食住の世話をすることは社会的にもしばしば見られる現象ですが，法的にも，一定の関係（4親等内）にある親族が子どもの養育をする場合には，その他の者が行うときには必要となる届出が要求されておらず，より安全性の高いもの——第三者による監督の必要性が低いもの——と位置づけられています（児童福祉法30条）。

◆ 条　文
民　法
725条　次に掲げる者は，**親族**とする。
　　1号　6親等内の血族
　　2号　配偶者
　　3号　3親等内の姻族
730条　直系血族及び同居の親族は，互いに扶け合わなければならない。
877条1項　直系血族及び兄弟姉妹は，互いに扶養をする義務がある。
　2項　家庭裁判所は，特別の事情があるときは，前項に規定する場合のほか，三親等内の親族間においても扶養の義務を負わせることができる。
　〔3項省略〕
840条1項　……〔親権者の指定〕により未成年後見人となるべき者がないときは，家庭裁判所は，未成年被後見人又は**その親族その他の利害関係人の請求によって**，未成年後見人を選任する。未成年後見人が欠けたときも，同様とする。

児童福祉法
30条1項　四親等内の児童以外の児童を，その親権を行う者又は未成年後見人から離して，自己の家庭……に，3月……を超えて同居させる意思をもって同居させた者……は，……市町村長を経て，都道府県知事に届け出なければならない。……

---【法学の基礎知識　親等】---
上記の民法の条文中の「親等」とは，親子1世の関係は1親等，祖父母と孫は2親等，兄弟姉妹は2親等，叔父叔母と姪甥は3親等，従兄弟は4親等，従兄弟の子同士（はとこ又はまたいとこ）は6親等というように，親族関係の遠近を数えるものです。

(3) 家族の再構成と子ども

父母が離婚するなどヨコの関係が揺らぎ，タテの親子関係がその影響を免れないということがありえます。離婚によって，父母の一方とその子どもが新たな家族の単位になること，その父母の一方が他の相手と再婚すること，さらに再婚夫婦の間に子どもが生まれることもあります。このようなときに，子どもの家族との関係がどうなるかについては，**第2章**で扱います。

4　子育てと社会

(1)　子育てに対する社会の責務

子どもを育てることについて責任を負うのは，親だけではありません。国，地方公共団体，そしてすべての国民が子どもの健やかな成長に責任を負っています。子どもは，社会との関係でも，生命および発達を保障される権利を有しているといえるのです。このことは，子どもに対して福祉を保障するための基礎をなす法律である児童福祉法の冒頭の数条で，明らかにされています（児福1条・2条）。

さらに，国，地方公共団体，すべての国民が児童の育成に責務を有することは，日本の社会を支える原理であり，どのような分野においても，尊重されな

ければなりません（児福3条）。例えば，個人情報保護法中には，下のように，この原理を反映した規定が設けられています（個人情報保護法16条3項3号）。

　児童福祉法に示されたこれらの原理は，憲法を背景として児童憲章前文に定められた理念に対応し，また，子どもの権利条約にも合致します。

　国および地方公共団体が児童の健全育成について負う責務は広範囲に及びます。教育，非行少年，児童虐待など，本書の各所でその責務に関係する事項が扱われます。ここでは，出生した子どもが親や親族のもとで養育されることとの関係で，国等が果たす責務に着目します。この面については，児童福祉法をはじめとする法律が制定されると共に，政策的な議論が行われ，「児童家庭福祉」と称される分野が形成されています。児童の福祉に関する政策は，かつては保護を要する児童や母子家庭などに対する貧困対策が中心であったのに対し，近時は，児童一般を対象とすると同時に，児童を養育する家庭も含めて統合的に支援する方向に変わってきています。

◆ 条　文
児童福祉法
1条1項　すべて国民は，児童が心身ともに健やかに生まれ，且つ，育成されるよう努めなければならない。
　2項　すべて児童は，ひとしくその生活を保障され，愛護されなければならない。
2条　国及び地方公共団体は，児童の保護者とともに，児童を心身ともに健やかに育成する義務を負う。
3条　前2条に規定するところは，児童の福祉を保障するための原理であり，この原理は，**すべて児童に関する法令の施行にあたって，常に尊重**されなければならない。

個人情報保護法
16条3項　前2項の規定〔個人情報を取り扱う事業者に対し，特定の利用目的を超えて，本人の同意なしに個人情報を取り扱うことを禁止する規定〕は，次に掲げる場合については，適用しない。
　　3号　公衆衛生の向上又は**児童の健全な育成の推進のために特に必要がある場合**であって，本人の同意を得ることが困難であるとき。

児童憲章
前文 児童は，人として尊ばれる。児童は，社会の一員として重んぜられる。児童は，よい環境のなかで育てられる。

子どもの権利条約
6条1項 締約国は，すべての児童が生命に対する固有の権利を有することを認める。
2項 締約国は，児童の生存及び発達を可能な最大限の範囲において確保する。

(2) 母子保健

妊娠・出産から乳幼児期にかけての子どもの心身の健康と健全な発育を目的として，母子保健制度が整えられています。妊娠をした者に対する母子健康手帳の交付に始まる保健指導および妊産婦・乳幼児の健康診査がその主な内容です。保健指導においては，以前は健康診査の結果等に基づいて必要がある場合にのみ保健師等による家庭訪問指導が行われていましたが（母子保健法11条〔新生児訪問指導〕・17条〔妊産婦訪問指導〕），核家族化や地域の人間関係の希薄化に伴う育児の孤立化を背景とする育児負担による不安やストレスへの対処として，乳児がいるすべての家庭を対象とする新たな事業が始まっています。保健師，助産師，母子保健推進員等が，生後4か月以内の乳児がいるすべての家庭を訪問し，家庭での養育状況や環境を把握し，子育ての助言をするようになりました（2007〔平成19〕年より開始された乳児家庭全戸訪問事業〔こんにちは赤ちゃん事業〕，児福6条の3第4項）。

◆ 条　文
児童福祉法
6条の3第4項 ……**乳児家庭全戸訪問事業**とは，一の市町村……の区域内における原則としてすべての乳児のいる家庭を訪問することにより，……子育てに関する情報の提供並びに乳児及びその保護者の心身の状況及び養育環境の把握を行うほか，養育についての相談に応じ，助言その他の援助を行う事業をいう。

第1章　家族の形成

(3) 保　育

　家庭での子育てが著しく困難な場合には，子どもは行政的な措置により乳児院，児童養護施設に預けられ，養育監護されます（詳しくは**第4章**参照）。これに対し，家庭での保育が困難な事情がある場合に，日中に子どもを預かり保育するのが保育所等の保育を行う事業者です。市町村は，保護者の労働または疾病その他の事由によって，その監護すべき子どもについて保育が必要な場合に，その子どもを保育所で保育する，もしくは認定こども園または家庭的保育事業などによって必要な保育を行うための措置を講じる義務を負います（児福24条1項2項）。保育所は，出産休業期間明けから就学までの子どもが「保育を必要とする」場合（児福39条1項）に，日々の保護者の元から通わせて，児童を保育します（認定こども園については，児福39条の2，家庭的保育事業については，児福6条の3第9項に定められています）。

　3歳以上の子どもについては，日中活動の場として，保育所と並び，幼稚園があります。幼稚園は，学校教育法に基づいて設置され，「義務教育及びその後の教育の基礎を培う」（学校教育法22条）ことを目的とし，その対象が保育を必要とする児童に限定されない点で保育所と区別されてきました。

　今日では，核家族化や男女共同参画社会の進展に伴う女性の社会進出により保育の需要が高まっており，その対応が課題となっています。保育事業者および保育サービスを担う専門職の質，量の拡充が必要であり，また，保育と教育（幼稚園）を区別することの意義も問われています。幼稚園では高まるニーズに応える形で保育サービスの提供が始まっていたところ，保育所と幼稚園の垣根を越えて，教育と保育を一体的に提供し，地域における子育て支援の機能も備えた新たな施設として認定こども園の設置が認められることとなり，また，従前の保育園より小規模で家庭的な環境で保育を行う事業者が認められるなどしてきましたが，後述の子ども・子育て支援法等により，幼稚園および保育事業者の一層の拡充が図られています。

◆　条　文
児童福祉法
　24条1項　市町村は，この法律及び子ども・子育て支援法の定めるところにより，

保護者の労働又は疾病その他の事由により，その監護すべき乳児，幼児その他の児童について保育を必要とする場合において，次項に定めるところによるほか，当該児童を**保育所……において保育しなければならない**。

2項 市町村は，前項に規定する児童に対し，……認定子ども園……又は家庭的保育事業等……により**必要な保育を確保するための措置**を講じなければならない。

39条1項 保育所は，保育を必要とする乳児・幼児を日々保護者の下から通わせて保育を行うことを目的とする施設……とする。

学校教育法

22条 幼稚園は，義務教育及びその後の教育の基礎を培うものとして，幼児を保育し，幼児の健やかな成長のために適当な環境を与えて，その心身の発達を助長することを目的とする。

(4) 金銭的支援

子どもを養育する経済的な負担に対する公的な支援の方法としては，直接的な金銭の給付と課税の控除による間接的な方法とがあります。かつては，3歳までの子どもを監護する者に対する児童手当と所得税の年少者控除との組み合わせによっていましたが，2010（平成22）年に「子ども手当」に一本化されました。この手当は，「子どもの健やかな育ち」（平成22年度等における子ども手当の支給に関する法律1条）を個人や家族のみの問題とするのではなく，社会全体で応援するという理念に基づき，対象となる子どもの年齢を中学校修了時までに引き上げたうえ，その監護者の所得水準によらず，あまねく子どもに対して金銭給付を行うという新規性のある制度でした。子ども手当の導入の際には，年少者控除が廃止されました。年少者控除の廃止は，子どもの養育者の所得を優遇することで間接的に経済的な負担を軽減する方法から，子どもの状況を基準に直接に金銭的な援助を与える方法への移行を意味しました。公的支援が子ども本人に対して直接に向けられる意義がありますが，その趣旨を全うするためには，給付された手当が着実に子どものために利用されることを確保することが重要です。手当の給付主体は，対象となる子どもの保育費用が未払の場合には保育費用を控除して支給できるとされ，また，給食費用については保護者

の同意により控除ができることになっていることは，子どものための利用確保の方法といえますが，さらに，受給した監護者が手当を子どもの健全な育成のために用いることを実効化する方策が望まれます。

　「子ども手当」は，その後，政権の交代に伴い，2012（平成24）年からは，「児童手当」に名称を戻し，所得制限が課せられ，手当の額も一部引き下げられました。間接的な税控除の方法ではなく，一般的に金銭給付の形で公的支援を与えるという基本枠組みは保たれているものの，手当の趣旨について新たに「父母その他の保護者が子育てについての第一義的責任を有するという基本的認識」が追記されるなど（児童手当法1条），子ども手当の導入を支えた理念からは重点のずれが見られます。子育てに関する個人・家族と社会との責務の比重をどう考えるかは理念的・政策的な価値判断を要する問題であることを反映して，子育ての経済的負担に対する公的支援は必ずしも安定的な制度とはなっておらず，子どもの生育環境を確保する観点からは問題があるように思われます。

◆ 条　文
児童手当法
1条　この法律は，父母その他の保護者が子育てについての第一義的責任を有するという基本的認識の下に，児童を養育している者に児童手当を支給することにより，家庭等における生活の安定に寄与するとともに，次代の社会を担う児童の健やかな成長に資することを目的とする。

(5)　子ども・子育て支援

　以上の (4) までに記したように，長い間，子どもの健全育成に対する公的な責務は，母子保健，保育所，幼稚園，児童手当等を通じて果たされてきました。1990年代以降は，少子化問題の深刻化を背景として，子ども，子育て家庭および地域を取り巻く環境の変化に対する公的な対応が重点的な政策課題とされるようになりました。子育て支援施策の計画を描く1994（平成6）年のエンゼルプランに始まり，いくつかの政策提言書の策定を経て，2012（平成24）年に，「子ども・子育て支援法」が成立し，子ども・子育て支援の新たな体制

が構築されようとしています。新制度の下では，従来別々の根拠法令に基づき，別々の制度として行われていた保育等の施策が，「子ども・子育て支援」制度として総合化されることが目指されています。出産・育児休業を新制度上に位置づけることは今後の課題とされる（子ども・子育て支援法附則2条1項）など，子ども・子育て支援の施策が包括的に体系化されるには至っていませんが，同法を端緒として，諸施策が，より統一的な理念の下に位置づけられ，課題を克服すべく質・量を拡充しながら，相互に連携しつつ，効果的に進められることが期待されます。

◆ 条　文
子ども・子育て支援法
1条 この法律は，我が国における急速な少子化の進行並びに家庭及び地域を取り巻く環境の変化に鑑み，児童福祉法（昭和22年法律第164号）その他の子どもに関する法律による施策と相まって，子ども・子育て支援給付その他の子ども及び子どもを養育している者に必要な支援を行い，もって一人一人の子どもが健やかに成長することができる社会の実現に寄与することを目的とする。
2条1項 子ども・子育て支援は，父母その他の保護者が子育てについての第一義的責任を有するという基本的認識の下に，家庭，学校，地域，職域その他の社会のあらゆる分野における全ての構成員が，各々の役割を果たすとともに，相互に協力して行われなければならない。
6条1項 この法律において「子ども」とは，18歳に達する日以後の最初の3月31日までの間にある者をいい，「小学校就学前子ども」とは，子どものうち小学校就学の始期に達するまでの者をいう。
　2項 この法律において「保護者」とは，親権を行う者，未成年後見人その他の者で，子どもを現に監護する者をいう。

◆ ま　と　め
　子どもには生物的な両親があり，多くはその両親が子どもの法的な父母として，家族を形成し，子どもを守り育てていきます。父母は婚姻していることもあれば，していないこともあります。さらに，生物的な両親とは異なる者が父母となって子どもの養育に責任を持つ場合や，父母とその子という形とは異なる家族が形成

されることもあります。親とは，家族とは，という問いは，突き詰めると意外に簡単なものではありませんが，しかし，子どもは親や親戚を中心とする家族に第一次的に守られながら，成長します。同時に，子どもが健全に育つことについては，社会も責務を負います。子どもを養育する家庭の責任を強調するだけでなく，家庭への支援，そして子ども本人への支援に社会が責任を果たすことが重要です。

◇ Column 2　技術的補助による生殖と家族

　ヒトが誕生するとき，出産をした女性とその女性と身体的な交わりをもった男性がいることが「当然のこと」であった時代は過去のものであり，現代では，生殖補助医療（以下では「補助医療」という）により子を持つことができます。子の誕生が男女の身体的交わりから切り離されたのは，人工授精（子宮に精子を人工的に送り込む方法）の実施によりますが，画期は1978年のいわゆる「試験管ベイビー」の誕生といえます。身体の外での受精（体外受精）が可能となることで，受精と懐胎の分離が可能となったのです。

　このことは，自分たちの子を持つことを望む男女のカップルに，第三者からの精子または卵子の提供を受けて女性が懐胎・出産する方法や，第三者に懐胎・出産を依頼する代理懐胎（卵子はカップルの女性から採取），代理母（卵子も懐胎も第三者女性）によって子を誕生させる道を開きました。これらの場合，子の誕生のきっかけを作り，その養育を引き受けようとしている「親」は，補助医療を利用したカップルの男女ですが，それ以外に，卵子または精子を提供して血縁がつながる「親」や懐胎，出産をした「母」がありえます。

　話は男女のカップルに限られません。同性のカップルでも，第三者精子提供による人工授精や，代理母により，カップルの一方と血縁を持つ子を持つことが可能です。法律に基づき性転換を認められ，婚姻をした夫婦が子を望む場合も，同様です。カップルの一方が死亡した場合（凍結精子による人工授精の例がある）や単身者の場合も，補助医療の利用が可能です。

　もっとも，技術的に可能であることと，社会的に許容されることとは別です。問題は，どのような当事者にどのような技術の利用を許容するかという事前規制と，生まれた子の親子関係をどうするかに分けられます。これらの点につき，日本では法律が整備されておらず，学会による自主規制や個別事例に対する裁判所の判断に任せられています。

　問題は，子が生まれ出る場として，どのようなものを想定するのかという，社会の基本にかかわります。母とは，父とは何であるか，親は二人であるべきか，異性であるべきかといった問いが生じます。答えは容易に出ませんが，出生する子に安定的な生育の場を確保することを最優先に考慮しつつ，同時に，子が自分の出自を知る可能性を閉ざすことなく，不透明な法状況の解消を急がなければなりません。

第2章
家族の動揺

◆ ストーリー

　1　○○小学校4年2組を担任するA先生は，クラスのB君の給食費の不払が続いているため，B君の保護者に連絡した。保護者名簿に載っていたのは，B君の母親Cだった。AはCと面談したところ，給食費の不払の背景には次のような複雑な事情があることがわかった。

―― Cの話の内容 ――

　保護者名簿にCの名前だけが載っているのは，CはBの父親のDと6年前に離婚をしていて，CがBの親権者となっているからです。DはBが生まれた時からBをとてもかわいがっていたので，離婚の際には，C，DのどちらがBを引き取るかで大変にもめました。離婚に至る前，Cは冷めきったDとの関係に耐えかねてBを連れて実家に帰りましたが，Dは，Bが幼稚園から送迎バスで退園する隙を狙って，**Bを連れ戻し**，Bを，鍵をかけた家に閉じ込めておくなどのことがありました。→③
CはBを再び実家に連れ戻すことはできずにいましたが，Bのためにも早くDとの関係に決着をつけた方が良いと考え，家庭裁判所に赴いて相談をしました。離婚すること自体はDも納得していたので問題はなかったのですが，Bの親権者をどちらにするかについては話合いがまとまらず，裁判所の判断で，**Cが指定されました**。→①
Dは心底がっかりした様子でしたが，Bのためということで納得をしてくれ，Bの養育費の支払も約束してくれました。Cは，Dが協力的なことに安心して，Bに会いたいというDの希望に応じて，毎月第一日曜日にはBをDに預け，**BとDが共に過ごせるようにしていました**。→④
ところが，Bが小学校4年生になった頃から，Bは，Dと過ごした後に体調を崩して学校を休むようなことが続き，Dに会いに行くのをしぶるようになりました。BがDと会う回数は減り，夏休みの頃には，BとDが会うことはなくなりました。すると，急に毎月振り込まれていたDからの**養育費の支払**が止まり，何度催促しても，支払ってくれません。Cは困っていろいろなところに相談に行きましたが，離婚の時に養育費の支払の約束を書面にしておかなか→②

ったので，すぐに支払ってもらうことは難しいだろうと助言され，途方に暮れています。DにBを会わせれば，Dの気が変わるかもしれませんが，Bの気持ちを考えると，無理して会わせるのが良いとも思えません。そのようなわけで，家計が苦しくなり，給食費の支払が滞ってしまいました。Dは以前から会社員として安定した月給を得ており，失業したなどといったことはないはずなので，何とか養育費の支払を再開してもらうつもりです。

2　（1年後……）
　Aのところに，CがBの小学校卒業後の進路のことで相談にやってきた。Cは私立の男子中学校を受験させたいと考えているが，Dは共学の公立中学校に入れる方がBのためになると主張しているとのこと。Dは，小学生の段階で受験勉強の苦労をさせるのはBにとって良くないとか，私立の男子中学校へ進学することはBの視野を狭めてしまうなどと言っているが，Cとしては，Dが私立学校の学費負担を恐れているのではないかとの印象を抱いている。Cは親権者だからDの意見を無視して受験をさせて構わないようにも思うが，このことで折角再開した養育費の支払が再度止まっては困ると心配している，という。ただ，Cには現在つきあっている男性Eがおり，BもEに親しみを抱いている様子なので，Cは，Bの中学受験が終わったらEと再婚し，三人で暮らしたいと考えている。Eもそのつもりで，Bの進路についてCの相談に乗り，私立中学校の学費も負担してくれると言っているので，Dのことは気にかけずに，EにDに代わって父親になってもらうのがBのためかもしれないとも思う。

◆　ポイント
　B君の両親は離婚しており，現在は母親のCがBと同居してBを育てています。このようなとき，Bの給食費等，その監護養育のために要する費用を父親Dも負担するのでしょうか。負担するとしても，Dが払ってくれないときに，どのように強制するのでしょうか。他方で，DはBの成長ぶりを見守ったり，会ったりすることができるでしょうか。さらに，Cが再婚をするときには，再婚家庭とDの関係はどうなるのでしょうか。
　崩壊してしまったBとその両親の家庭を修復することはできないとしても，Bにできるだけ安定した日常生活を確保し，かつBとBの両親とのつながりを損

第2章 家族の動揺

ねないことが目指されるべきだと考えられます。

1　父母の離婚と子の親権

　夫婦が離婚するときに、夫婦の間に未成年の子があれば、夫婦（その子の父母）は、その子の親権者を夫婦のどちらか一方に定めなければなりません。父母が婚姻している間は夫婦が共に親権者ですが（→第1章）、離婚する場合には、一方のみが親権者とされ、両方が親権者であり続けることはできません（民法819条1項2項）。

　親権者をどちらにするかを決めるのは、まずは父母自身であり、父母の話合いがまとまれば、それに対して他人（裁判所や児童相談所も）が異議を差し挟むことはできません。離婚の届出用紙には、未成年者の親権者をどちらと定めるかを記入する欄があり、父母はそこに印（✓）をして離婚届を提出することになります。父母が合意に達しないときには、家庭裁判所の判断を求めることができます（民819条5項、家事事件手続法別表第2〈8の項〉）。裁判所が親権者を定める基準は「子の利益」です。「子の利益」を判断する具体的な考慮要素としては、離婚後に父母それぞれが用意できる養育環境、子の年齢、学校や友人との関係等の状態、子の意向、子の養育環境の継続性・安定性などが挙げられます。親権者を指定するための裁判手続の中では、家庭裁判所の調査官が、家庭や学校を訪問するなどして、当該子の環境等の調査に当たります。離婚の際に定められた親権者は、その後、子の利益のために必要となったときには、家庭裁判所の判断により、父母の他の一方に変更することもできます（民819条6項）。

◆　条　　文
　民　　法
　819条1項　父母が協議上の**離婚**をするときは、その協議で、**その一方を親権者と定めなければならない。**
　　2項　裁判上の離婚の場合には、裁判所は、父母の一方を親権者と定める。
　　5項　第1項……の協議が調わないとき、又は協議をすることができないとき

は，家庭裁判所は，父又は母の請求によって，協議に代わる審判をすることができる。

6項 子の利益のため必要があると認めるときは，**家庭裁判所は**，子の親族の請求によって，**親権者を他の一方に変更**することができる。

2 養育費の支払

(1) 父母の基本的義務

　子どもを育てる費用（養育費または監護費用）は，第一次的にはその子どもの父母が負担するのが原則です。父母が夫婦である場合には，夫婦はその共同生活に伴う費用を分担しますが，養育費はその一部として夫婦が共同で負担します（民752条・760条）。夫婦が円満に共同生活を送っているうちは，この負担や不払が正面から問題になることはあまり考えられませんが，夫婦が離婚して別居する段階では，子の養育費の負担の問題が表面化します。1で触れたとおり，離婚をすると，父母の一方は親権者でなくなり，かつ，多くの場合には親権者とならなかった方の親は子どもと別居し，日々の現実的な監護に関与しません。しかし，同居の有無や親権の所在は，養育費の負担とは関係がありません。父母は，父または母であることそれ自体に基づいて，養育費を負担しなければならないのです（民766条1項・877条1項参照）。

(2) 支払確保のための方法

　問題となるのは，いかに，離婚後の養育費の支払を確実に行わせるかということです。まず，離婚の時点で，将来の養育費の支払について父母に取決めをさせることが望まれますが，そのような取決めは保障されていません。前述のとおり，親権者をどちらにするかは離婚届に記入しなければならず，この記載がなければ離婚届が受理されないのに対して，養育費の支払はそのような扱いになっていません（2011〔平成23〕年の民法766条の改正に伴い，離婚届に養育費の定めがあることをチェックする欄が新設されましたが，チェックがなくても離婚届は受理されますし，チェックがあったとしても，合意の中身まで確認されるわけではありません）。したがって，離婚はしたけれども，子の養育費の負担について話合い

が存在せず，一方の親は養育費を支払っていないという事例がありえます。これに対して，養育費の支払について離婚時に裁判所で公的な判断を受けている場合もあります。これらの中間として，夫婦が養育費の負担について裁判外で自主的に取り決めてある場合には，原則としてその取決めが効力を持ち，養育を担当する一方の親から他方の親に対して養育費の請求をすることができます。適正な扶養料の額がいくらであるかの判定は容易ではありませんが，2003年に，それまでの裁判実務の経験から，簡易算定表（養育費・婚姻費用算定表）が作られ，活用されています。

　もっとも，請求された親が任意に支払に応じてくれないときには，家庭裁判所に養育費支払の請求を申し立て，強制的に養育費を取り立てる手段に訴えざるをえません。具体的には，調停または審判により養育費支払を認める裁判を経て，それに基づいて，義務者の財産に対して強制執行を行うことになります。養育費は，一般的に高額でないことが多いので，例えば，月々の支払が滞っているときに，毎月毎月，このような手続を行うことは，無視できない負担になりえます。そこで，養育費の支払を求めるような権利については，将来の分を含めてまとめて債務者の給料債権などを差し押さえて，支払を確保するための特別な手続が設けられ，当事者の負担を軽減するための工夫がなされています（民事執行法151条の2）。なお，離婚時の扶養料の取決めが裁判外で行われたとしても，その合意が公正証書になっていれば，調停または審判により裁判を得る過程は不要となり，公正証書を用いて，直ちに強制執行手続に着手することができます。

(3) 行政上の支援制度との連携

　さらなる改善策として，裁判所ではなく，行政のレベルで，養育費確保の制度を設けることが望まれます。外国の例を参考にすると，まず行政機関が養育のための費用を立替払し，養育している親に代わって，相手方の給与等を差し押さえるなどして回収するといった方法がありえます。

　他方で，離婚等により一方の親が子どもを監護養育している場合については，児童扶養手当制度並びに母子および父子家庭等に対する行政上の支援措置（母子及び父子並びに寡婦福祉法に定められています）が整備されており，子どもを監

護養育する父または母は，一定の基準に基づいて金銭給付等を受けることができます。子どもを健全に育成する社会の責任をより実効的に果たすためには，これらの行政上の支援の制度の充実と親の養育費支払義務の実効化を伴いつつ，制度間の連携を図ったしくみづくりが進められるべきでしょう。

◆ 条　文
民　法
760条　夫婦は，その資産，収入その他一切の事情を考慮して，**婚姻から生ずる費用を分担**する。
766条1項　父母が協議上の離婚をするときは，子の監護をすべき者，父又は母と子との**面会及びその他の交流**，**子の監護に要する費用の分担**その他の子の監護について必要な事項は，その協議で定める。この場合においては，子の利益を最も優先して考慮しなければならない。
　2項　前項の協議が調わないとき，又は協議をすることができないときは，家庭裁判所が同項の事項を定める。
877条1項　**直系血族**及び兄弟姉妹は，互いに扶養をする義務がある。
　〔2項以下，略〕

民事執行法
151条の2第1項　債権者が次に掲げる義務に係る確定期限の定めのある定期金債権を有する場合において，その一部に不履行があるときは，……当該定期金債権のうち確定期限が到来していないものについても，債権執行を開始することができる。
　　1号　夫婦間の協力及び扶助の義務
　　2号　婚姻から生ずる費用の分担の義務
　　3号　子の監護に関する義務
　　4号　扶養の義務
　〔2項は省略〕

児童扶養手当法
1条　この法律は，**父又は母と生計を同じくしていない児童**が育成される家庭の生活の安定と自立の促進に寄与するため，当該児童について児童扶養手当を支給し，もって児童の福祉の増進を図ることを目的とする。

2条1項 児童扶養手当は，児童の心身の健やかな成長に寄与することを趣旨として支給されるものであって，その支給を受けた者は，これをその趣旨に従って用いなければならない。
　2項 児童扶養手当の支給を受けた父又は母は，自ら進んでその自立を図り，家庭の生活の安定と向上に努めなければならない。
　3項 児童扶養手当の支給は，婚姻を解消した父母等が児童に対して履行すべき扶養義務の程度又は内容を変更するものではない。

母子及び父子並びに寡婦福祉法
1条 この法律は，……母子家庭等及び寡婦に対し，その生活の安定と向上のために必要な措置を講じ，もって母子家庭等及び寡婦の福祉を図ることを目的とする。
2条1項 全て母子家庭等には，児童が，その置かれている環境にかかわらず，心身ともに健やかに育成されるために必要な諸条件と，その母子家庭の母及び父子家庭の父の健康で文化的な生活とが保障されるものとする。
　〔2項は省略〕
3条 国及び地方公共団体は，母子家庭等及び寡婦の福祉を増進する責務を有する。〔以下，略〕

3 両親間における子どもの奪い合い

(1) 子どもの奪い合い紛争

　両親が別居し，離婚するときに，どちらの親が子どもと暮らすかについての決定は，1，2の場合と同じように考えられます。夫婦の話合いでまとまればそれが尊重されますし，夫婦が合意に至れないのであれば，裁判所に判断を求めることができます。通常は，親権者と定められた方が子どもを引き取って育てる権限を持ちます。両親が冷静に話合いをしたり，裁判所の手続を利用してその判断を尊重してくれれば問題はありませんが，残念ながら，両親の間で子どもを奪い合う紛争が生じることが少なくありません。夫婦の関係が悪化して妻が子を連れて実家に帰ったところ，夫がその子を連れ帰りに来るという本章ストーリーは代表的な例です。夫が連れ帰った子をさらに妻が奪い返すといった事態もありえます。このような場合，奪い合いの対象となっているのは生

身の子どもですから，迅速かつ的確に紛争を解決し，子どもの安定した日常生活を確保することが求められます。

(2) 裁判所での解決手続

子どもの奪い合い紛争の解決方法として，かつては，当事者も裁判所も，人身保護請求の手続を利用する傾向が見られました。この手続は，違法な身体拘束がされている場合に，簡易迅速な手続によって，身体拘束を解消させる強力な効果を持つ手続です。したがって，妻が無断で子どもを実家に連れ帰った，または夫が妻の実家から子どもを奪い返してきた等の場面で，連れ帰りや奪い返しの状態からすぐに元の状態に戻すためには有効な手段になります。しかし，そのような原状を回復する手続ばかりを急ぐことが，紛争の適切な解決方法であるかには疑問があります。なぜなら，ここで問題となっているのは，当該の子がどちらの親と生活を共にしていくのがその子の利益に適うのか，どちらの親が親権者として子の養育監護を主として行っていくのが適切なのかということであり，簡易迅速な人身の自由を回復するための手続のなかで判断するのには適していないと考えられるからです。親権者を指定する手続としては，家庭裁判所において，調査官が子をめぐる人間関係や生活環境等を調査したうえで裁判所が諸事情を総合考慮して子の利益を基準に親権者を定めることが予定されています（民819条2項5項6項）。当事者が，家庭裁判所の手続を敬遠した背景には，即効性および実効性に欠けるという問題がありましたが，1980（昭和55）年の法改正により，正式な審判手続が開始される前に，仮の処分として，求める内容を強制的に実現できるようになりました。また，審判が出た後にその内容を実現する手続もより強力な手段（直接強制）が認められるようになってきています。今日でも，連れ去られた子どもの返還を求めて人身保護請求を行うことは可能ですが，同請求が認められるか否かの判断は，当該子どもの親権等の監護を基礎づける権限が誰にあるかを基準になされます。家庭裁判所による親権者指定等の判断が基本的に尊重されるということであり，子の奪い合い紛争が激化する前に，子どもの親権等の所在について家庭裁判所で適切に判断されることが期待されます。

(3) 国際的な子の奪取

なお，国際結婚をした当事者間で子どもの奪い合い紛争が起こったときには，「国際的な子の奪取の民事上の側面に関する条約」（ハーグ条約）が適用され（Column 3 参照），子ども（条約の適用対象となるのは 16 歳未満の子どもです）は原則として元の居住地国に返されることになります。この条約は日本人間の紛争には適用されませんが，日本人間の紛争に対しても間接的に影響し，より実効的な裁判所の介入がなされるようになることが期待されています。

◆ 条　文
人身保護法
2条1項　法律上正当な手続によらないで，身体の自由を拘束されている者は，この法律の定めるところにより，その救済を請求することができる。
　2項　何人も被拘束者のために，前項の請求をすることができる。
ハーグ条約前文（抄）
　　この条約の署名国は，……不法な連れ去り又は留置によって生ずる有害な影響から子を国際的に保護すること並びに子が常居所を有していた国への当該子の迅速な返還を確保する手続及び面会交流の権利の保護を確保する手続を定めることを希望し……，次のとおり協定した。

4　子と同居していない親と子との面会交流

(1) 面会交流の位置づけ

離婚の後に親権または監護権を持たず，子どもと別居することになる方の親は，子どもの日々の様子を知ったり，記念日に贈り物をしたり，定期的に会ったりすることができるでしょうか。

別居の親は親権を持っていませんが，親として，これらのことを行えると考えられます。民法には，父母が離婚をするときは「面会交流」について協議を行うこと，協議がまとまらないときには，家庭裁判所が定めることができると規定されています（民 766 条）。また，離婚届出用紙には，養育費の定めと並んで，面会交流についての合意の有無について記す欄が設けられています。

(2) 面会交流の具体的内容・その決定基準

　面会交流を行うかどうか，行うとしてどのような方法でどの程度の頻度で行うかについては，関係当事者の間で意見がまとまらず，その結果，別居の親と子どもが長い間会えないことが多々あります。その理由としては，離婚によって父母の間に子どものためを思って冷静な話合いをする関係が保たれていないという場合もありますが，子どもを相手方に会わせると，子どもが心理的に困難を抱えるのではないかと同居の親が危惧する，または実際に子どもが動揺するのを見て心配するなどのことがあります。また，子ども自身が会うことを望まなかったり，拒んだりというケースもあるでしょう。子どもや配偶者に対する暴力・暴言などが認められる事例では，面会交流の実施がそれらの者に危険を生じさせることもあります。

　このように，面会交流の具体的なあり方について当事者間に利害や意見の対立がありうることから，面会交流にどのような意義を認めるかについては簡単には答えが出ません。親の権利としての面会交流という問題設定がされるのが一般的ですが，子どもの利益に反してまで認められるべきものではないこと，子どもの意見や他方の親の意向も無視できないことから，権利とまでは認めないとするもの，子どもの権利と捉えるものなど，様々な意見が唱えられています。もっとも，これらの意見は必ずしも対立しているわけではなく，親の権利の側面があることを認めつつ，子どもの利益との両立，調整を図りうる基準が探求されるべきです。「面会交流」というと，親と子どもとの間で，面会・宿泊によって直接に交流することや電話・メール・手紙などによる間接的な交流を思い浮かべがちですが，親同士の間で，または第三者を介して，子どもの成績表や写真を定期的に送付するなどにより，子どもの成長ぶりを知らせるという方法などもありえます。種々の段階・態様での接触がありうることを踏まえることで，父母の離別が一方の親と子との完全な断絶にならない場合が増えることが期待されます（子どもの権利条約9条3項参照）。

(3) 円滑な面会交流のための条件整備

　直接・間接の接触にせよ，写真などの送付にせよ，面会交流を，円滑かつ安定的に行っていく条件整備も大切です。離婚後の父母は，子どものためとはい

え協力できる関係にあるとは限りませんから，面会を計画し実行するために第三者の支援が得られることは重要です。成績表等の子どもの情報のやりとりであっても，例えば，配偶者間暴力による離別のような事案では，子と同居親の居所を他方親に知らせずに実現するなど，繊細な介入，支援が必要になります。まだ数は多くありませんが，面会交流についての当事者の話合いおよびその実施について，面会交流の場に同行するなどの支援を行う民間の団体がありますが（例えば，元家庭裁判所調査官らによって設立されたものとして，公益社団法人家庭問題情報センターがあります），心理社会的支援の専門性を備えたこのような団体などの拡充が不可欠です。面会交流がどのような場合に，どの程度認められるべきかは，このような支援体制の整備を見極めながら，検討されるべきでしょう。なお，養育費は面会交流ができることの対価ではありませんから，面会交流がないからといって養育費を払わないという主張は通用しません。

> **子どもの権利条約**
> **9条3項** 締約国は，児童の最善の利益に反する場合を除くほか，父母の一方又は双方から分離されている児童が定期的に父母のいずれとも人的な関係及び直接の接触を維持する権利を尊重する。

5 離婚後の父または母の再婚

離婚後，例えば子どもを連れた母親が再婚する場合に，子どもと父親との関係，子どもと母親の再婚相手との関係はどうなるでしょうか。

(1) 再婚相手と子どもとの関係

まず，母親が再婚しただけでは，再婚相手と子どもとの間に親子関係が生じることはありません。再婚相手と子どもの関係は，夫婦が互いの両親と婚姻を通じて親族関係になる（婚姻を通して生じる「姻族」の関係）のと同じ意味で，親族の関係が生じるにすぎません（婚姻を通じて相手方配偶者の直系1代の血族との間に生じる姻族1親等の関係）。姻族1親等の関係から生じる効果は限定的です。扶養の義務を負う場合がありますが，それも，特別の事情があるときに家庭裁

判所の判断により例外的に課されるものです（民877条2項）。再婚相手と子どもに親子の関係を創り出すには，養子縁組が必要です。

　子どもが15歳以上であれば子ども自身と再婚相手が，15歳未満であれば，親権者である母親が子どもに代わって，再婚相手と養子縁組を行います（民797条1項）。未成年者を養子とする養子縁組には家庭裁判所の許可を要するのが原則ですが，離婚した母親が自己の子を連れて再婚する際にその相手と連れ子を養子縁組するという場面（いわゆる「連れ子養子」）では，家庭裁判所の許可が不要とされます（民798条）。家庭裁判所の許可は子どもの利益が害されることを防ぐために求められるものですが，自己の結婚相手の子どもを養子にするような事案類型では，子どもの利益が害されることはないと想定されたためです。

　しかし，子どもの利益を考えれば，このような例外を設けずに家庭裁判所の許可を必要とすべきだという意見も強く主張されています。養子縁組がされれば，再婚相手と子どもとは親子になりますので，親権，養育費，相続等について，親子としての権利を有し，義務を負うことになります。なお，養子縁組をしない場合でも，再婚相手が子連れの当事者と婚姻をしようとする以上，その子どもの養育等を引き受ける意思があるはずだとして，養育費の負担など，親子に準じた扱いを認めようとする見解もあり，注目されますが，実務的に採用されるには至っていません。

(2)　他方の親と子との関係

　父親と子との関係も，母親の再婚によって変わらないのが基本です。父親は養育費を負い続け，面会交流も認められるはずです。ただ，裁判実務では，面会交流の頻度や方法を定めるに当たって，再婚家庭（ステップファミリー）での子どもの安定を重視して，抑制的な認定になる傾向があることは否定できません。再婚相手と子どもが養子縁組をした場合は特にですが，そうでない場合でも，再婚家庭と親権者ではない一方の親との関係をどのように調整するかは，現在の法律では十分に規律されていない課題です。再婚相手と子どもとの養子縁組についても，父親の同意が当然に求められることはなく（民797条2項参照），通知がされるとも限りませんが，そのような現行法の態度には疑問もあります。

◆ 条　文
民　法
797条1項　養子となる者が15歳未満であるときは，**その法定代理人が，これに代わって，縁組の承諾をすることができる。**

　2項　法定代理人が前項の承諾をするには，養子となる者の父母で**その監護をすべき者であるものが他にあるときは，**その同意を得なければならない。……

798条　未成年者を養子とするには，家庭裁判所の許可を得なければならない。ただし，自己又は配偶者の直系卑属を養子とする場合は，この限りでない。

◆ まとめ
　子どもの成育の場となる家庭は，父母の関係の変化により，不安定となり，解消，再編がされることがあります。そのような場合であっても，子どもをめぐる環境を，継続的に，できるだけ安定的に，良好な状態に保つよう努めるのは大人の責任です。子どもの養育に直接に責任を持つのは誰か（親権の所在），費用をどのように負担するのか，子どもと離れることになった親との関係をどのように調整するのかなど，多方面での，きめの細かい調整が必要です。父母の関係が不安定化した局面では，父母による自主的な解決に期待することには限界があることは明らかですから，ルールを明確にし，裁判所，行政の積極的な関与により子どもの利益を確保することが重要です。再婚がなされる場合には，より一層，きめ細かい配慮を要します。現在の日本では，再婚家庭での安定が重視される傾向がありますが，再婚家庭も不安定化の危機と無縁ではありませんから，長期的な視野から子どもの利益を評価する視点を忘れてはなりません。

◇ **Column 3　国際結婚・ハーグ条約**

　日本人と外国出身者との婚姻件数は，1970 年には 5546 件（全婚姻数に占める割合は 0.5%）でしたが，1989 年に 2 万件を超えて以来，2013 年まで高い水準が続いています（同割合も，1989 年以来，3% 以上で推移）〔厚生労働省人口動態統計〕。国際結婚の場合，夫，妻および子の国籍が異なるため，どこの国の法律を適用するか（準拠法），どこの国の裁判所で紛争を解決するか（裁判管轄）に選択の可能性が生じます。例えば，夫婦の氏，生まれた子の親子関係や親権の所在等はどこの国の法律によって定まるのかについて，ルールが必要となり，「法の適用に関する通則法」に定められています。

　とりわけ婚姻破綻の局面では，準拠法や裁判管轄の判断自体が熾烈な争いになりえます。法律の内容は国によって異なり，裁判所の選択は使用言語や証拠集めの難易にかかわるため，各当事者の利害に大きく影響します。

　実務上問題となったのは，夫婦が子との関係について解決しないまま，国境を越えて子が連れ去られるなど，事実上の行動が先行したときです。子と離れた方の親と子との関わりが不安定になりますし，子の生活環境が急激に変わってしまうという問題もあります。

　一国での対応には限界があるため，1980 年，「国際的な子の奪取の民事上の側面に関する条約」が成立しました（日本は 2014 年に加盟）。この条約は，子（対象は 16 歳未満）の国際的な奪い去り，不法な連れ去りを防止し，連れ去られた子を速やかに元の居住国に返すために，国際的に協力しようとするものです。手続面での特徴は，子を迅速に返還し，元の居住国で親権や監護等について裁判がされるよう，各国の担当の機関（中央当局）が，関連する司法および行政機関と連携しつつ，積極的に子の所在の発見，任意の返還を促すための便宜供与等を行うことです。内容面では，子の生活の安定性・継続性の重視，奪取の連鎖の防止のための非監護親の面会権の保障という特色があります。国内の事件の取扱いに比べて手厚い内容となっているため，条約に基づく経験が国内法改善への刺激となることが期待されています。条約適用のために制定された，「国際的な子の奪取の民事上の側面に関する条約の実施に関する法律」では，特に，返還の原則に例外を定めている諸事由（同法 28 条）の解釈が鍵になります。

　子の奪取以外にも，養子，扶養等について条約があり，国を越えて子の利益を守る社会が目指されています。

第3章

児 童 虐 待

虐待の発見，保護まで

◆ ストーリー

　Aさん，B君，C君の3人は中学以来の仲良し3人組の高校2年生。夏休みが明けた9月のある日の会話。

B君　僕の弟が通っている小学校のことなんだけど，2学期になってから一度も学校に来てない子がいるんだって。

Aさん　それって不登校？

B君　担任の先生はそう思ってるみたいなんだけど，どうもそうじゃないみたいなんだ。その子，D君っていうんだけど，弟が心配してD君の家に行ったんだけど，何回ベル鳴らしても誰も出てこないんだって。

C君　家族で旅行でも行ってるんじゃないの？

B君　それが，弟はD君の声が家の中から聞こえたような気がするって言ってるんだ。

Aさん　そのこと小学校の先生に話したの？

B君　うん，弟が話したんだけど，先生あまり真剣に考えてないみたいで。あまりよその家庭のことに首を突っ込んじゃいけないって，子どものことは**親の責任**なんだから，もう少し様子をみましょう，だって。
→1

C君　何か無責任だなあ。その子に何かあったらどうするんだろ。

Aさん　じゃあさ，私達でB君の弟君に案内してもらって，D君の家に様子見に行かない？

　4人がD君の家に行くと，家の中からは物音が聞こえず，しんと静まり返っている。突然，ガチャンとガラスの割れるような音がして，子どもが泣き出す声。驚い

た4人はD君の名前を叫びながら家のドアを開けて中に入ろうとするが，鍵が掛っていて開けられない。慌てて近くの交番に駆け込んだ4人が，男性の警察官に事情を話すと，警察官は4人にお礼を言った後，どこかに**電話をして**…
→5

―― 後 日 談 ――

Aさん　D君って，ずっと家の中にいて，ご飯もろくに食べさせてもらってなかったんだって？

B君　うん。D君の近所のEさんの話だけど，そうじゃないかって。あのあと，**女性のおまわりさん**が児童相談所というところの人と一緒にやってきて，D君の
→7
家のドアの**鍵を壊して**中に入って，やせ細ったD君とD君の妹を助け出したん
→6
だって。お母さんはいなかったみたいだって言ってた。今はD君は多分**一時保護**
→8
所ってところで保護されているんじゃないかって。それとD君の妹はまだ一歳でひどい栄養失調みたいだったからまだ病院にいるかもだって。こういうの**ネグレ**
クトっていうらしいよ。
→3

Aさん　児童虐待って親が**しつけ**とかいって暴力をふるうようなのしか想像してな
→2
かったけど。

C君　それにしてもひどい話だなあ。親は何やってたんだよ。

B君　それがD君のお母さん，D君の妹が生まれてすぐに離婚してからパートで働き始めたんだけど，8月になって突然パートをクビになったって文句言ってたんだって。最近はEさんが会うたび酒臭かったって。

Aさん　お母さんも**大変だったのかな**。何か複雑な気持ち……。
→12

C君　何言ってんだよ，そんなの言い訳にならないよ。子どもには関係ないだろ。これって**犯罪**じゃないの？　親探して**逮捕**しろよ。
→4　　　　　　　　　　→11

Aさん　でも，お母さんが大変な思いをしていることに，もっと早く回りが**気付い**
てたらこんなことにならなかったと思うんだけど……。
→13

C君　そりゃそうかもしれないけどさ。

B君　それはそうと，お母さんがそんなだとD君はこれからどうなるのかな。ずっと一時保護所ってところにいるのかな。もしお母さんがD君を家に連れて帰りたいってやって来たら，やっぱり**家に帰るのかな**。
→9

C君　そんな親の元に返せるわけないだろ。もう親の資格なんて無いよ。

B君　親子の縁を切るってこと？　いきなりそれはやり過ぎじゃないかな。お母

55

さん立ち直るかもしれないんだし。そしたらお母さんと暮らす方がいいと思うけど。
C君　　でもいつ立ち直るかわからないだろ。
Aさん　それなら，お母さんが立ち直るまでは誰か他の人が代わりにD君達の面倒をみればいいと思うわ。

◆ ポイント

　子どもには親によって養育される権利が保障されています。この権利を実現するため，親は子どもを養育する権限・責任を負う一方で，誰もこの権利を安易に奪うことはできません。

　しかし，子どもと親の関係は，養育を必要とする子どもが親に依存する「非対称」な関係であり，この関係の歪みから虐待に至ることがあります。児童虐待の多くは犯罪でもあります。

　「非対称」な関係の下で虐待は継続するという性格がありますが，継続する虐待は子どもに重大な被害をもたらし，成長発達の機会を奪うものでもあるため，迅速な対応が強く求められます。しかし，家庭内での虐待は，早期発見が難しく具体的な事実の確認も容易ではありません。そのため適正な手続の保障にも配慮しつつ，児童相談所等を中心とした早期発見・事実確認のしくみが整備されてきました。

　虐待の事実が明らかになった場合は，まず緊急の対応として子どもを一時的に保護するなどした後，子どもの将来を考えた対応がなされます。子どもを親から引き離したり，親の権限を制限する必要がある場合は，家庭裁判所の判断が求められますが，そのような場合も含め，できる限り親によって養育される権利を尊重し，将来の「親子再統合」に向けた対応がなされます。警察が犯罪捜査として虐待にかかわる場合もこの点に注意する必要があります。

　しかし，親によって養育される権利を保障するためには，そもそも虐待が生じないよう虐待を予防するための施策の拡充が重要です。

1　親の責任

　子どもの衣食住の面倒を見，また子どもが成長して社会の中で生きていけるよう教育するのは，親の責任（→**第1章3**(1)）とされています。民法は，父母

には親権があり，親権を行う者は，子の利益のために子の監護および教育をする権利を有し，義務を負うと定めています。「子の利益のために」という言葉は，学説では当然のことと考えられていたものが，2011（平成23）年の民法改正で明確に規定されたものです。「権利を有し，義務を負う」という言葉の意味については様々な議論がありますが，①親が子どもの面倒を見，教育をしなければいけないこと，②それと同時に親は子どものためになると自分で判断した通りに面倒を見，教育をすることを原則として誰にも妨げられないことについてはほぼ意見の一致があるといえます。このような「親の責任」とも表現される特殊な地位が憲法上の権利として保障されているとの考え方も主張されています。「親権」という言葉には批判もありますが，いずれにしても親の地位は「子の利益」，つまり親によって養育される子どもの権利の観点から理解されなければなりません。

◆ 条　文

民　　法

818条1項　成年に達しない子は，父母の親権に服する。

820条　親権を行う者は，**子の利益のために**子の監護及び教育をする権利を有し，義務を負う。

教育基本法

10条1項　父母その他の保護者は，子の教育について第一義的責任を有するものであって，生活のために必要な習慣を身に付けさせるとともに，自立心を育成し，心身の調和のとれた発達を図るよう努めるものとする。

子どもの権利条約

7条1項　……児童は，……父母によって養育される権利を有する。

18条1項　締約国は，児童の養育及び発達について父母が共同の責任を有するという原則についての認識を確保するために最善の努力を払う。父母……は，児童の養育及び発達についての第一義的な責任を有する。児童の最善の利益は，これらの者の基本的な関心事項となるものとする。

第3章 児童虐待

2 「しつけ」——親の権限

　子どもの面倒を見，教育をするため，親権を行う親は子どもに対して権限が認められています。民法には，子どもが勝手に家を出ていかないよう，子どもの居場所を指定する権限（居所指定権）等のほか，子どもを懲戒する権限も認められています。しかし，虐待は「しつけ」と称して行われる場合が多く，また懲戒の権限を法律で明確に定めなくても必要な「しつけ」を行うことはできると考えられるので，懲戒の定めは削除すべきとの意見も有力です。2011（平成23）年の民法改正では，「子の利益のための監護及び教育」に必要な範囲内での懲戒権限であると明確化されるにとどまりました。

　このような法的な権限に加え，実際に子どもは親による養育に依存していることからしても，子どもと親の関係は「非対称」な関係といえます。この関係が異常に歪んだ結果が児童虐待といえるでしょう。

◆ 条　文
民　法
821条　子は，親権を行う者が指定した場所に，その居所を定めなければならない。
822条1項　親権を行う者は，第820条の規定による監護及び教育に必要な範囲内でその子を懲戒することができる。
823条（職業の許可）〔以下，略〕

子どもの権利条約
5条　締約国は，児童がこの条約において認められる権利を行使するに当たり，父母……がその児童の発達しつつある能力に適合する方法で適当な指示及び指導を与える責任，権利及び義務を尊重する。

3 「ネグレクト（養育放棄）」——虐待の類型

　子どもに対して暴力をふるうことだけが児童虐待ではありません。法律は，

①身体的虐待，②性的虐待，③ネグレクト（養育放棄），④精神的虐待の四つを虐待の類型として挙げており，親以外の同居人による虐待を親が放置することも③ネグレクトに含めています。よく「しつけ」と虐待の区別が問われますが，「しつけ」は「親の行為」，虐待は「子どもの状態」に着目するものです。「しつけ」であろうとなかろうと，以下の規定に該当すれば虐待とされます。

◆ 条　文
児童虐待の防止等に関する法律（児童虐待防止法）
2条　この法律において，「児童虐待」とは，保護者（親権を行う者，未成年後見人その他の者で，児童を現に監護するものをいう。以下同じ。）がその監護する児童（18歳に満たない者をいう。以下同じ。）について行う次に掲げる行為をいう。
　1号　児童の身体に外傷が生じ，又は生じるおそれのある暴行を加えること。
　2号　児童にわいせつな行為をすること又は児童をしてわいせつな行為をさせること。
　3号　児童の心身の正常な発達を妨げるような著しい減食又は長時間の放置，**保護者以外の同居人による**前2号又は次号に掲げる行為と同様の行為の放置その他の保護者としての監護を著しく怠ること。
　4号　児童に対する著しい暴言又は著しく拒絶的な対応，児童が同居する家庭における配偶者に対する暴力……その他の児童に著しい心理的外傷を与える言動を行うこと。
3条　何人も，児童に対し，虐待をしてはならない。
14条1項　児童の親権を行う者は，児童のしつけに際して，その適切な行使に配慮しなければならない。

子どもの権利条約
19条1項　締約国は，児童が父母，法定保護者又は児童を監護する他の者による監護を受けている間において，あらゆる形態の身体的若しくは精神的な暴力，傷害若しくは虐待，放置若しくは怠慢な取扱い，不当な取扱い又は搾取（性的虐待を含む。）からその児童を保護するためすべての適当な立法上，行政上，社会上及び教育上の措置をとる。

第3章 児童虐待

4 虐待は犯罪——刑罰

児童虐待は，例えば①身体的虐待は暴行罪（刑法208条），傷害罪（刑204条），傷害致死罪（刑205条），殺人罪（刑199条）等，②性的虐待は強姦罪（刑177条），強制わいせつ罪（刑176条）等，③ネグレクトは保護責任者遺棄罪（刑218条）等といったように，犯罪にあたる場合が多く，刑事罰の対象となります。ボクシングでの殴り合いなどは「正当行為」として刑罰を科せられませんが，児童虐待については親であることを理由に正当化されることはありません。

◆ 条　文
刑　法
35条 法令又は正当な業務による行為は，罰しない。
児童虐待防止法
14条2項 児童の親権を行う者は，児童虐待に係る暴行罪，傷害罪その他の犯罪について，当該児童の親権を行う者であることを理由として，その**責めを免れることはない**。

5 児童虐待の通報——虐待発見者の通告義務

虐待されている子ども，あるいは虐待している保護者自身からの相談により虐待が明らかになることもありますが，多くの場合，子どもは「非対称」な関係の下にあり，自ら助けを求めることが難しい状況に置かれています。子どもが虐待を受けているのではないかと疑われるような状況を見つけた場合には，誰であっても（子どもであっても）そのことを市町村，福祉事務所あるいは児童相談所に通報しなければなりません（児童虐待防止法6条1項，児童福祉法25条）。児童相談所は都道府県，および指定都市など一定の都市に設置される児童福祉法上の行政機関です。児童相談所などへの連絡方法がわからない場合は，例えば最初に知らせを受けた交番の警官などが児童相談所等に通報することになります。性的虐待のように一見しただけでは虐待の事実が明らかにならない場合に限らず，家庭内のことは外からはなかなかわからないものですが，明らかに

5 児童虐待の通報

●児童虐待への対応システム●

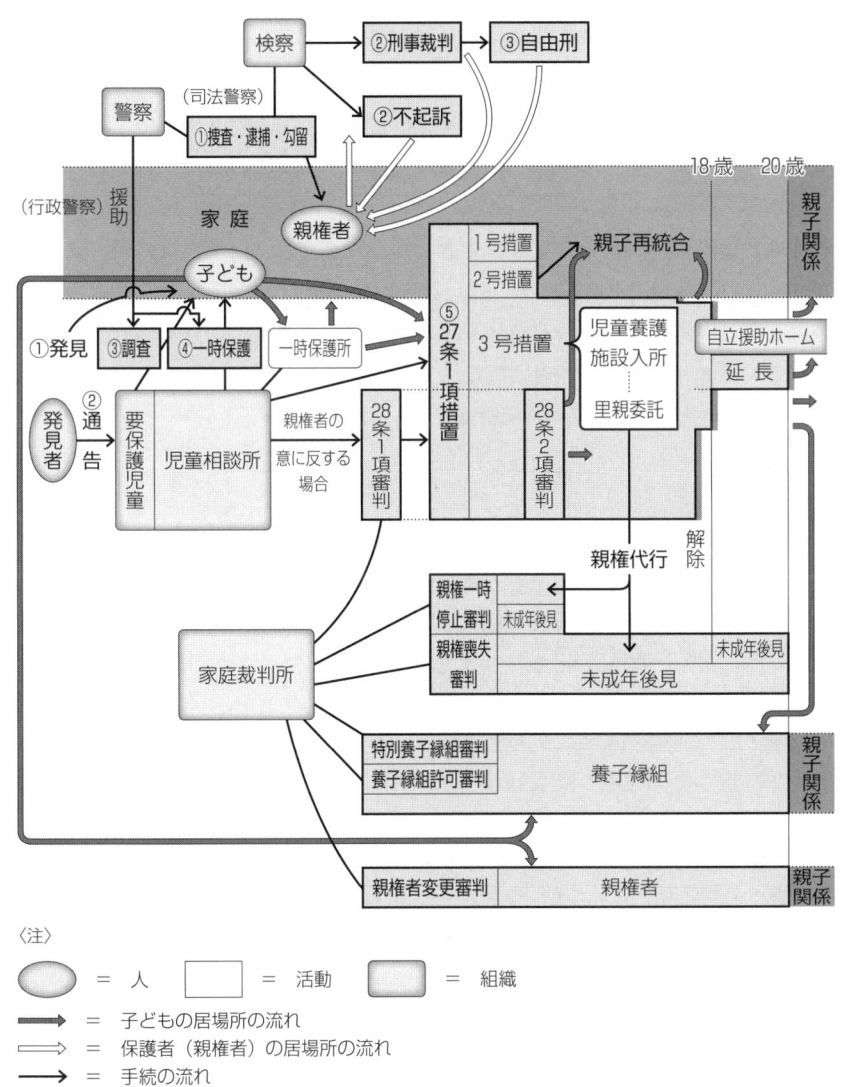

〈注〉
○ = 人　□ = 活動　▭ = 組織
→ = 子どもの居場所の流れ
⇒ = 保護者（親権者）の居場所の流れ
→ = 手続の流れ

　虐待があったといえるような場合でなくとも，虐待の可能性があると疑われる場合には「要保護児童」（児福25条）として通報しなければなりません（児童虐待6条1項）。虐待を疑って通報した結果，実は虐待でなかったとしても，故意

61

に虚偽の通報をしたような場合を除き，責任を問われることはありません。また，誰が通報したかという情報は，通報を受けた児童相談所などの外に漏らしてはいけないことになっています（児童虐待7条）。

特に，学校や病院などで職業柄児童虐待を発見しやすい立場にある人は，自らの立場を自覚して，児童虐待を早期に発見するよう努力することが求められています（児童虐待5条1項）。学校などは個人情報保護法制の下にあり，また，医師などは患者の秘密を守る義務を課されていますが，児童虐待の通告義務の方が優先します（児童虐待6条3項）。通告義務違反に対する罰則はありませんが，公務員であれば国家公務員法もしくは地方公務員法上の懲戒処分の対象となることはありえます。さらに医師の通告義務違反に対して罰則を定めるべきとの主張もなされています（→Column 11）。

◆ 条　文
児童虐待防止法
5条1項　学校，児童福祉施設，病院その他児童の福祉に業務上関係のある団体及び学校の教職員，児童福祉施設の職員，医師，保健師，弁護士その他児童の福祉に職務上関係のある者は，児童虐待を発見しやすい立場にあることを自覚し，児童虐待の早期発見に努めなければならない。
6条1項　児童虐待を受けたと**思われる**児童を発見した者は，速やかに，これを……市町村，都道府県の設置する福祉事務所若しくは児童相談所に通告しなければならない。
　3項　刑法……の秘密漏示罪の規定その他の守秘義務に関する法律の規定は，第1項の規定による通告をする義務の遵守を妨げるものと解釈してはならない。
7条　……当該通告を受けた市町村，都道府県の設置する福祉事務所又は児童相談所の所長，所員その他の職員及び当該通告を仲介した児童委員は，その職務上知り得た事項であって当該通告をした者を特定させるものを漏らしてはならない。
児童福祉法
12条1項　都道府県は，児童相談所を設置しなければならない。
25条（児童相談所等への通告）〔略〕

子どもの権利条約
19条1項〔略〕
2項 1項の保護措置には，……1項に定める児童の不当な取扱いの事件の発見，報告，付託，調査，処置及び事後措置並びに適当な場合には司法の関与に関する効果的な手続を含むものとする。

6　児童虐待の立入調査

　通報を受けた児童相談所等は，虐待が疑われている子どもに児童相談所などの職員が実際に会うなどして，速やかに子どもの安全確認を行います。行政実務では48時間以内の安全確認が指針とされています。保護者の拒絶や家に鍵がかかっているなど子どもの安全が確認できない場合は，子どもを同伴しての出頭要求，あるいは立入調査（拒否には罰則があります）がなされますが，それでも拒否されるなど事実確認できないときは，再出頭要求の手続を経た後，裁判所の許可状を得た上で，鍵を壊すなど実力を行使して強制的に家の中に立ち入り，児童虐待が行われていないか調査をすること（臨検捜索）が認められています。このように厳格な手続がとられているのは，犯罪捜査の場合の家宅捜索と同じように強制的に人の住居に立ち入って捜索することは，憲法上裁判所の判断を経た慎重な手続の下に行われる必要があるからです。この場合，立入調査や臨検捜索を行うのはあくまでも児童の福祉に関する事務に携わる職員（児童福祉職員）ですが，家の中への立入りはときに職員の身の危険を伴うものです。立入調査等に際し警察署長に援助を求めることができるとされており，警察官が立入調査等に同行することは認められています。

◆ 条　　文
児童虐待防止法
8条1項　……第6条第1項の規定による通告を受けたときは，市町村又は福祉事務所の長は，必要に応じ近隣住民，学校の教職員，児童福祉施設の職員その他の者の協力を得つつ，当該児童との面会その他の当該児童の安全の確認を行うための措置を講ずる……

第3章　児童虐待

8条2項　……児童相談所長は，〔以下同旨。〕
8条の2（出頭要求等），**9条**（立入調査等）〔略〕
9条の2第1項　都道府県知事は，第8条の2第1項の保護者又は前条第1項の児童の保護者が正当な理由なく同項の規定による……立入り又は調査を拒み，妨げ，又は忌避した場合において，**児童虐待が行われているおそれがある**と認めるときは，当該保護者に対し，当該児童を同伴して出頭することを求め，**児童委員又は児童の福祉に関する事務に従事する職員**をして，必要な調査又は質問をさせることができる。……
9条の3第1項　都道府県知事は，……前条第1項の規定による出頭の求めに応じない場合において，**児童虐待が行われている疑いがある**ときは，当該児童の安全の確認を行い又はその安全を確保するため，**児童の福祉に関する事務に従事する職員**をして，……地方裁判所，家庭裁判所又は簡易裁判所の裁判官があらかじめ発する許可状により，当該児童の住所若しくは居所に臨検させ，又は当該児童を捜索させることができる。
10条1項　児童相談所長は，第8条第2項の児童の安全の確認又は一時保護を行おうとする場合において，これらの職務の執行に際し必要があると認めるときは，……警察署長に対し援助を求めることができる。都道府県知事が，第9条第1項の規定による立入り及び調査若しくは質問をさせ，又は臨検等をさせようとする場合についても，同様とする。

日本国憲法
35条1項　何人も，その住居，書類及び所持品について，侵入，捜索及び押収を受けることのない権利は，第33条の場合を除いては，正当な理由に基いて発せられ，且つ捜索する場所及び押収する物を明示する令状がなければ，侵されない。
2項　捜索又は押収は，権限を有する司法官憲が発する各別の令状により，これを行ふ。

　　　　　　　子どもの権利条約
　　16条1項　いかなる児童も，その私生活，家族，住居若しくは通信に対して恣意的に若しくは不法に干渉され又は名誉及び信用を不法に攻撃されない。
　　2項　児童は，1項の干渉又は攻撃に対する法律の保護を受ける権利を有する。

7 警察の役割

　児童虐待の多くは犯罪でもあるため，もともと警察には犯罪である児童虐待にかかわる権限があります。そこで児童相談所等の権限との関係が問題となり，相互の適切な連携が求められることになります。児童福祉職員の立入調査に警察官が同行した際などに，子どもの生命，身体に対し危害が切迫していることが判明した場合には，子どもを保護するための緊急の対応として裁判所の判断によることなく強制的に立ち入る権限が警察には認められています。しかし，この権限は，危険が迫っていることが明らかになった場合の例外であり，濫用的に行使されると児童福祉職員の臨検捜索において保障されている裁判所の判断の機会が奪われるだけでなく，子どもにどうかかわるか児童相談所等の専門的判断の権限も侵害されることになります。目の前の犯罪を防止する警察と，現在および将来の子どもの福祉を基準とする児童福祉行政の視点の違いを踏まえる必要があります。虐待は継続的なものであり，危害が切迫する前の早い段階で児童虐待のおそれ，疑いがあるとして臨検捜索により迅速かつ適正な手続をとる必要があります。

◆ 条　文

児童虐待防止法

10条3項　警察署長は，第1項の規定による援助の求めを受けた場合において，児童の生命又は身体の安全を確認し，又は確保するため必要と認めるときは，速やかに，所属の警察官に，同項の職務の執行を援助するために必要な警察官職務執行法……その他の法令の定めるところによる措置を講じさせるよう努めなければならない。

警察官職務執行法

6条1項　警察官は，前2条に規定する危険な事態が発生し，**人の生命，身体又は財産に対し危害が切迫した場合**において，その危害を予防し，損害の拡大を防ぎ，又は被害者を救助するため，已むを得ないと認めるときは，合理的に必要と判断される限度において他人の土地，建物又は船車の中に立ち入ることができる。

第3章 児童虐待

8 一時保護

　立入調査などの結果，子どもの福祉の観点からして，子どもを親の元に置いておくべきでなく，早急に保護すべきであると判断される場合には，児童相談所は，子どもを緊急に保護します。この一時保護は緊急の対応として親の同意がなくとも行うことができ，警察官が同行することもあります。虐待が明らかでなくても，例えば性的虐待の場合には通常は立入調査をしただけでは事実が明らかにならないことから，さらに児童相談所が調査をするために子どもを保護することも，子どもの福祉の観点から「必要がある」と認められるとの考え方もあります。

　保護された子どもは，児童相談所が設置する「一時保護所」で，虐待に限らず非行など様々な理由で保護された他の子どもと一緒に生活するほか，一時保護委託により，児童養護施設などの児童福祉施設や里親，病院，子どもシェルターなど「適当な者」の元で生活します。あくまでも緊急の一時的な保護なので，原則として保護の期間は2か月を超えてはいけないことになっています。一時的とはいえ親によって養育される子どもの権利を制限し，虐待を行った保護者に対しては面会・通信を制限しうるほか，子どもの居場所を知らせないことも認められる一方，子どもの身体の自由にもかかわり，一時保護中は子どもの保護のため行動の自由が制限され，学校への通学も制限されることが多いことから，臨検捜索と同様に一時保護についても裁判所の関与が必要であるとの見解も主張されています。

◆ 条　文

児童福祉法

12条の4　児童相談所には，必要に応じ，児童を一時保護する施設を設けなければならない。

33条1項　児童相談所長は，必要があると認めるときは，第26条第1項の措置をとるに至るまで，児童に一時保護を加え，又は適当な者に委託して，一時保護を加えさせることができる。

　2項　都道府県知事は，必要があると認めるときは，第27条第1項又は第2

項の措置をとるに至るまで，児童相談所長をして，児童に一時保護を加えさせ，又は適当な者に，一時保護を加えることを委託させることができる。
3項 前2項の規定による一時保護の期間は，当該一時保護を開始した日から2月を超えてはならない。
4項・5項〔2月を超える一時保護の例外〕〔略〕

児童虐待防止法
12条1項 児童虐待を受けた児童について児童福祉法第27条第1項第3号の措置（以下「施設入所等の措置」という。）が採られ，又は……一時保護が行われた場合において，児童虐待の防止及び児童虐待を受けた児童の保護のため必要があると認めるときは，児童相談所長及び……施設の長は，……当該児童虐待を行った保護者について，次に掲げる行為の全部又は一部を制限することができる。
　1号 当該児童との面会
　2号 当該児童との通信
3項〔住所・居所の秘匿〕〔略〕

　　子どもの権利条約
　　9条1項 締約国は，児童がその父母の意思に反してその父母から分離されないことを確保する。ただし，権限のある当局が司法の審査に従うことを条件として適用のある法律及び手続に従いその分離が児童の最善の利益のために必要であると決定する場合は，この限りでない。このような決定は，父母が児童を虐待し若しくは放置する場合……のような特定の場合において必要となることがある。
　　3項 締約国は，児童の最善の利益に反する場合を除くほか，父母の一方又は双方から分離されている児童が定期的に父母のいずれとも人的な関係及び直接の接触を維持する権利を尊重する。

9 児童虐待から子どもを保護する

(1) 児童福祉法上の対応
　一時保護はあくまでも緊急の対応であり，一時的にのみ許されるものです。一時保護がなされない場合も含め，子どもがどのように児童虐待から保護され，

第3章 児童虐待

被害の回復に向けた援助がなされるべきかを考慮しつつ、子どもが今後どのような環境で生活していくべきかを判断する必要があります。子どもを親の元に置いたまま親への指導により対応することもありますが、子どもを親に養育させることが著しく子どもの福祉を害すると判断される場合もあります。その場合、子どもを親から引き離して他者が養育することに親が反対するときは、児童福祉法28条1項に基づき家庭裁判所による承認（28条審判）を得て強制的に子どもを親から引き離すことになります。家庭裁判所の審判による承認が求められるのは、子どもを引き離すことによって、居所指定権の行使など実質的に親の権限が制限されることになるからというだけでなく、むしろ親によって養育される子どもの権利を保障するためと理解されるべきでしょう。

(2) 民法上の対応

　この28条審判の手続とは別に、家庭裁判所の審判により親の権限（親権）それ自体を直接制限する手続もあります。親権喪失の宣告は親の権限（親権）そのものを剥奪するものでしたが、請求権者である親族により子どもの福祉とは異なる目的で利用される一方、権利剥奪という効果の大きさから、児童虐待の場合にも28条審判と比べてあまり利用されてきませんでした。しかし、たとえ28条審判により子どもが親から引き離された場合であっても、例えば子どもに手術が必要になったときに親権者が手術に同意しないとすると、親の同意権限を制限する必要があります。こうしたことから、2011（平成23）年民法改正により父または母による親権の行使が困難であったり不適当であるために子どもの利益を害する場合には2年以内の親権停止の審判をすることができるとする規定が新設される（民834条の2）とともに、親権喪失の審判についても父または母による親権の行使が著しく困難であったり、または不適当であるために子どもの利益を著しく害するときと要件が修正されました（民834条）。

　もっとも手術への同意権限のみ制限すれば十分であるのに、親権停止の審判といえども一時的に親権全てを制限することになる点は過剰な制限になるとして、親権一部停止の制度の必要性を主張する見解もあります。このほか管理権に限って権限を喪失させる管理権喪失の審判も制度改正がなされ、親権者が契約締結に同意しない場合など活用が期待されています。

(3) 関連する手続

　以上の審判手続については，裁判所による判断として慎重さが求められるとともに，日々刻々と変化していく子どもの状況に対応しうるよう，家事審判としての迅速さ・柔軟さも求められますが，緊急の場合の仮の対応として，それぞれ審判前の保全処分の手続もあります。

　これに対し，28条審判の手続がとられた上，児童相談所長等によって子どもとの面会通信が完全に制限されている場合に，さらに子どもの身辺へのつきまとい等の接近を禁止する手続も定められていますが，これが裁判所の判断によらない点は，「配偶者からの暴力の防止及び被害者の保護等に関する法律（DV防止法）」において同様の接近禁止が裁判所の保護命令によってなされるのと比べても批判のあるところです。先に28条審判において裁判所の判断を経ていることにより正当化しうるか，同様の命令が28条審判の保全処分としてなされることも視野に入れつつ，慎重に考えるべきでしょう。

　以上のほか親権を剥奪する手続としては，特別養子縁組の審判（→第4章[9]），および離婚後に非親権者となった者への親権者変更の審判（→第2章[1]）があります。

(4) 子ども本人の意思

　なお親権停止，親権喪失，管理権喪失の審判は，親族などのほか児童相談所長も請求することができますが（児福33条の7），さらに子ども本人による請求が認められるに至っています。これら審判に加え28条審判についても親権者等と並んで15歳以上の子どもの審判手続への参加が認められるとともに，その意見を聴かなければならないとされ，さらに15歳未満の子どもも含めて審判における子どもの意思の把握，尊重が義務付けられています。親によって養育される子どもの権利にかかわる手続である以上，実質的に当事者である子ども本人の意思が尊重されるべきですが，意思の尊重の具体的あり方が結果的に子どもの心を深く傷つけ，子どもの福祉に反することとならないよう，審判の請求，意見の陳述聴取とも子どもの意見表明を支援する制度の整備が求められています（→第9章[5](4)）。

第3章　児童虐待

◆ 条　文
児童福祉法
27条1項3号　児童を小規模住居型児童養育事業を行う者若しくは里親に委託し，又は乳児院，児童養護施設，障害児入所施設，情緒障害児短期治療施設若しくは児童自立支援施設に入所させること。

　4項　第1項第3号……の措置は，児童に親権を行う者……又は未成年後見人があるときは，……その親権を行う者又は未成年後見人の意に反して，これを採ることができない。

28条1項　保護者が，その児童を虐待し，著しくその監護を怠り，その他保護者に監護させることが著しく当該児童の福祉を害する場合において，第27条第1項第3号の措置を採ることが児童の親権を行う者又は未成年後見人の意に反するときは，都道府県は，次の各号の措置を採ることができる。

　　1号　保護者が親権を行う者又は未成年後見人であるときは，家庭裁判所の承認を得て，第27条第1項第3号の措置を採ること。

33条の7　……親権喪失，親権停止若しくは管理権喪失の審判の請求……は，これらの規定に定める者のほか，児童相談所長も，これを行うことができる。

民　法
834条　父又は母による虐待又は悪意の遺棄があるときその他**父又は母による親権の行使が著しく困難又は不適当であることにより子の利益を著しく害するとき**は，家庭裁判所は，**子**，その親族，未成年後見人，未成年後見監督人又は検察官の請求により，その父又は母について，親権喪失の審判をすることができる。ただし，2年以内にその原因が消滅する見込みがあるときは，この限りでない。

834条の2第1項　**父又は母による親権の行使が困難又は不適当であることにより子の利益を害するとき**は，家庭裁判所は，**子**，その親族，未成年後見人，未成年後見監督人又は検察官の請求により，その父又は母について，親権停止の審判をすることができる。

　2項　家庭裁判所は，親権停止の審判をするときは，その原因が消滅するまでに要すると見込まれる期間，子の心身の状態及び生活の状況その他一切の事情を考慮して，**2年を超えない範囲内**で，親権を停止する期間を定める。

835条　父又は母による管理権の行使が困難又は不適当であることにより子の利

益を害するときは，家庭裁判所は，**子**，その親族，未成年後見人，未成年後見監督人又は検察官の請求により，その父又は母について，管理権喪失の審判をすることができる。

児童虐待防止法

12条の4第1項 都道府県知事は，児童虐待を受けた児童について施設入所等の措置（児童福祉法第28条の規定によるものに限る。）が採られ，かつ，第12条第1項の規定により，当該児童虐待を行った保護者について，同項各号に掲げる行為の全部が制限されている場合において，児童虐待の防止及び児童虐待を受けた児童の保護のため特に必要があると認めるときは，……6月を超えない期間を定めて，当該保護者に対し，当該児童の住所若しくは居所，就学する学校その他の場所において当該児童の身辺につきまとい，又は当該児童の住所若しくは居所，就学する学校その他その通常所在する場所（通学路その他の当該児童が日常生活又は社会生活を営むために通常移動する経路を含む。）の付近をはいかいしてはならないことを命ずることができる。

2項 〔以下，略〕

家事事件手続法

174条〔親権喪失，親権停止の審判の保全処分〕〔略〕

239条 家庭裁判所……は，……一時保護が加えられている児童について都道府県の措置についての承認の申立てがあり，かつ，児童虐待の防止等に関する法律……第12条第1項の規定により当該児童の保護者について同項各号に掲げる行為の全部が制限されている場合において，当該児童の保護のため必要があるときは，当該申立てをした者の申立てにより，承認の申立てについての審判が効力を生ずるまでの間，当該保護者に対し，当該児童の住所若しくは居所，就学する学校その他の場所において当該児童の身辺につきまとい，又は当該児童の住所若しくは居所，就学する学校その他その通常所在する場所……の付近をはいかいしてはならないことを命ずることができる。

65条〔子の意思の考慮〕，**168条・235条**〔〔子の〕手続行為能力〕，
169条・236条（子の陳述）〔略〕

子どもの権利条約

9条1項 〔略〕

2項 すべての関係当事者は，1の規定に基づくいかなる手続においても，その

手続に参加しかつ自己の意見を述べる機会を有する。
12条1項，2項〔意見表明権〕〔略〕

10 再び親の元へ──親子再統合

　児童虐待などで親から引き離され，社会的養護によって養育される子どもも，親によって養育される権利の観点からすると，いずれは親の元に戻って再び親に養育されること（親子再統合）が望ましいと考えられています。しかし，再び虐待される危険があるうちは子どもを親の元に戻すことはできません。子どもが親の元に戻った時に再び虐待されることのないよう，今度こそ親によって適切に養育されるためには，親が変わる必要があります。子どもが親から引き離されず，親への指導による対応がとられている場合についても同様のことがいえます。いずれの場合も親による養育を支える様々な支援（→12）へ向けた指導が親に対してなされますが，親が指導を受けるよう実効性を高めることが課題とされています。子どもが引き離されない場合，一時保護や28条審判等の権限を背景とした指導も必ずしも効果的とはいえないようです。

　いつ子どもを親の元に戻すかは難しい問題ですが，あまり長期間子どもを親から引き離すと親子再統合の妨げとなることもあり，2年を超えて強制的に子どもが親から引き離される場合には改めて家庭裁判所の承認を得て期間を更新する必要があります。その際，家庭裁判所は上記親への指導の効果を考慮して判断を下します。つまり28条審判の2年更新のしくみは親子再統合に向けた制度の一環として位置づけられるものであり，これは2年以内の親権停止の審判についても同様です。

　これに対し，逆に引き離した子どもを親の元に戻す決定をする場合については，親権停止，親権喪失につき取消しの審判の制度があるのとは対照的に，家庭裁判所の関与はありません。それら審判に加え，2年更新の審判においても最初の28条審判等と同じく子どもの意見表明が尊重される点からして，親の元に戻す場合にも子どもの意見表明を尊重する同様の手続が求められるのではないでしょうか。

◆ 条　　文
児童福祉法
27条1項2号　児童又はその保護者を児童福祉司，知的障害者福祉司，社会福祉主事，児童委員若しくは当該都道府県の設置する児童家庭支援センター若しくは当該都道府県が行う障害者等相談支援事業に係る職員に指導させ，又は……指導を委託すること。

28条2項　前項第1号……の規定による措置の期間は，当該措置を開始した日から2年を超えてはならない。ただし，当該措置に係る保護者に対する指導措置（第27条第1項第2号の措置をいう。以下この条において同じ。）の効果等に照らし，当該措置を継続しなければ保護者がその児童を虐待し，著しくその監護を怠り，その他著しく当該児童の福祉を害するおそれがあると認めるときは，都道府県は，家庭裁判所の承認を得て，当該期間を更新することができる。

民　　法
836条　第834条本文，第834条の2第1項又は前条に規定する原因が消滅したときは，家庭裁判所は，本人又はその親族の請求によって，それぞれ親権喪失，親権停止又は管理権喪失の審判を取り消すことができる。

児童虐待防止法
11条1項　児童虐待を行った保護者について児童福祉法第27条第1項第2号の規定により行われる指導は，親子の再統合への配慮その他の児童虐待を受けた児童が良好な家庭的環境で生活するために必要な配慮の下に適切に行われなければならない。

2項　児童虐待を行った保護者について児童福祉法第27条第1項第2号の措置が採られた場合においては，当該保護者は，同号の指導を受けなければならない。

3項〔保護者への勧告〕〔略〕

4項　都道府県知事は，……勧告を受けた保護者が当該勧告に従わない場合において必要があると認めるときは，……児童虐待を受けた児童に一時保護を加えさせ……，同法第27条第1項第3号又は第28条第1項の規定による措置を採る等の必要な措置を講ずるものとする。

第3章 児童虐待

11 逮捕——刑事手続

　児童虐待に対する犯罪処罰（刑事手続）のプロセスは，これまでみてきた児童虐待防止のプロセスとどのような関係に立つのでしょうか。

　刑事手続のプロセスは，①過去に起こった犯罪を対象とし，②加害者（個人）の特定の「行為」に焦点を当てるものです。これに対し，児童虐待防止のプロセスは，①現在および将来の②「継続的な」子どもの福祉（被害者本人に限りません）を基準とするものであり，両者の視点の違いに注意する必要があります。とはいえ虐待は継続的なもので，過去の虐待と現在の虐待が連続していることから，二つのプロセスが重なる場面での調整が問題となります。

　確かに加害者に焦点を当てる刑事手続において，加害者である親が逮捕・勾留され，さらに懲役刑など自由刑を科せられれば，結果的に子どもは虐待の継続から保護されることになります。被害者以外の同居していた子どもも将来の虐待の危険から守られます。子どもに着目する児童虐待防止のプロセスと異なり，被害者や他の子どもではなく，加害者の自由制限により子どもが保護される点も無視できません。

　しかし，刑事手続は加害者個人を処罰する手続であり，誰が虐待したのか等，何が事実であるか慎重な手続により見極める必要があります。もともと迅速な対応には限界がある上，家庭内の事実を証明することは困難を伴うものです。その結果，子ども本人の証言が求められることになる点も無視できません。一方，児童虐待防止のプロセスでは，誰が虐待しているかにかかわりなく親による保護のみで十分でないなら，もっぱら子どもの状態に着目して迅速に保護が

【法学の基礎知識　司法警察と行政警察】

　児童福祉職員の立入調査に同行する警察官の活動は犯罪捜査とは区別されるものです。警察の活動は一般に犯罪捜査（司法警察）とそれ以外の活動（行政警察）に区別され，法学上も刑事訴訟法学，行政法学と異なる法学分野の対象とされています。

　犯罪の制止や交通事故対応など行政警察には迅速さが求められる一方，司法警察では適正な手続こそが最優先されます。

なされます。

　これに対し，児童虐待において迅速な捜査活動を求める警察庁通知も出されていますが，しかし，犯罪捜査の目的は本来犯罪の防止ではありません。適正な手続に十分留意する一方で，いわゆる任意捜査においても，加害者の刑事訴追のみにとらわれた活動によって，親子再統合に向けた児童虐待防止のプロセスを妨害することのないよう，子どもの現在および将来の福祉を踏まえた調整が必要とされます（これとは逆に児童ポルノ事件など保護者による証拠隠滅を防ぐために刑事手続の遂行を妨げないような調整も必要とされます）。

　このほか，加害者の過去の行為に焦点を当てる刑事手続においては，不起訴処分や執行猶予判決などにより自由が回復された後の加害者と，被害者や他の子どもの現在および将来の福祉との関係は当然には視野に入らず，この局面においても児童虐待防止のプロセスとの連携が求められます。とりわけ刑事手続において自由が制限される間は親子再統合に向けた支援が難しい点からしても，執行猶予のあり方など二つのプロセスの協働を進めていくべきでしょう。

　知的障害者などの再犯・再非行防止のため刑事司法・少年法の過程への社会福祉士配置といった施策が進められていますが，刑事司法と福祉の協働は児童虐待においても重要な視点と思われます。

　なお虐待により死に至った場合はいうまでもなく，重大な性的虐待などで明らかに親子再統合が見込めない場合についても，以上とは別に考える必要があるでしょう。

　加害者の刑事責任に加え，例えば被害を受けた子どもや死亡した子どもの親（離婚後の非親権者など）は，加害者の親に対して不法行為による損害賠償を請求することができます。さらに適切に保護しなかった関係機関に対する国家賠償も考えられます。子どもが訴える場合は，本来子どもに代わって訴えるべき親が加害者であるなどの事情から，請求権の時効の問題を柔軟に考える必要があるでしょう。

12　虐待の予防——子育て支援

　児童虐待は子どもに重大な被害をもたらし，かつ成長発達の機会を奪うもの

ですが，それだけでなく，子どもにとって重要な「親によって養育される権利」にも着目する必要があります。虐待はそれ自体「親によって養育される権利」が損なわれている状態であるとともに，虐待からの保護でさえも「親によって養育される権利」が保障されていない状態として望ましいものとはいえません。それゆえ虐待が生ずること自体避けなければならないのであり，虐待が生じてから子どもを保護するよりも前の段階で虐待を予防することが重要です。

そのためには，まず一般的に子どもが虐待されるリスクが少なくなるよう，親による養育を支える幅広い支援が求められます。その際，親自身の生活，家族全体の支援まで視野に入れることが重要です。様々な子育て支援，家族支援のしくみがありますが，児童福祉法上は児童相談所に加えて市町村が主たる窓口となった相談業務の充実・相互の連携が求められます。

◆ 条　文
児童福祉法
10条1項　市町村は，この法律の施行に関し，次に掲げる業務を行わなければならない。
　　3号　児童及び妊産婦の福祉に関し，家庭その他からの相談に応じ，必要な調査及び指導を行うこと並びにこれらに付随する業務を行うこと。

13　虐待の予防──連携・ネットワーク

虐待予防のためには，さらに虐待に至るリスクが比較的高いと考えられる場合に焦点を当て，重点的に支援することが求められます。従前から母子保健法により乳幼児や妊産婦の健診の結果などに基づき，新生児や妊産婦の訪問指導が行われてきました（母子保健事業）が，これに加えて2008（平成20）年児童福祉法改正で，乳児家庭全戸訪問事業，いわゆる「こんにちは赤ちゃん事業」が規定されました。これは，子育てに関する情報提供，相談助言等の一般的な子育て支援としての側面のほか，乳児や保護者の状況等を把握することにより，虐待に至る手前で保護者を支援することによって守られるべき子ども（要支援児童）の情報を得るという側面があります。その上で，母子保健事業等により

得られた情報とあわせ，要支援児童に加えて出産前の段階から支援が必要とされる妊婦（特定妊婦）にも焦点を当てて，養育支援訪問事業が行われます。子どもの虐待死は生まれたその日の場合が多いと報告されており，妊婦への支援は極めて重要です。この場合も女性自身の生活への視点が不可欠です。

保育所等を利用する児童の選考に当たっても，虐待防止の観点から，「特別の支援を要する家庭の福祉」への配慮が求められます。

こうした広い視野から関係諸機関の連携が求められることになりますが，そうした連携のための機関として地方公共団体が設置する「要保護児童福祉対策地域協議会」の役割が期待されています。児童福祉のほか，社会福祉，保健などの諸機関，学校さらには警察も含めた総合的な連携ネットワークの強化が求められています。転居により地域を越えて移動する子どもを見失わないよう，地方公共団体間のネットワークも課題として挙げられます（→第11章⑧）。

◆ 条　　文
児童福祉法
6条の3第4項　この法律で，乳児家庭全戸訪問事業とは，一の市町村……の区域内における原則としてすべての乳児のいる家庭を訪問することにより，……子育てに関する情報の提供並びに乳児及びその保護者の心身の状況及び養育環境の把握を行うほか，養育についての相談に応じ，助言その他の援助を行う事業をいう。
5項　この法律で，養育支援訪問事業とは，……乳児家庭全戸訪問事業の実施その他により把握した保護者の養育を支援することが特に必要と認められる児童（……以下「要支援児童」という。）若しくは保護者に監護させることが不適当であると認められる児童及びその保護者又は出産後の養育について出産前において支援を行うことが特に必要と認められる妊婦（以下「特定妊婦」という。）……に対し，その養育が適切に行われるよう，当該要支援児童等の居宅において，養育に関する相談，指導，助言その他必要な支援を行う事業をいう。
25条の2第1項　地方公共団体は，単独で又は共同して，要保護児童の適切な保護又は要支援児童若しくは特定妊婦への適切な支援を図るため，関係機関，関係団体及び児童の福祉に関連する職務に従事する者その他の関係者……により構成される要保護児童対策地域協議会（以下「協議会」という。）を置くよ

第3章 児童虐待

うに努めなければならない。
2項 協議会は，要保護児童若しくは要支援児童及びその保護者又は特定妊婦……に関する情報その他要保護児童の適切な保護又は要支援児童若しくは特定妊婦への適切な支援を図るために必要な情報の交換を行うとともに，要保護児童等に対する支援の内容に関する協議を行うものとする。

児童虐待防止法
13条の2第1項 市町村は，……特定教育・保育施設……の利用について……児童虐待の防止に寄与するため，特別の支援を要する家庭の福祉に配慮をしなければならない。
2項 特定教育・保育施設の設置者……は，……当該特定教育・保育施設を利用する児童……を選考するときは，児童虐待の防止に寄与するため，特別の支援を要する家庭の福祉に配慮をしなければならない。

　　　子どもの権利条約
　　18条2項 締約国は，この条約に定める権利を保障し及び促進するため，父母……が児童の養育についての責任を遂行するに当たりこれらの者に対して適当な援助を与えるものと……する。
　　19条1項 〔略〕
　　2項 1項の保護措置には，適当な場合には，児童及び児童を監護する者のために必要な援助を与える社会的計画の作成その他の形態による防止のための効果的な手続……を含むものとする。

◆ まとめ

児童虐待に対応する法としては，民法，児童福祉法，児童虐待防止法など，虐待の被害者である子どもの福祉を基準とする児童虐待防止のシステムと，刑法，刑事訴訟法など，むしろ虐待する加害者の親の責任を追及する犯罪処罰のシステムがあります。親によって養育される子どもの権利を踏まえて，虐待の予防，虐待からの回復に至るプロセスを重視しつつ，時間の流れを視野に入れて二つのシステムの協働を進めていくことが求められています。

❖ Column 4　子どもの性被害

　性的虐待は身体的精神的に重大な被害を子どもにもたらし，成長後に性的虐待の意味を理解して再び苦しむなど長期間にわたり深刻な影響を及ぼし続けます。児童虐待防止法は児童虐待の一類型として性的虐待を規定していますが，家庭の内外を問わず，刑法上強制わいせつ罪（刑176条），強姦罪（刑177条－女子のみ）等に該当する行為は処罰されます。13歳未満の子どもであれば，暴行や脅迫によらなくても処罰されます。ただし，死傷させた場合（刑181条）を除いて親告罪とされ（刑180条），子どもや親による告訴が難しい問題があります。

　一方，児童福祉法34条1項6号は「児童に淫行をさせる行為」を禁止し，同規定違反に対し10年以下の懲役ほかの罰則を置いています（児福60条1項）。この場合は子どもが13歳以上であって暴行・脅迫によらない場合も処罰されます。「淫行をさせる」とは，子どもへの「事実上の影響力」を利用してという意味であり，実の娘に自己を相手に性交させた場合も含むとする裁判例もあります。

　さらに刑法上の淫行勧誘罪（刑182条），売春防止法上の諸規制は淫行・売春の相手方を対象としていませんが，「児童買春，児童ポルノに係る行為等の規制及び処罰並びに児童の保護等に関する法律」は，児童買春をした者，周旋した者，勧誘した者を処罰することとしています。児童買春とは金銭等を与えて児童に対し，性交等をすることとされており，金銭の授受を伴う場合に，子どもの年齢，同意の有無にかかわりなく，買春をした者本人を含めて処罰するものです。

　他方で同法は，児童ポルノの所持，提供，製造などの行為も処罰しています。児童ポルノとは，実在する児童につき，①児童の性交等のほか，性欲を興奮，刺激するものとして，②児童の性器等を触る行為，児童が性器等を触る行為，③衣服の全部または一部を着けない児童の姿態を描写した写真，電磁的記録媒体をいいます。2014（平成26）年法改正により単純所持も処罰の対象となりました。

　このほか「インターネット異性紹介事業を利用して児童を誘引する行為の規制等に関する法律」は，インターネットを介した①児童との性交等，②対償を伴う児童との異性交際への誘引行為を規制・処罰するものですが，児童本人も規制対象とし少年法上の犯罪（触法）少年とされる点につき批判があります。

　以上の法律による規制に対し，規制が十分でないとして，都道府県の青少年保護条例などで，買春によらず13歳以上18歳未満の児童と合意により「淫行」をした者まで含めて処罰する定め（いわゆる「淫行」条例）が置かれていたり，まんが，アニメ等までをも児童ポルノ処罰の対象とする動きがありますが，性的自己決定や表現の自由との関係で議論があります。

✧ Column 5　学校に通えない理由

　不登校には様々な状況がありますが、いずれにしても子どもの教育を受ける権利（憲法 26 条 1 項）が保障されていないとすれば望ましい状態とはいえません。普通教育については保護者は就学義務（→**第 6 章**）違反の有無が問われ、子ども本人も「怠学」とみなされれば不良行為（→**第 7 章**）として扱われます。

　もっとも保護者の義務違反を問うことが適切でない場合もあり、学校教育法 18 条は「病弱、発育不完全その他やむを得ない事由のため、就学困難と認められる者の保護者」に対する義務の猶予・免除を定めています。かつては多くの障害児の就学が猶予・免除されていましたが、本来は障害児の教育を受ける権利が保障されるべきであり、現在では限定的に運用されています（→**第 10 章**）。

　貧困による不登校も問題となっていますが、学校教育法 19 条は経済的理由による就学困難の場合における援助（就学援助）を市町村に義務付けています（→**Column 7**）。

　一方、深刻ないじめ問題などを念頭に、「学校は命がけで行く所ではない」との立場から、憲法、教育基本法が定める「普通教育を受けさせる義務」は学校教育法が定める就学義務とは異なるとして、不登校の権利、普通教育としての家庭教育を主張する見解もあります。不良行為としての怠学との線引きが問題となるところですが、普通教育の義務の履行につき保護者の判断を優先させる余地を認める考え方といえるでしょう（→**第 6 章**）。この場合、就学猶予にせよ出席扱いにせよ教育を受ける権利の保障の具体的なあり方が問題となります（→**Column 9**）。

　これに対し、ネグレクトなど虐待による不登校は許されません（→本章）。憲法 26 条 2 項が定める保護者の義務も、もともとは児童労働からの解放などを念頭に規定されたものです。このように家庭に理由がある場合はむしろ家庭への積極的なかかわりこそが求められますが、上記のように学校に理由があるため慎重な対応が求められる場合との間での見極めが問題となります。なお出生届が出されていないなど子どもの住民票が作成されないために、そもそも子どもの存在自体が把握されず非就学となっている場合は特に問題が深刻です（→**第 11 章**⑧）。

　さらに外国人の子どもについては、実際に学校教育が行われていても、就学義務の対象外とされていることが背景となって、不就学の問題が生じています（→**Column 16**）。

第4章
児童虐待，その後
家族の再構築，自立へ

◆ ストーリー

　A君は5歳の時に虐待を理由に父親から引き離されて以来，ずっと**里親**→[2]の元で生活している17歳の高校2年生。Bさんは3歳の時に父親が亡くなった後，病弱な母親が入退院を繰り返してBさんの世話をすることができないため，1年あまり母方の**親戚の家**→[4]で育てられた後，**母親の希望**→[1]で**児童養護施設**→[2]に預けられ，そこで10年以上生活している16歳の高校2年生。二人は半年前に野外ライブで知り合って以来，一緒に花火大会に行ったり，水族館に行ったりしている。冬のある日，二人で公園を散歩中の会話。

A君　　昨日は本当に寒かったよね。
Bさん　そうね。今日は昨日ほどは寒くないかな。
A君　　あのさ，ちょっと話聞いてくれる？
Bさん　なに？　あらたまって。
A君　　うん，実はさ，この間，僕のお父さん，今住んでる家のお父さんの方だけどさ，大事な話があるって言ってきて，僕に**養子**→[8]にならないかって。
Bさん　そうなんだ。
A君　　だけど，いきなり言われてもぴんとこなくて。これまでだって本当の親子みたいに一緒に生活してきて，いまさら養子と言われても何がどう変わるんだろ，というのが正直な気持ちなんだ。
Bさん　でも，お父さん，大事な話だって。
A君　　そうなんだ。本当はお父さん，僕が小学生の

第4章 児童虐待，その後

　　　頃に一度養子にしたいと思ったことがあったんだけど，別れたお父さんが反対し
　　　てできなかったって言ってた。**もうちょっと早く**[9]決心してたら，別れたお父さん
　　　が何と言ったって養子にできたのにって残念そうだった。
Bさん　いいお父さんね。里親さんの家や施設で**虐待**[3]されてる子もいるのに，なん
　　　かうらやましいなー。
A君　そう？
Bさん　そうよ。私もあなたのお父さんみたいな人の家で暮らしたかったな。そり
　　　ゃ施設の職員さんはみんなよくしてくれるけど……お母さんが里親さんには**どう
　　　しても預けたくないって**[1]。私をとられるんじゃないか心配だって。私は働けるよ
　　　うになったらお母さんを助けたいって思ってるのに……あ，ごめんなさい。私の
　　　話になっちゃった。
A君　ううん，いいよ。
Bさん　でも，お父さん，あなたのこれからのことを考えてくれてるんじゃないの。
A君　**18歳**[5]になってからのこと？　でもお父さんもお母さんも僕がいたいなら
　　　ずっと家にいていいって言ってくれてるよ。大学も通えるところだったら家から
　　　通えばいいって。お兄さんも昔は本当の家族じゃないとかいわれてよくけんかし
　　　たけど，ずっと家にいろって。
Bさん　いいお兄さんね。だけど問題はそれだけじゃないわ。私は多分18歳で施
　　　設を出ることになるけど，施設を出るとき，親がいない子なんかは，アパートを
　　　借りようとしても契約書にハンコ押してくれる親がいないから大変なの。20歳
　　　になるまではいろいろと面倒なのよ。
A君　そうか，僕も高校出て家を出るとしたら，別れたお父さんが**ハンコ押して
　　　くれないかも**[7]。そのことを心配してくれてるのかな。
Bさん　それもあると思うわ。私たち，これからが大変なのよ。去年，私と一緒に
　　　高校に入ったんだけど，1年で中退して施設を出ることになった子がいて，今は
　　　自立援助ホーム[6]で生活してるんだけど，たまに会って話を聞くといろいろ苦労も
　　　あるみたい。ハンコとか契約書の話だけじゃなくて，何かあった時に支えてくれ
　　　る家族がいるって，とても大切なことだと思うわ。
A君　わかった。もっとよく考えてみるよ。

◆ ポイント

　何らかの事情により親元を離れて祖父母や親戚の家などで育つ子どもは少なくありませんが，親が私的に子どもを他人に預ける場合とは別に，虐待に限らず，行政機関により親の元で養育されることが困難と判断された子どもは，親の同意を得て，もしくは親の意思に反して強制的に，親とは離れて生活することになります。その場合に親の代わりに子どもを養育するのが，里親であり，児童養護施設などの児童福祉施設です。

　このような「社会的養護」は，子どもが再び親の元で生活できるようになるまで継続されるものですが，一方で里親や施設内の虐待といった問題が指摘されており，他方で親の元に戻る見込みがないまま年齢が上がり，「社会的養護」の対象からはずれて社会に出ていくことに伴う様々な問題があります。そうした人たちへの生活面での支援として「自立援助ホーム」などがあり，他方で法律面の制約に対しては，雇用契約における公的な身元保証などがあるほか，形骸化している「未成年後見制度」の充実が求められています。

　一方，養子縁組は，親子関係そのものを新たに形成し，子どもに新しい家族を提供するものです。普通養子縁組と特別養子縁組の2種類がありますが，養子縁組を必要とする子どものため，縁組成立の要件の再考とともに，縁組あっせん制度の整備が求められています。

1 親の意思

　虐待で親から強制的に引き離された子どもが，その後どのような環境で生活し，育っていくかという視点から里親や児童養護施設などによる「社会的養護」に注目が集まりつつあります。しかし，子どもがそうした環境で生きていくのは，虐待から保護された場合だけではありません。また，家庭裁判所の審判を要する強制的な引離し（→第3章9(1)）は例外で，ほとんどは親が同意した上で，措置決定（実際には児童相談所の判断）により児童養護施設などに子どもが預けられています。措置決定にあたっては，子どもおよび保護者の意向が参考とされます（児童福祉法26条2項）。一時保護（→第3章8）についても親の同意を得ることが望ましいとされています。

　ただ，措置が親の「意に反し」ないということの意味については議論があり

ます。まず「意に反し」ないとは，明確に反対の意思が示されていない場合も含むと考えられますが，①例えば親が子どもを児童養護施設に預けることには反対していなくても，里親に預けることには反対している場合，あるいは特定の施設を拒絶する場合などにどう対応すべきかといった問題（子どもを預ける相手方の問題）があるほか，②里親や児童養護施設などの社会的養護，または一時保護の下での子どもの養育の具体的あり方について，親がどの程度口出しできるのかといった問題もあります。

①相手方の問題については，できる限り親の意向が尊重されるべきとされていますが，親の意向その他の言動が子どもの福祉に反する場合は（強制的な）一時保護もしくは児童福祉法28条審判が求められます。

一方，②具体的養育方法の問題については，親の意思に反して強制的に子どもを引き離した場合についても（親権一時停止の審判等により親権が制限されない限り）同じように問題となります。児童福祉法47条3項は，施設の長，里親は「監護，教育及び懲戒に関し，その児童等の福祉のため必要な措置をとることができる」と定めていますが，「必要な措置」としてどこまでのことができるか明らかでなく，この点は親権につき定める民法と社会的養護につき定める児童福祉法との関係が明確にされてこなかったという事情が背景にあります。2011（平成23）年の児童福祉法改正により，親権者等は一時保護あるいは社会的養護における児童相談所長，施設の長，里親等の権限行使を不当に妨げてはならないとされ，子どもの生命・身体の安全の確保のため緊急の場合におけるこれらの者の強制的な権限も定められました（47条4項5項）が，問題は解消しておらず，また，以上の権限行使を親が争う場合にどのような裁判上の手段があるかについても理論的に整理されていません。なお子どもの居場所が秘匿される場合も含め，子どもの情報へのアクセスが親権者に認められる権限であることも確認される必要があります。

◆ 条　文

児童福祉法

26条2項　前項第1号の規定による報告書には，児童の住所，氏名，年齢，履歴，性行，健康状態及び家庭環境，同号に規定する措置についての**当該児童及びそ**

1 親の意思

の保護者の意向その他児童の福祉増進に関し，参考となる事項を記載しなければならない。

27条1項 都道府県は，前条第1項第1号の規定による報告……のあった児童につき，次の各号のいずれかの措置を採らなければならない。

3号 児童を小規模住居型児童養育事業を行う者若しくは里親に委託し，又は乳児院，児童養護施設，障害児入所施設，情緒障害児短期治療施設若しくは児童自立支援施設に入所させること。

4項 第1項第3号……の措置は，児童に親権を行う者（第47条第1項の規定により親権を行う児童福祉施設の長を除く。以下同じ。）又は未成年後見人があるときは，……その親権を行う者又は未成年後見人の意に反して，これを採ることができない。

33条の2 〔一時保護中の措置と親権〕〔略〕

47条1項 児童福祉施設の長は，入所中の児童等で親権を行う者又は未成年後見人のないものに対し，親権を行う者又は未成年後見人があるに至るまでの間，親権を行う。ただし，……

2項 児童相談所長は，小規模住居型児童養育事業を行う者又は里親に委託中の児童等で親権を行う者又は未成年後見人のないものに対し，親権を行う者又は未成年後見人があるに至るまでの間，親権を行う。ただし，……

3項 児童福祉施設の長，……又は里親は，入所中又は受託中の児童等で親権を行う者又は未成年後見人のあるものについても，監護，教育及び懲戒に関し，その児童等の福祉のため必要な措置をとることができる。

4項 前項の児童等の親権を行う者又は未成年後見人は，同項の規定による措置を不当に妨げてはならない。

5項 第3項の規定による措置は，児童等の生命又は身体の安全を確保するため緊急の必要があると認めるときは，その親権を行う者又は未成年後見人の意に反しても，これをとることができる。この場合において，児童福祉施設の長，小規模住居型児童養育事業を行う者又は里親は，速やかに，そのとった措置について，……都道府県又は市町村の長に報告しなければならない。

子どもの権利条約

20条1項 一時的若しくは恒久的にその家庭環境を奪われた児童又は児童自身

の最善の利益にかんがみその家庭環境にとどまることが認められない児童は，国が与える特別の保護及び援助を受ける権利を有する。
2項　締約国は，自国の国内法に従い，1項の児童のための代替的な監護を確保する。

② 里親と児童福祉施設

　親が養育できない，あるいは親がいない子どもを親の代わりに養育する社会的養護の方法としては，子どもを里親やファミリーホームなどへ委託する方法と，乳児院・児童養護施設などの児童福祉施設へ入所させる方法があります。

　乳児院・児童養護施設は公立もしくは社会福祉法人によって設立される集団的な養育を行う施設であり，保育士や心理学の専門家といった各種職員が協力して養育がなされます。原則として子どもが2歳までは乳児院，それ以降は児童養護施設への入所となりますが（例外が認められるほか子どもの状況により障害児入所施設〔→第10章②(3)〕，情緒障害児短期治療施設，児童自立支援施設〔→第7章④〕などへの入所となることもあります），社会福祉法人の場合も含めて施設の側では入所措置の決定を拒むことができません。

　これに対し，里親委託は里親となる者の家庭で里親の実子などの家族と一緒に生活するもので，ファミリーホーム（小規模住居型児童養育事業）は専任の養育者の住居で5，6人の子どもが生活するという家庭的な環境で子どもが養育されます。近年は児童養護施設についてもユニット制など小規模な集団での養育が広がりつつあり，ファミリーホームとの区別が難しい養育形態もみられますが，子ども，とりわけ乳幼児は家庭的環境で養育することが望ましいという「家庭（的）養護」の考え方からは，里親などへの委託が望ましいとされます。その一方で，小規模集団や家庭的環境においては人間関係が濃密となることのリスクの側面にも注意が必要です。とりわけ里親委託については子どもと里親家庭──里親とその家族──との関係が重要であることから，実際に少しずつ関係の形成を試みた上での委託となるなど慎重な対応が求められ，委託後も孤立しがちな里親に対して養育相談ほか継続的な支援が必要とされます。現在，社会的養護全体の1割に過ぎない里親委託を推進する施策が進められています

が，行政だけでなく民間団体も含めた支援体制の拡充が求められています。

社会的養護の費用については，乳児院・児童養護施設などの児童福祉施設は子ども達の生活に必要な費用が措置費として支払われるほか，施設の改修費などは補助金と私的な寄付金によって運営されています。一方，里親委託は子どもの養育のための委託費に加え，委託される子どもの人数に応じて里親手当が支払われます。いずれの場合も親がいれば一定の額を費用徴収することになっていますが，徴収率は芳しくありません。

2008（平成20）年の児童福祉法改正により，里親制度を養子縁組を目的とするもの（養子縁組里親）等と，そうでないもの（養育里親）とに二分し，後者（後述の「専門里親」を含む）について行政のかかわりを強め，養育里親名簿の作成，研修の整備につき定められるとともに，実務においては里親手当が増額されました。一方，前者については養育のための委託費のみで里親手当の対象からは除外されましたが，いずれも社会的養護の一環であるとの基本的立場からは疑問があります。

◆ 条　文

児童福祉法

6条の3第8項　この法律で，小規模住居型児童養育事業とは，第27条第1項第3号の措置に係る児童について，……保護者のない児童又は保護者に監護させることが不適当であると認められる児童（以下「要保護児童」という。）の養育に関し相当の経験を有する者……の住居において養育を行う事業をいう。

6条の4第1項　この法律で，里親とは，養育里親及び厚生労働省令で定める人数以下の要保護児童を養育することを希望する者であって，養子縁組によって養親となることを希望するものその他のこれに類する者として厚生労働省令で定めるもののうち，都道府県知事が第27条第1項第3号の規定により児童を委託する者として適当と認めるものをいう。

2項　この法律で，養育里親とは，前項に規定する厚生労働省令で定める人数以下の要保護児童を養育することを希望し，かつ，都道府県知事が……行う研修を修了したことその他の……要件を満たす者であって，……養育里親名簿に登録されたものをいう。

34条の19　都道府県知事は，第27条第1項第3号の規定により児童を委託するため，……養育里親名簿を作成しておかなければならない。

37条　乳児院は，乳児（保健上，安定した生活環境の確保その他の理由により特に必要のある場合には，幼児を含む。）を入院させて，これを養育し，あわせて退院した者について相談その他の援助を行うことを目的とする施設とする。

41条　児童養護施設は，保護者のない児童（乳児を除く。ただし，安定した生活環境の確保その他の理由により特に必要のある場合には，乳児を含む。以下この条において同じ。），虐待されている児童その他環境上養護を要する児童を入所させて，これを養護し，あわせて退所した者に対する相談その他の自立のための援助を行うことを目的とする施設とする。

46条の2　児童福祉施設の長は，都道府県知事又は市町村長（略）からこの法律の規定に基づく措置……のための委託を受けたときは，正当な理由がない限り，これを拒んではならない。

56条～56条の5〔費用の徴収ほか〕〔略〕

　　　子どもの権利条約
　　　20条3項　2項の監護には，特に，里親委託，……養子縁組又は必要な場合には児童の監護のための適当な施設への収容を含むことができる。解決策の検討に当たっては，児童の養育において継続性が望ましいこと……について，十分な考慮を払うものとする。

③　もう一つの児童虐待

　家庭内で虐待を受けた子どもが里親に委託されたり，児童養護施設に入所する場合が増加したことにより，子どもへの対応が難しくなるなど，社会的養護の養育環境が厳しいものとなったことも影響して，里親家庭や施設での虐待が問題とされるようになっています。社会福祉法人の運営する児童養護施設内での子どものいじめ被害につき，施設に子どもの養育を委ねている県の賠償責任を認めた最高裁判決（平成19年1月25日・民集61巻1号1頁）も現れています。
　虐待から保護された子どもがさらに社会的養護の下で虐待されることはあってはならないことです。しかし，親の元に戻れず「逃げ場所」のない子どもは

社会的養護にあっても「非対称」な関係の下にあります。この場合の虐待も，子ども本人は声をあげることが難しい上，家庭・施設の外部からは発見し難いという問題があります。内部からの通報のしくみが整備されましたが，起きてしまった虐待に対応するだけでなく，そもそもそうした事態が生じないよう予防することが重要です。とりわけ養育が難しい子どもについては里親・施設の対応能力を踏まえた適切な措置決定が求められますが，個別の対応に限らず，日頃から児童相談所などによる監督や第三者評価委員会による関与が適切に機能することが重要であるとともに，児童福祉施設の設備・運営や里親養育の基準のさらなる改善が求められています。里親についても虐待を受けた子ども等を対象とし，養育期間を限定した専門里親制度が養育里親一般と区別されて設けられていますが，一般的な里親支援の拡充も求められています。

なお虐待の場合に限らず里親家庭もしくは児童養護施設などでの生活を継続することが子どもの福祉の観点から適切でないと判断されるときは，里親委託から施設入所，別の施設への入所等といった措置の変更が決定されます。しかし，子どもの養育環境の継続性の観点からは，措置の変更が繰り返されることは避けるべきです。その観点からも最初の措置決定が適切になされることが重要であり，また，上記の虐待予防を含めた施策の充実が求められます。

◆ 条　文
児童福祉法
33条の10　この法律で，被措置児童等虐待とは，……委託された児童，入所する児童又は一時保護を加え，若しくは加えることを委託された児童（以下「被措置児童等」という。）について行う次に掲げる行為をいう。
　1号　被措置児童等の身体に外傷が生じ，又は生じるおそれのある暴行を加えること。
　2号　被措置児童等にわいせつな行為をすること又は被措置児童等をしてわいせつな行為をさせること。
　3号　被措置児童等の心身の正常な発達を妨げるような著しい減食又は長時間の放置，同居人若しくは生活を共にする他の児童による前2号又は次号に掲げる行為の放置その他の施設職員等としての養育又は業務を著しく怠

ること。
　4号　被措置児童等に対する著しい暴言又は著しく拒絶的な対応その他の被措置児童等に著しい心理的外傷を与える言動を行うこと。

33条の11　施設職員等は，被措置児童等虐待その他被措置児童等の心身に有害な影響を及ぼす行為をしてはならない。

45条1項　都道府県は，児童福祉施設の設備及び運営について，条例で基準を定めなければならない。この場合において，その基準は，児童の身体的，精神的及び社会的な発達のために必要な生活水準を確保するものでなければならない。

　3項　児童福祉施設の設置者は，第1項の基準を遵守しなければならない。

　4項　児童福祉施設の設置者は，児童福祉施設の設備及び運営についての水準の向上を図ることに努めるものとする。

45条の2第1項　厚生労働大臣は，里親の行う養育について，基準を定めなければならない。この場合において，その基準は，児童の身体的，精神的及び社会的な発達のために必要な生活水準を確保するものでなければならない。

　2項　里親は，前項の基準を遵守しなければならない。

児童福祉法施行規則

1条の36　専門里親とは，次条に掲げる要件に該当する養育里親であって，次の各号に掲げる要保護児童のうち，都道府県知事がその養育に関し特に支援が必要と認めたものを養育するものとして養育里親名簿に登録されたものをいう。

　1号　児童虐待の防止等に関する法律……第2条に規定する児童虐待等の行為により心身に有害な影響を受けた児童

　2号　非行のある又は非行に結び付くおそれのある行動をする児童

　3号　身体障害，知的障害又は精神障害がある児童

1条の37　（専門里親〔となるため〕の要件）〔略〕

　　　　　　子どもの権利条約
　　3条3項　締約国は，児童の養護又は保護のための施設，役務の提供及び設備が，特に安全及び健康の分野に関し並びにこれらの職員の数及び適格性並びに適正な監督に関し権限のある当局の設定した基準に適合することを確保する。
　　39条　締約国は，あらゆる形態の放置，搾取若しくは虐待，拷問若しくは他の

あらゆる形態の残虐な，非人道的な若しくは品位を傷つける取扱い若しくは刑罰又は武力紛争による被害者である児童の身体的及び心理的な回復及び社会復帰を促進するためのすべての適当な措置をとる。このような回復及び復帰は，児童の健康，自尊心及び尊厳を育成する環境において行われる。

4 祖父母，親族——扶養義務と社会的養護

　行政機関がかかわる社会的養護によるまでもなく，親の判断で，あるいは親がいない場合には親族の判断で，子どもが私的に祖父母や年長の兄姉，その他の親族の元に預けられ，そこで生活していく場合も少なくありません。

　民法の規定によれば，直系血族および兄弟姉妹は互いに扶養をする義務があり（877条1項），親による養育が難しい場合には祖父母や年長の兄姉による子どもの扶養が期待されます。具体的にどのような義務を負うかは争いがありますが，親による養育，扶養の義務とは区別され，自らの生活に不相応な負担を強いるほどのものではないと理解されています。

　一方，3親等内の親族は特別の事情がある場合にのみ家庭裁判所の審判により扶養義務を負わせられることがありますが（民877条2項），審判がなされることはほとんどありません。とはいえ，実際には伯父伯母，叔父叔母によって子どもの扶養がなされることも少なくありません。

　2002（平成14）年の児童福祉法改正に際し，親族を里親とする「親族里親」が制度化されましたが，親族はもともと扶養義務を負うとして里親手当支給の対象外とされてきました。ここでも民法と児童福祉法の関係が整理されていませんでしたが，東日本大震災で親を失った子ども達にとって親族里親の役割が重要であると理解されたことから，伯父伯母，叔父叔母など3親等以内の親族も含め，親族が里親となった場合でも具体的に扶養義務が生じていなければ（養子縁組里親とは区別されて）養育里親として位置づけられ，里親手当が支払われることとなりました。

　以上の親族による場合に限らず，子どもは遠隔地への就学，留学ほか様々な理由から親元を離れて生活します。18歳未満の子どもについては，4親等内の子どもの場合や単なる下宿の場合等を除き，実際に子どもの世話をしている

第4章　児童虐待，その後

「保護者」は同居する子どもの存在について届出をする義務があります（児福30条）。児童福祉施設として認可されていない施設での養育に対しては立入調査などの監督権限が定められています（児福58条以下）。この「保護者」による虐待など子どもが保護を要する場合には，親による場合に準じて指導，さらには「保護者」の同意，もしくは28条審判に基づき子どもを親の元に戻すか社会的養護によることとなります（児福28条1項2号）。

◆　条　文
民　　法
877条1項　直系血族及び兄弟姉妹は，互いに扶養をする義務がある。
　2項　家庭裁判所は，特別の事情があるときは，前項に規定する場合のほか，三親等内の親族間においても扶養の義務を負わせることができる。
　3項　前項の規定による審判があった後事情に変更を生じたときは，家庭裁判所は，その審判を取り消すことができる。

児童福祉法
6条の4第1項〔里親の定義〕〔略〕
28条1項　保護者が，その児童を虐待し，著しくその監護を怠り，その他保護者に監護させることが著しく当該児童の福祉を害する場合において，第27条第1項第3号の措置を採ることが児童の親権を行う者又は未成年後見人の意に反するときは，都道府県は，次の各号の措置を採ることができる。
　　2号　保護者が親権を行う者又は未成年後見人でないときは，その児童を親権を行う者又は未成年後見人に引き渡すこと。ただし，……児童の福祉のため不適当であると認めるときは，家庭裁判所の承認を得て，第27条第1項第3号の措置を採ること。
30条1項　4親等内の児童以外の児童を，その親権を行う者又は未成年後見人から離して，自己の家庭（単身の世帯を含む。）に，3月（乳児については，1月）を超えて同居させる意思をもって同居させた者又は継続して2月以上（乳児については，20日以上）同居させた者（法令の定めるところにより児童を委託された者及び児童を単に下宿させた者を除く。）は，同居を始めた日から3月以内（乳児については，1月以内）に，市町村長を経て，都道府県知事に届け出なければならない。……

58 条以下〔無認可施設の監督〕〔略〕
児童福祉法施行規則
1条の33第2項　法第6条の4第1項に規定する厚生労働省令で定める者は，次に掲げる者とする。
　1号　養子縁組によって養親となることを希望する者
　2号　要保護児童……の扶養義務者（**民法……に定める扶養義務者**をいう。以下同じ。）及びその配偶者である親族であって，要保護児童の両親その他要保護児童を現に監護する者が死亡，行方不明，拘禁，疾病による病院への入院等の状態となったことにより，これらの者による養育が期待できない要保護児童の養育を希望する者

5　社会的養護から自立へ

　里親家庭や児童養護施設での社会的養護は再び親の元に戻ることができるようになるまで続けられますが，児童福祉法は18歳未満の「児童」を対象としているので（児福4条），社会的養護は原則として18歳未満となります。親の元に戻ることができなくても，18歳を迎えると，里親委託，児童養護施設入所といった措置は原則として終了となります。社会的養護が終了した後は，親を頼りにできないことから自分の力で生きていかなければならず，児童養護施設ではそのための準備に向けた取組みがなされているところもありますが，民法で成年年齢が20歳とされている（民4条）こともあって，措置を解除された「子ども」は様々な壁にぶつかります。児童福祉法改正により20歳まで里親への委託を継続し，あるいは施設への在所の措置をとることができるようになりましたが（児福31条2項），あくまでも行政の裁量的判断によるもので，当然に保障されるものではありません。20歳になった後も病気や退学・失業など何かあったときに頼る家族はなく，常に貧困など厳しい状況に陥る危険と隣り合わせといえます。自立支援施策の拡充に加え，18歳，さらには20歳を超えての措置延長，いったん措置解除された後の措置復帰といった制度の創設も主張されています。

第 4 章　児童虐待，その後

◆ 条　文
民　　法
4 条　年齢 20 歳をもって，成年とする。
児童福祉法
4 条　この法律で，児童とは，満 18 歳に満たない者をいい，児童を左のように分ける。
　　1 号　乳児　満 1 歳に満たない者
　　2 号　幼児　満 1 歳から，小学校就学の始期に達するまでの者
　　3 号　少年　小学校就学の始期から，満 18 歳に達するまでの者
31 条 2 項　都道府県は，第 27 条第 1 項第 3 号の規定により……里親に委託され，又は児童養護施設……に入所した児童については満 20 歳に達するまで，……引き続き……委託を継続し，又はその者をこれらの児童福祉施設に在所させる措置を採ることができる。

6　自立支援施策の拡充

　児童福祉法は 18 歳未満を対象としていますが，実際には社会的養護の下にある子どもは高校に進学せず，あるいは中退した段階で，「自立可能」と判断され措置を解除されています。高校進学率はかなり上昇していますが，まだ一般的な進学率とは差があります。たとえ 18 歳であっても児童養護施設を出て直ちに一人で生きていくのは困難を伴うため，自立支援施策の拡充が求められます。

　住居については，後述のようにアパートなどの賃貸借契約が難しいこともあり，施設を出た者同士などが集まり，一緒に自立援助ホームで生活する例が増えてきています。対象となりうるような「児童」についての情報を収集し，こうした生活のあり方を公的に援助・支援することが児童福祉法上定められるに至っています（児福 6 条の 3・33 条の 6）。通常法定代理人である親に期待できないこともあって，本人による援助等の申込みが明示的に認められている点が注目されます。一方，措置解除の時点での就労が容易でなく，就労後も失業した後の再就労が難しいことから，施設を出た者の就労支援事業も行われています。

こうした支援につながるよう，児童養護施設等では退所者に対する相談その他自立のための援助も行われます（児福41条）。

◆ 条　文
児童福祉法
6条の3第1項　この法律で，児童自立生活援助事業とは，……児童自立生活援助の実施に係る義務教育終了児童等（義務教育を終了した児童又は児童以外の満20歳に満たない者であって，第27条第1項第3号に規定する措置のうち政令で定めるものを解除されたもの……をいう。以下同じ。）につき第33条の6第1項に規定する住居において同項に規定する日常生活上の援助及び生活指導並びに就業の支援を行い，あわせて……児童自立生活援助の実施を解除された者につき相談その他の援助を行う事業をいう。

33条の6第1項　都道府県は，その区域内における義務教育終了児童等の自立を図るため必要がある場合において，その義務教育終了児童等から申込みがあったときは，自ら又は児童自立生活援助事業を行う者（都道府県を除く。次項において同じ。）に委託して，その義務教育終了児童等に対し，……義務教育終了児童等が共同生活を営むべき住居において相談その他の日常生活上の援助及び生活指導並びに就業の支援を行わなければならない。ただし，やむを得ない事由があるときは，その他の適切な援助を行わなければならない。

2項　前項に規定する義務教育終了児童等であって児童自立生活援助の実施を希望するものは，厚生労働省令の定めるところにより，入居を希望する同項に規定する住居その他厚生労働省令の定める事項を記載した申込書を都道府県に提出しなければならない。この場合において，児童自立生活援助事業を行う者は，厚生労働省令の定めるところにより，当該義務教育終了児童等の依頼を受けて，当該申込書の提出を代わって行うことができる。

5項　都道府県は，義務教育終了児童等の第1項に規定する住居の選択及び児童自立生活援助事業の適正な運営の確保に資するため，厚生労働省令の定めるところにより，その区域内における児童自立生活援助事業を行う者，当該事業の運営の状況その他の厚生労働省令の定める事項に関し情報の提供を行わなければならない。

41条〔児童養護施設〕〔略〕

第 4 章　児童虐待，その後

7　未成年後見・身元保証

　親権者は法定代理人として親権を行使し，子どもの売買契約に同意したり，代わりに契約を結んだりします（→第 9 章③）。しかし，親権者が亡くなったり，親権喪失の審判などにより親権を行う者がいなくなったりした場合には，親権者に代わる存在として，親権者と同等の権限を行使する未成年後見人が選任されることになります（→第 8 章⑤(5)）。

　もっとも親権者がいない場合に児童福祉施設の長が親権を行うことが認められており，2011（平成 23）年の児童福祉法改正により一時保護中，里親等への委託中においても児童相談所長が親権を行うことが認められるに至っています。一方，親族などの元で私的に子どもが養育されている場合も，後見人の候補者を探すことが必ずしも容易でないこともあって，実際には相続など必要に迫られた場合以外は未成年後見人の選任はあまりなされていません。

　しかし，里親家庭や児童養護施設などで養育されていた子どもが社会的養護の終了に際し新しい住居を探すときは，親権者がいなければアパートなどの賃貸借契約が困難となります（同様に労働契約も結ぶことができないことになりそうですが，実際には一般に法定代理人の同意は求められていないようです）。

　その一方，子どもが社会的養護の下にいる間であっても，親権者がいるときは，親権を行使するのは親であって，親の意向によらずに重要な契約を結ぶことはできません。社会的養護の終了後や親族などの元での私的な養育の場合も，親権者がいるときは同様の問題があります。

　こうした事情を踏まえ，社会的養護の後についても施設の長が未成年後見人の選任を請求すれば，選任までの間一時的に施設の長が親権を行使できるとされる児童福祉法改正がなされたり（児福 33 条の 8），携帯電話会社との間で里親や施設の長による携帯電話契約を認めてもらう取決めをするなどの努力がなされてきましたが，より根本的な対応が求められていました。2011（平成 23）年民法改正の結果，親権一時停止，親権喪失，管理権喪失の審判の活用により親権停止中等における施設の長，児童相談所長の権限行使とともに未成年後見人選任が期待されたこともあり，複数の者や法人による後見が認められるなど後見人の要件が緩和されました。これにより，子どもの親族と弁護士がともに未

成年後見人となり，互いの役割分担が可能となったり，社会福祉法人やNPO法人が未成年後見人となることが可能となりましたが，未成年後見人と施設の長，児童相談所長の権限の関係については理論的整理が求められるところです。

一方，雇用契約において求められる身元保証も，社会的養護の下にある子どもにとっては問題となりますが，この点については都道府県などによる公的な身元保証の制度が広がりつつあります。

◆ 条　文
民　法
839条1項　未成年者に対して最後に親権を行う者は，遺言で，未成年後見人を指定することができる。……
840条1項　前条の規定により未成年後見人となるべき者がないときは，家庭裁判所は，未成年被後見人又はその親族その他の利害関係人の請求によって，未成年後見人を選任する。……
2項　未成年後見人がある場合においても，家庭裁判所は，必要があると認めるときは，前項に規定する者若しくは未成年後見人の請求により又は職権で，更に未成年後見人を選任することができる。
3項　未成年後見人を選任するには，未成年被後見人の年齢，心身の状態並びに生活及び財産の状況，未成年後見人となる者の職業及び経歴並びに未成年被後見人との利害関係の有無（未成年後見人となる者が**法人**であるときは，その事業の種類及び内容並びにその法人及びその代表者と未成年被後見人との利害関係の有無），未成年被後見人の意見その他一切の事情を考慮しなければならない。
841条　父若しくは母が親権若しくは管理権を辞し，又は父若しくは母について親権喪失，親権停止若しくは管理権喪失の審判があったことによって未成年後見人を選任する必要が生じたときは，その父又は母は，遅滞なく未成年後見人の選任を家庭裁判所に請求しなければならない。
842条（未成年後見人の数）削除
857条　未成年後見人は，第820条から第823条までに規定する事項について，親権を行う者と同一の権利義務を有する。……
857条の2第1項　未成年後見人が数人あるときは，共同してその権限を行使す

第4章 児童虐待，その後

る。
　2項〜5項（未成年後見人が数人ある場合の権限の行使等）〔略〕
児童福祉法
　33条の8第1項　児童相談所長は，親権を行う者のない児童等について，その福祉のため必要があるときは，家庭裁判所に対し未成年後見人の選任を請求しなければならない。
　2項　児童相談所長は，前項の規定による未成年後見人の選任の請求に係る児童等（……児童福祉施設に入所中の児童……を除く。）に対し，親権を行う者又は未成年後見人があるに至るまでの間，親権を行う。……
身元保証ニ関スル法律
　1条　引受，保証其ノ他名称ノ如何ヲ問ハズ期間ヲ定メズシテ被用者ノ行為ニ因リ使用者ノ受ケタル損害ヲ賠償スルコトヲ約スル身元保証契約ハ其ノ成立ノ日ヨリ三年間其ノ効力ヲ有ス但シ商工業見習者ノ身元保証契約ニ付テハ之ヲ五年トス

8　養子縁組と社会的養護

　深刻な児童虐待の場合には，子どもが再び親の元で養育されることがそもそも困難なことがあります。そのようなときには，実の親に代わって，まさに「親代わり」として子どもを永続的に養育する大人が必要とされ，そのために新たな親子関係を形成する制度として養子縁組という方法があります。養子縁組は民法に規定され，かつては家業の跡継ぎ確保など家のため，親のための制度として利用されてきた面もあり，私的な関係についての制度と理解されてきましたが，後述の「特別養子縁組」制度の導入に象徴されるように，現在では社会的養護と並ぶ子どもの福祉のための制度としての性格が強調されるようになってきています。

　社会的養護と比べると，養子縁組では子どもと養親の間に親子関係が形成されるので，社会的養護のように原則18歳までといった限定がなく，関係は子どもが成人した後も継続します。そのため様々な契約で求められる保証人，身元保証などの心配をする必要がありません。また20歳未満においても，子ど

もの親権は実の親ではなく養子縁組をした養親にあるので、社会的養護の場合のような法律上の制約は問題となりません。ただし、養子は養親の氏を称することとなるほか、親族関係が形成されることに伴い扶養・相続といった民法上の問題が生ずる点には留意が必要です。

◆ 条　文
民　法
809条　養子は、縁組の日から、養親の嫡出子の身分を取得する。
810条　養子は、養親の氏を称する。……
818条2項　子が養子であるときは、養親の親権に服する。

9　親子の縁──2つの養子縁組

　養子縁組の制度は、いわゆる「普通養子縁組」と呼ばれるものと、実の親との関係を断ち切る「特別養子縁組」と呼ばれるものの2種類があります。
　普通養子縁組は子どもと実の親との親子関係が継続するもので、未成年者を養子にするときは家庭裁判所の許可を得る必要があります。しかし、実際には許可にあたり子どもの福祉の観点からの審査は必ずしも十分とはいえず、また、再婚相手の子どもを養子にするなど一定の場合にはそもそも許可を必要としません。とりわけ子どもが15歳未満の場合には法定代理人（普通は親）が子ども本人に代わって養子縁組の承諾をすることとされているため、子ども本人の同意のない縁組がなされる可能性がある一方、児童虐待などの場合でも実の親が養子縁組に同意しないときには、縁組をすることができません。
　これに対し、特別養子縁組は常に家庭裁判所の判断を経て成立し、児童虐待などの場合には例外的に実の親の同意がなくても縁組が可能ですが、原則として子どもが6歳未満でなければならず、また実の親との関係を断ち切るものでもあることから、縁組が認められるために厳格な要件が課せられています。逆に縁組の解消（離縁）も常に家庭裁判所の審判を必要とします。
　児童虐待への対応としても期待される特別養子縁組制度の活用のため、原則6歳までといった年齢要件など厳格な要件の緩和が主張されてきましたが、子

どもの虐待死が出生直後に多いことが明らかになり，妊娠時からの特別養子縁組に向けた支援も重視されるようになりました。

他方で普通養子縁組についても子どもの福祉の観点からの見直し，再評価が求められており，2つの制度を合わせて養子縁組を進めていくため，養子縁組あっせん制度の整備も求められています。実際には民間の団体や児童相談所による養子縁組あっせんが行われてきましたが，民法の定める養子縁組が私的な関係の制度と理解されたこともあって，養子縁組あっせんにつき定める法律は存在していません。他方で特に国境を越える養子縁組につき問題とされてきた「人身売買」といった実態に対処するためにも養子縁組あっせん法の制定が望まれます。

◆ 条　文
民　法
792条　成年に達した者は，養子をすることができる。

797条1項　養子となる者が15歳未満であるときは，その法定代理人が，これに代わって，縁組の承諾をすることができる。

798条　未成年者を養子とするには，家庭裁判所の許可を得なければならない。ただし，自己又は配偶者の直系卑属を養子とする場合は，この限りでない。

811条～817条〔離縁〕〔略〕

817条の2第1項　家庭裁判所は，次条から第817条の7までに定める要件があるときは，養親となる者の請求により，実方の血族との親族関係が終了する縁組（以下この款において「特別養子縁組」という。）を成立させることができる。

817条の3

　1項　養親となる者は，配偶者のある者でなければならない。

　2項　夫婦の一方は，他の一方が養親とならないときは，養親となることができない。……

817条の4　25歳に達しない者は，養親となることができない。……

817条の5　第817条の2に規定する請求の時に6歳に達している者は，養子となることができない。ただし，その者が8歳未満であって6歳に達する前から引き続き養親となる者に監護されている場合は，この限りでない。

817条の6　特別養子縁組の成立には，養子となる者の父母の同意がなければならない。ただし，父母がその意思を表示することができない場合又は父母による虐待，悪意の遺棄その他養子となる者の利益を著しく害する事由がある場合は，この限りでない。

817条の7　特別養子縁組は，父母による養子となる者の監護が著しく困難又は不適当であることその他特別の事情がある場合において，子の利益のため特に必要があると認めるときに，これを成立させるものとする。

817条の8第1項　特別養子縁組を成立させるには，養親となる者が養子となる者を6箇月以上の期間監護した状況を考慮しなければならない。

817条の9　養子と実方の父母及びその血族との親族関係は，特別養子縁組によって終了する。……

817条の10（特別養子縁組の離縁）〔略〕

子どもの権利条約
21条　養子縁組の制度を認め又は許容している締約国は，児童の最善の利益について最大の考慮が払われることを確保するものとし，また，
　a　児童の養子縁組が権限のある当局によってのみ認められることを確保する。この場合において，当該権限のある当局は，適用のある法律及び手続に従い，かつ，信頼し得るすべての関連情報に基づき，養子縁組が父母，親族及び法定保護者に関する児童の状況にかんがみ許容されること並びに必要な場合には，関係者が所要のカウンセリングに基づき養子縁組について事情を知らされた上での同意を与えていることを認定する。

◆まとめ

　親の元での子どもの養育が難しい場合，民法，児童福祉法が定める親族，里親，児童養護施設長・職員，未成年後見人，養親，そして実の親といった様々な大人とのかかわりの中で子どもは生活し成長していくこととなります。そのため様々な大人の相互の関係，またそのこととも関連して時間の観点が重要となってきますが，成年年齢の問題をはじめ，親権と施設長・里親の権限，里親委託と養子縁組，養子縁組あっせん等，様々な局面で民法と児童福祉法の関係が整理されていないことから問題が生じており，子どもの福祉の観点からの整理が求められています。

◇ Column 6　D V

　配偶者間での家庭内暴力＝ドメステイック・バイオレンス（DV）は，家庭という私的な領域内での親密な人間関係において生ずるものとして，同じ家庭内にいる子どもにも重大なかかわりがあります。一つの家庭内で DV と児童虐待がともに存在し，両者が密接に関連している場合も少なくありませんが，そもそも DV それ自体が子どもに悪影響を及ぼすものであるといえます。児童虐待防止法2条4号は，配偶者の「身体に対する不法な攻撃であって生命又は身体に危害を及ぼすもの及びこれに準ずる心身に有害な影響を及ぼす言動」「その他の児童に著しい心理的外傷を与える言動を行うこと」を児童虐待の定義に含めています。

　こうしたことから，DV の存在は，離婚時の子どもの親権者決定，あるいは離婚後の親権者変更，さらには面会交流をめぐる争いにおいて家庭裁判所が「子の利益」を考慮する際（→**第2章**）の判断要素とされ，DV 加害者にとって不利な結論が導かれうるほか，「子の利益を害する」ときなど親権一時停止ほかの親権制限（→**第3章**）の理由ともなりうると考えられます。

　もっとも DV 被害者の保護という場面では，あくまでも DV 被害者を中心に考えられることから，子どもの立場との間で微妙な問題があります。DV 被害者は自らの保護のみを求めることは難しく，多くの場合子どもを伴って保護を求めることになりますが，DV 被害者を保護する婦人保護施設においては，何よりもまず母親自身の自立支援が優先され，原則として母子分離となってしまうのが現状です。子どもの福祉を基準とする児童福祉法上の母子生活支援施設において保護される場合にも年長の男子については母子分離とされるのが実務です。他方で「配偶者からの暴力の防止及び被害者の保護等に関する法律」（DV 法）は，保護命令がなされる場合に，子どもの身辺へのつきまとい，付近のはいかいを加害者に対して禁止することができると定めていますが，これは被害者の生命または身体に危害が加えられることを防止するためであって，子どもの側の事情は考慮されません。

　このほか同居人による児童虐待の放置が児童虐待とされる点（児童虐待2条3号）についても，自らへの DV を恐れての虐待放置が少なくないなど，子どもの立場からも保護以前に DV の予防が求められるのであり，DV 被害者の視点と子どもへの視点をともに踏まえた総合的な施策が必要とされています。

　なお以上からして，拙速な保護命令が DV の「冤罪」を生むとすれば子どもの立場からも問題があり，手続保障の視点も重要です。

✧ Column 7　子どもの貧困

　日本における子どもの相対的貧困率の高さが指摘され、「子どもの貧困」問題が注目されています。憲法 25 条が生存権を保障する一方で、貧困の自己責任を強調する論調も少なくありませんが、少なくとも子どもには貧困の責任はありません。親に貧困の原因があるので仕方がない、それぞれの家庭の問題であると片付けてしまうことも適切ではないでしょう。例えば国民健康保険法は、保険料の滞納が続いた場合、被保険者証の返還、被保険者資格証明書の交付により、（後日払い戻しがあるものの）いったんは医療機関の窓口で医療費全額の支払いが求められることになるしくみをとっていますが、子ども（高校生世代まで）の場合には例外が認められています（国保 9 条）。子どもの保険料を世帯主が滞納している場合であっても、子どもが病気になったときに医療機関の窓口で支払うのは医療費の 3 割です。「子どもの貧困」は社会全体で取り組むべき問題として、2013（平成 25）年に「子どもの貧困対策の推進に関する法律」が制定されました。

　同法は、「子どもの将来がその生まれ育った環境によって左右されることのないよう」との基本理念（1 条・2 条）の下、とりわけ教育の機会均等を重視しています。貧困による不登校の問題など、貧困の世代間連鎖を絶つ視点も重要です。そもそも憲法 26 条は全ての国民にひとしく教育を受ける権利を保障し、かつ義務教育の無償を定めており、教育基本法 4 条も教育の機会均等を定めています。もとより教育の機会均等といっても、家庭生活を含めた子どもの生活全体を視野に入れる必要がありますが、教育費に限ってみても、法律上は国公立の義務教育諸学校における授業料不徴収、教科書無償が定められるほか、学用品、通学用品、給食などは無償とされておらず、義務教育段階から経済的負担が大きい現状につき、憲法的観点からの議論があります。こうした現状を所与として、生活保護法は義務教育に伴う学用品、通学用品、給食等につき教育扶助の定めを置き（生保 13 条・32 条）、学校教育法は、義務教育につき、生活保護法の対象に準ずる就学困難の場合も含めて市町村の就学援助義務を定めています（学教 19 条）。

　一方、高等学校については授業料に関する限りで「高等学校等就学支援金の支給に関する法律」により経済的支援があるほかは、生活保護法上、生業扶助としての保護があるにとどまります。さらに大学については家族に対する生活保護も支給されなくなるので、これを避けるため世帯分離を行えば大学生本人の生活が厳しくなります。日本学生支援機構等の奨学金も卒業後の返済負担の過重が問題となっており、貧困の世代間連鎖を絶つ観点からは給付型の奨学金が望まれます。

第5章
子どもと責任

◆ ストーリー

　K（高校2年生，17歳）はH高校の生徒である。H高校は，自転車通学する生徒が多いこと，かつて通学中の交通事故が問題となったことがあったことから，高校独自の自転車免許制度を採用している。H高校の自転車**免許制度**では，信号無視などの違反はマイナス3点，届出の通学路の違反などはマイナス2点など，違反の減点制度が設けられており，校則には，減点が10点になると**停学処分**になると定められていた。

　Kも入学直後に，高校のグラウンドで行われた実技試験と交通法規などについての筆記試験を受けて合格し，「H高校自転車免許証」を取得して，自転車で通学していた。Kは，かねて兄（大学3年生，21歳）が乗っている競技用自転車に興味を持っていたが，ある日，その自転車にたまたま兄が鍵をかけ忘れて車庫に置いているのに気づき，同自転車で通学した。兄の自転車はKが普段乗っている自転車とハンドルの形などが違ったものの，Kは特に問題なく運転できたが，兄の自転車は競技用であるため片方の車輪にしかブレーキがついていないことに気づいていなかった。

　Kは，下り坂を走っていた際，前方の交差点の信号が青から黄色に変わったのに気づき，ブレーキをかけて止まろうとしたが，思うように止まらず，バランスを崩して倒れながら交差点に突っ込んでいったところ，前方の横断歩道を手押し車を押して歩いていた高齢のN女に衝突した。Nは転倒して頭を打ち，病院に入院して手術を受けたが，1ヵ月後に，治療の甲斐なく，死亡した。

　Kはどのような**責任**を負うだろうか。また，Kの親等が責任を問われることはあるだろうか。

◆ ポイント

　交通事故を起こしてNを死亡させてしまったKは，おそらく，親などの保護者と連れ立って，Nの家族に謝りに行くでしょう。社会で誠実に暮らしていこうとするとき，それはとても大切なことです。それでは，法的には，Kが交通事故を起こして他人を死亡させたことは，誰との関係でどのような問題を生じさせるでしょうか。刑罰を受けること，損害賠償金を支払うことが考えられますが，Kは賠償金を払うことができるでしょうか。誰かが代わって支払うことも考えられるかもしれません。刑罰や賠償金のほかに，KはH高校を停学になりそうでもあります。免許停止なども思い浮かぶかもしれませんが，Kに免許を与えていたのはH高校なので，自動車免許の場合とは状況が異なります。

1　民事責任と刑事責任

(1)　民事責任——損害賠償の責任

　交通事故で他人に傷害を負わせたり，死亡させたりすると，被害者に対して賠償金を支払う責任が生じます。これは，一般的に，意図的に（故意），又は不注意によって（過失）他人に損害を生じさせたときに，損害を塡補するための金銭を支払う責任です（民法709条）。**ストーリー**の場合，Kは意図的にではなかったにせよ，片輪にブレーキのない自転車であることに気づかず，適切にブレーキをかけることができなかったこと，そのことによって信号を無視して交差点に進入し，Nに衝突したことに，不注意があったといえるので，この責任を負うことになります。

　もっとも，損害を与えた加害者の年齢が低い場合には，この責任を負わないことがあります。加害者が自分の行動およびその結果についてどのような責任を負うかを認識できる程度の能力（「責任能力」といいます）を備えていないときには，責任を負いません（民712条）。そのような能力がなければ，そもそも，その者の不注意を責めることができないから，あるいは，そのような能力を欠く者は，政策的に，責任を負う負担から免れさせることによって守るべきであるから，などがその根拠とされます。責任能力があるかどうかは，なされた行為との関係で相関的に判断されるので——より単純な行為についてはより低い

第5章　子どもと責任

年齢で責任能力が認められる——一律に基準を示すことはできませんが、12歳から13歳程度が目安となります。Kは17歳ですから、責任能力を備えており、損害賠償責任を負うことになります。

Nが受けた損害を賠償するということですが、Nにはどのような損害が発生しているでしょうか。1か月間の入院治療にかかった費用や、Nが高齢でも何かの仕事をして収入を得ていたのであれば、事故によって仕事を休んだことで得られなくなった収入分も損害になります。他に、Nが受けた精神的な苦痛を慰謝する金銭（慰謝料）も支払われます。これらを合わせた具体的な金額は、それぞれの事故および被害者の事情によって様々になりますが、これまでの裁判例を参考にしていえば、本事例の場合には、少なく見積もっても2000万円を超える賠償額になるでしょう。

なお、Nは亡くなっているので、N自身がKに賠償金の支払を請求するということは考えられません。実際に請求することになるのは、Nを相続する家族です。さらに、Nの家族のうち、Nの夫や子ども等のNとの関係が近い者は、Nを相続して賠償を請求するのとは別に、Nが亡くなったことで、自分自身が家族として精神的な苦痛を受けたことに対して、慰謝料を受け取ることもできます（民711条）。

ところで、高校生のKは2000万円を超える巨額の賠償を払うことができるのか、疑問が生じるかもしれませんが、この問題については、後で取り上げます。

◆　条　　文
民　　法

709条　故意又は過失によって**他人の権利又は法律上保護される利益を侵害**した者は、これによって生じた**損害を賠償する責任**を負う。

711条　他人の生命を侵害した者は、被害者の父母、配偶者及び子に対しては、その財産権が侵害されなかった場合においても、損害の賠償をしなければならない。

712条　**未成年者は**、他人に損害を加えた場合において、**自己の行為の責任を弁識するに足りる知能**を備えていなかったときは、その行為について賠償の責任を負わない。

(2) 刑事責任——刑罰

　不注意によって他人を死亡させることは犯罪にも当たり，刑罰を科されることになります。自転車事故で被害者を死亡させると，過失致死罪（刑法210条）または業務上過失致死罪（刑211条1項）が問題となります。それぞれの罪の刑の重さは，「50万円以下の罰金」（過失致死罪），「5年以下の懲役若しくは禁錮又は百万円以下の罰金」（業務上過失致死罪）と定められていますが，個々の事例での実際の刑の重さは裁判で決められることになります。ただし，過失致死罪または業務上過失致死罪に定められた行為があった場合でも，様々な事情が考慮されて，裁判までは起こされないということもあります。裁判を起こすかどうかを決めるのは検察官で，犯罪に当たる行為はあるが裁判を起こさないという判断を起訴猶予といいます（刑事訴訟法247条・248条）。

　ところで，Kは未成年者であり，未成年者が刑事責任を負うことについては，大人と異なる扱いが認められており，「少年法」がそのことを定めています（刑法41条，少年法1条）。詳しくは，**第7章**で扱われますが，少年法では，刑法上の犯罪に当たる行為をした未成年者について，刑罰を科す刑事裁判を受けるのではなく，家庭裁判所の審判手続によって保護処分等を受ける可能性が定められています。保護処分では，対象となった子どもは，児童自立支援施設または児童養護施設へ入所するか，少年院へ入るか，あるいは，それらの施設に入らずに生活を継続しつつ，保護観察所の保護観察を受けることになります。罪を犯した子どもにどちらの処分を受けさせるかを決めるのは，子どもの問題を専門に扱う家庭裁判所です。子どもが罪を犯したときには，まず，事件は家庭裁判所に送られ，子どもや家庭の問題に専門性を有する家庭裁判所が，「罪質及び情状に照らして刑事処分を相当と認める」かどうかとの観点から，当該事件を起こした子どもを家庭裁判所の審判による保護処分と刑事裁判による刑事処分のどちらで処遇するのが適切であるかを判断するのです（家庭裁判所が事件を刑事処分の対象とすることを決めたときには事件は刑事裁判所に「逆送」されます〔少20条1項〕）。ただし，逆送の対象になるのは，子どもが禁錮以上の刑が定められている罪を犯した場合に限られます。

　本事例では，Kが起こした交通事故は刑法上の犯罪に当たる事件ですが，刑事事件を扱う検察官ではなく，家庭裁判所に送られ，上記の基準によって，刑

第5章　子どもと責任

事処分相当として検察官に送致されるか，家庭裁判所で保護処分を受けるかが決定されます。どちらの決定がされるかは，個別事件の具体的な事情によることになるので，一律に結論を示すことはできませんが，交通事件の場合には刑事処分として罰金が科せられることを見込んで検察官送致がされることが多いといわれています。

　以上は，Nを死亡させたことに対する刑事責任ですが，Kの行為は，片輪にブレーキのない自転車を走行させ，赤信号を無視した点で交通ルールに違反し，道路交通法の自転車の制動装置不良（5万円以下の罰金〔道路交通法63条の9・120条1項8の2号〕），信号無視（道交7条。3月以下の懲役又は5万円以下の罰金〔道交119条1項1の2号〕又は10万円以下の罰金〔過失の場合。道交119条2項〕）にも該当し，さらに自転車運転者講習の受講命令の対象となる可能性があります（道交108条の3の4・120条1項17号）。

◆　条　文
刑　法
41条　14歳に満たない者の行為は，罰しない。
210条　過失により人を死亡させた者は，50万円以下の罰金に処する。
211条　業務上必要な注意を怠り，よって人を死傷させた者は，5年以下の懲役若しくは禁錮又は100万円以下の罰金に処する。重大な過失により人を死傷させた者も，同様とする。
自動車運転致死傷行為処罰法
5条　自動車の運転上必要な注意を怠り，よって人を死傷させた者は，7年以下の懲役若しくは禁錮又は100万円以下の罰金に処する。ただし，その傷害が軽いときは，情状により，その刑を免除することができる。
少年法
1条　この法律は，少年の健全な育成を期し，非行のある少年に対して性格の矯正及び環境の調整に関する保護処分を行うとともに，少年の刑事事件について特別の措置を講ずることを目的とする。
2条1項　この法律で「少年」とは，20歳に満たない者をいい，「成人」とは，満20歳以上の者をいう。
〔以下，略〕

3条1項 次に掲げる少年は，これを家庭裁判所の審判に付する。
　1号 罪を犯した少年〔以下，略〕
20条1項 家庭裁判所は，死刑，懲役又は禁錮に当たる罪の事件について，調査の結果，その罪質及び情状に照らして刑事処分を相当と認めるときは，決定をもって，これを管轄地方裁判所に対応する検察庁の検察官に送致しなければならない。〔以下，略〕
24条1項 家庭裁判所は，前条の場合〔審判開始後保護処分に付しない場合〕を除いて，審判を開始した事件につき，決定をもって，次に掲げる保護処分をしなければならない。ただし，決定の時に14歳に満たない少年に係る事件については，特に必要と認める場合に限り，第3号の保護処分をすることができる。
　1号 保護観察所の保護観察に付すること。
　2号 児童自立支援施設又は児童養護施設に送致すること。
　3号 少年院に送致すること。
〔以下，略〕

道路交通法
2条1項 この法律において，次の各号に掲げる用語の意義は，それぞれ当該各号に定めるところによる。
　8号 車両　自動車，原動機付自転車，軽車両及びトロリーバスをいう。
　11号 軽車両　自転車，荷車その他……〔その他，略〕
7条 道路を通行する歩行者又は車両等は，信号機の表示する信号又は警察官等の手信号等……に従わなければならない。
63条の9第1項 自転車の運転者は，内閣府令で定める基準に適合する制動装置を備えていないため交通の危険を生じさせるおそれがある自転車を運転してはならない。……
108条の3の4 公安委員会は，……道路における交通の危険を生じさせるおそれのあるものとして政令で定めるもの（……「危険行為」という。）を反復してした者が，更に自転車を運転することが道路における交通の危険を生じさせるおそれがあると認めるときは，……その者に対し，……講習（……「自転車運転者講習」という。）を受けるべき旨を命ずることができる。

第5章　子どもと責任

(3) 民事責任と刑事責任との違い

　このように交通事故に対する責任には，まず，民事責任と刑事責任がありますが，なぜ，二種類の責任が別々に存在しているのでしょうか。

(a)　Nの家族がKを赦したら？

　手がかりとして，Nの家族がKを赦した場合に，どのようになるか考えてみます。

　損害賠償金については，それを請求できる立場にあるNの家族がKを赦し，支払わなくてよいというのであれば，Kは支払う必要がありません。つまり，Kは民事責任を免れることができます。これに対して，刑事責任については，たとえNの家族が，Kが保護処分を受けることを望んでいないとしても，家庭裁判所がKには処分を与えるべきだと判断すれば，保護処分がなされることになります。刑事責任は，被害者が加害者を赦すかどうか，被害者がそれを望んでいるかどうかと関係なく，加害者が負うものなのです（ただし，いくつかの犯罪について例外があります）。

　このような違いがあるのは，民事責任と刑事責任の目的，存在理由に違いがあるからです。民事責任は，被害者に生じてしまった損害を填補することで被害者を救済することを主な目的としています。したがって，被害者が，自分の損害を填補してもらう権利を放棄することも自由であり，放棄がされれば，加害者は民事責任を免除されることになります。これに対して，刑事責任の場合は，主たる目的は，被害者の救済ということよりも，社会の秩序維持のために，問題のある行動に対して制裁を科すことにあります。したがって，たとえ被害者は加害者を赦してあげたいと思ったとしても，加害者が行ったことが社会の秩序という観点から制裁を受けるべき行為だとすれば，刑事責任が問われることになります。

(b)　巨額の賠償を払えるか

　民事責任は損害を賠償することで被害者を救済するのを目的とするということであれば，損害賠償金が現実に払われることが重要です。しかし，本事例のように，加害者が高校生のときには，何千万円もの賠償金を払えないことも多いでしょう。高校生でなくても，交通事故の加害者に賠償できるだけの資力がないという場合はありそうです。このようなときに備えて利用できるのが，保

険制度です。この場合の保険は，責任保険と呼ばれるもので，自分が加害者となって他人に損害賠償を支払わなければならないかもしれない潜在的な加害者たちが，一定額の保険金を支払って蓄えておき，いざ事故を起こしてしまったというときに，蓄えられた保険金のなかから支払を受け，被害者に賠償します。このことにより，加害者は巨額の賠償金を支払えないために，例えば一生支払いを続ける借金を背負うといった事態を避けられ，同時に，被害者も，加害者に資力がないために賠償を受けられないということにならずにすみます。自動車については，自動車を運行する場合には誰でも，通称「自賠責（じばいせき）」と呼ばれる保険（正式な名称は「自動車損害賠償責任保険」で，「自動車損害賠償保障法」という法律に定められています）に強制的に入ることになっています。さらに，自賠責によって被害者には最低限の賠償額が保障されるものの，必ずしも十分な額ではないので，今日では多くの人が自賠責に加えて，任意に自動車損害賠償保険に入って，より手厚い賠償額の支払に対応できるよう，備えています。

　自転車については，自賠責のような強制保険がありませんが，被害者が死亡した場合などに多額の賠償責任を負うのは自動車の場合と同様です。自転車の運転をする場合には，保険に加入しておくことが，加害者にとっても，被害者にとっても，望ましいことに違いありません。そして，立法論としては，自転車事故についても強制的な保険制度を導入することが考えられるべきではないでしょうか（自治体によっては，条例で，自転車利用者に自転車保険への加入を義務づけているところがあります〔兵庫県の，「自転車の安全で適正な利用の促進に関する条例（2015 年施行）」13 条・14 条〕）。

　ところで，K は資力のない子どもなのだから，K の親が賠償金を払えば良い，と思うかもしれません。K が 6 歳程度の幼児であったとすれば，K は，簡単な事の善し悪しは判断できても，他人に損害を負わせることの意味までは十分に理解することができないと考えられ，賠償責任を負いません（上述した責任能力がないからです）。代わりに，その親は親権者として子どもを監督しておくべきだったということで，6 歳の K の代わりに責任を負うということも妥当でしょう（監督義務者責任〔民 714 条〕）。これに対して，17 歳の K は，他人に損害を負わせた場合について，ここで説明しているような責任の詳細までは知らないと

しても，その帰結について，理解できる年頃に達しているといえます（責任能力がある）。それならば，責任を負うべきは，K 自身であり，親とはいえあくまでも K とは別人格の K の親は，責任を負う理由はないのが原則といえます。

◆ 条　文
民　法
714 条 1 項　前二条の規定により**責任無能力者がその責任を負わない場合において**，その責任無能力者を監督する法定の義務を負う者は，その責任無能力者が第三者に加えた損害を賠償する責任を負う。〔以下，略〕
自動車損害賠償保障法
5 条　自動車は，これについてこの法律で定める自動車損害賠償責任保険……又は自動車損害賠償責任共済……の契約が締結されているものでなければ，運行の用に供してはならない。
15 条　被保険者は，被害者に対する損害賠償額について自己が支払をした限度においてのみ，保険会社に対して保険金の支払いを請求することができる。
16 条 1 項　……保有者の損害賠償の責任が発生したときは，被害者は，政令で定めるところにより，保険会社に対し，保険金額の限度において，損害賠償額の支払をなすべきことを請求することができる。

2　高校からの停学処分

　K は，H 高校の自転車免許証を取得して通学していましたが，本事例の事故の結果，H 高校に登録してあった通学用の自転車と違う自転車で通学し，赤信号を無視し，歩行者を死亡させてしまったことで，減点制度のマイナス 10 点に達し，H 高校の校則に従って，1 か月の停学処分を受けたとしましょう。
　1 か月も通学できないというのは，K にとって大きな不利益ですが，このような処分を受ける理由はどこに求められるでしょうか。K が H 高校に入学する際に，H 高校と校則に従うと約束したのだからという説明が思い浮かびますが，K が「これこれの校則には私は従いません」と言って，一部の校則を外して学校と約束することは想定されていないこと，また，入学した後に校則が変

わることもありうることを考えると，この説明は十分でないと思われます。校則について詳しくは第11章②で扱われますが，高校独自の自転車の免許および違反制度の定めが校則として合理的であり，有効であるということであれば，一定の違反点数を超えた場合の停学処分は，校則に基づく処分であり，原則として有効であると考えられます。ただし，停学は生徒に対する重大な不利益処分であり，処分の内容と違反行為の程度との均衡が保たれていること，適切な手続によることが求められます（停学処分については第6章⑤も参照）。

③ 行 政 責 任

　最後に，Kは自転車免許証について「免停」などの処分を受けるのではないか，ということに触れておきましょう。一般的に，交通事故を起こせば，免許停止や免許取消しの処分を受けることはよく知られていますが，その場合にいわれているのは，自動車またはバイクの免許だと思われます。自動車やバイクについては，一定の技能を備えた者が運転しなければ交通に危険を生じさせ，他人の利益を害するおそれがあることから，予防的に，免許制度が設けられており，その取得には年齢制限もあります（自動車の普通免許は18歳以上，バイクの普通免許は16歳以上等〔道交88条1項1号〕）。そして，交通違反を犯せば，その重大性に応じて，免許停止や免許取消しの処分がなされます（道交103条）。これらの処分は，先に説明してきた刑事責任，民事責任とは異なる，行政上の処分に位置づけられます。自転車については，このような行政上の免許制度が設けられておらず，運転の年齢制限もありません。したがって，本事例のKの自転車運転免許証は，上記の停学処分と同様に，あくまでもKとH高校との関係内部の問題にとどまります。自転車事故の増大や結果の深刻さが社会問題化するのに応じて，自転車にも行政的な免許制度を導入すべきという議論が起こるかもしれません。

第 11 章　子どもと責任

◆ 条　　文
道路交通法
84 条 1 項　自動車及び原動機付自転車……を運転しようとする者は，公安委員会の運転免許……を受けなければならない。
88 条 1 項　次の各号のいずれかに該当する者に対しては，第一種免許又は第二種免許を与えない。
　1 号　大型免許にあっては 21 歳……に，中型免許にあっては 20 歳……に，普通免許……にあっては 18 歳に，普通二輪免許……及原付免許にあっては 16 歳に，それぞれ満たない者〔以下，略〕
103 条 1 項　免許……を受けた者が次の各号のいずれかに該当することとなったときは，……その者の免許を取り消し，又は 6 月を超えない範囲内で期間を定めて免許の効力を停止することができる。……
　5 号　自動車等の運転に関しこの法律若しくはこの法律に基づく命令の規定又はこの法律の規定に基づく処分に違反したとき。……
〔以下，略〕
　2 項　免許を受けた者が次の各号のいずれかに該当することとなったときは，……その者の免許を取り消すことができる。
　1 号　自動車等の運転により人を死傷させ，又は建造物を損壊させる行為で故意によるものをしたとき。

◆ ま と め
　交通事故によって他人に損害を与えたときには，刑事責任，民事責任，行政責任という複数の責任が問題になります。それぞれの責任は，異なる目的や機能を有しており，被害者からの免責の可能性等に違いが生じます。そして，やはり目的や機能の違いに照らして，子どもは，年齢に応じて，これらの責任を免除，軽減される場合もあれば，成人と同様の責任を負担する場合もあります。

◇ Column 8　家庭裁判所

　裁判所の種類や構成は国によって異なりますが，多くの国が，子どもが関係する分野を扱う特別の裁判所を持ちます。日本では「家庭裁判所」（以下では「家裁」という）があり，他の裁判所（**プロローグ**参照）と次のような点で異なります。

　取り扱うのは，基本的に，少年法上の措置にかかわる少年事件と家事事件です。家事事件には，親子，夫婦，相続のほか，未成年および成年の後見が含まれます。少年の問題と家庭の問題とは密接な関連があるため，総合的に扱うことが適当であり，また，どちらも，適切な処理のためには，法的な基準によるだけでなく，背後にある人間関係や家庭環境を調査し，調整を図る必要があるため，同一の特別の裁判所で扱われます。家裁は，他に，所在不明者の財産の管理，生死不明者に対する失踪宣告も扱い，私人の財産の管理への公的関与という機能を果たしています。

　人的な構成面では，家庭裁判所調査官が配置されます。調査官は心理，社会，教育，精神医学等の知識を備えた専門職であり，紛争をとりまく家庭環境や人間関係等の事実調査を行い（裁判所法 61 条の 2 第 1 項 2 項，家事事件手続法 58 条，家事事件手続規則 44 条，少年法 8 条・9 条），社会福祉機関等と連絡しつつ，関係者への指導，家庭環境の調整等を行います（家事 59 条，少 25 条・25 条の 2）。家事事件には，民間人の関与の制度があります（調停委員〔家事 248 条・249 条〕および参与員〔同 40 条〕）。

　手続は，非公開の審判を中心とします（家事 33 条，少 22 条 2 項）。裁判所の主導で事実等の調査ができる（家事 56 条 1 項，少 8 条・9 条）など，裁判所が後見的に事件の解決や少年の処遇等の決定に関与する点に特徴があります。家事事件では，事件の性質上，まずは当事者の自主的な解決を援助すべきとの趣旨から，当事者の互譲により合意形成を図る調停手続が設けられており，多くの事件類型で，訴訟の前に調停をすることが求められます（調停前置主義〔家事 257 条〕）。成立した調停は，審判または訴訟の結果と同様の強力な効力を有します。さらに，家裁は，その歴史のなかで，「家事相談」の実務を発達させており，家裁を市民に身近なものとしています

　家裁は，合理的な意思決定により自己を律する個人の行動やそれらの者が構成する組織を想定する法の前提の下で，その前提を必ずしも貫徹できない個人や状況が問題となる場面において，個人の人格及び財産に関する事項に適切に介入するための機関だといえます。

第6章
学校で何が？
いじめ

◆ ストーリー

── ［場面その1］ 6月，ある県立高校の放課後。1年生の教室で。──

B　A君が学校来なくなって今日で何日目？

C　もう10日目だよ。急にどうしたんだろ？

D　ひょっとして，**いじめ**なんじゃないの？

C　まさか。いつも委員長達とつるんでて，楽しそうにしてたじゃん。

B　そうね。GWにも皆で一緒にサッカーの試合観に行ったって，A君言ってたし。

D　でもこの前，A君が掃除当番一人でやってるのたまたま見かけて，その時のA君，なんか声かけづらい感じで気になってたんだけど。

E　それ，その時だけじゃないよ。委員長，いつもA一人に掃除押し付けてるんだ。あのグループ，Fも生徒会の役員やっていて「探偵」もまんまと騙されているけど，本当は…

D　やっぱりそうなんだ。「探偵」も悪い先生じゃないんだけど，ちょっと鈍いとこあるし。

E　実は……この間，体育の着替えの時に，委員長やFが，Aに「**クラスの女子**がAのことキモいって噂してた」ってからかってて，そしたら次の日からAが来なくなって。

B　それ本当なの？

E　その時A笑ってたと思うけど，「うそーっ。誰が？」ってAが聞いたら，Gが「Aの後ろの席の3人とかクラスの半分以上」って。家に帰って**ネットの掲示板**見てたら，多分委員長らだと思うけど，女子のふりしてAの悪口いっぱい書き

こまれてて……
B　ちょっと，後ろの席って，私？　冗談じゃない。ひどいっ。
D　さっきから聞いてて思うんだけど，そこまで知っててどうして止めないわけ？
E　だって，こっちがいじめられるし。僕も小学生の頃，ずっといじめられてたことがあって，その時は**カウンセラーの先生**→[3]が話を聞いてくれて，それでうまく先生に伝えてくれていじめられなくなったけど，でもまたうあんな思いしたくないんだ。Aも笑ってたから，こんなことになると思わなかったし。Aが休み出してさすがにまずいかなと思ったけど，そんなにAと仲がいいわけじゃないし，それにAも空気読めないとこあるし。
D　だからって，いじめていいわけないし。今からでもA君の家に行って本当のこと伝えようよ。学校の近くなんでしょ，A君の家。
E　ちょっと，僕がしゃべったってわかるとまずいんだけど。かんべんしてよ。
D　ぐずぐず言わない。いじめられたら私たちが守ってあげるから。

──［場面その２］　Ａ君の家に向かう途中で。──

D　だけど，いじめで**自殺**→[4]するくらいなら学校に行かなくていいって，確かにそうだけど，でもどうしていじめられてる方が学校休んだり転校したりしないといけないわけ？　そうじゃなくて，**いじめた方**→[5]が学校に来られないようにすべきなんじゃないの。
E　**慰謝料**→[9]とか払ってもらえると思うけど……
D　お金の問題じゃなくて……
C　逮捕したらいいんだよ。そしたら学校からいなくなるし。いじめ自殺の事件とか学校は当てにならないし，どうしてもっと**警察**→[6]が積極的に動かないんだろ。
B　それはちょっとどうかな。そりゃ暴力とか犯罪のような場合は警察の出番かもしれないけど，そうじゃないいじめもいっぱいあるし，それにそもそもどこからがいじめかも分からないんだし。
D　学校に警察があんまり入ってくるのもどうかな。他の生徒もいるんだし。
H　あの，私も小学生のころ，いじめられてた時期があって，その時は**お父さん**

117

とお母さん[7]がずっと私の味方だって言い続けてくれて，学校にも何回も来て，担任の先生や校長先生と話をして情報を交換してくれて，それでいじめがなくなったの。
C　だけど普通は親が学校に行ってもなかなかそういう風にきちんと相手してくれないんじゃないの。いじめ自殺の事件でも学校は本当のこと教えないし。
B　生徒の個人情報[8]とかいうし。だいたい親があまり強く出ると，モンスター・ペアレントとか言われかねないし。

◆ ポイント

　いじめは子どもの教育を受ける権利の問題であるだけでなく，子どもの生命，心身の安全を脅かすものです。大人社会にもいじめはありますが，子どもの場合，いじめが行われる学校という場が，子どもの生活全体に占める意味が非常に大きいという特質に注意する必要があります。何よりもいじめが起こりにくい学校環境が求められることはいうまでもありませんが，いじめが起きた場合，学校と家庭以外の世界が存在しない限られた人間関係の中で，教師にも親にも頼れず「逃げ場所がない」と感じさせられてしまうと問題が深刻になります。日々様々なできごとが起こる中，自分たちで学び成長していく子どもの世界を見守ることも重要ですが，常に注意深く子ども達を見守り，いじめが深刻化するのを防ぐのは大人の責任です。第一次的には学校の役割が重要ですが，学校以外にも子どもの声に応える様々な大人の存在，そして「見守られていること」「逃げ場所がある」ことを子ども自身が知っていることが重要です。
　一方でいじめる側の子どもとどう向き合うかも無視できない問題ですが，いじめが非行にあたるような場合には学校と警察との関係が問われます。
　子どもの養育は本来親の責任ですが，学校で子どもに何が起きているか親は直接知ることができません。親の責任を果たすためには，子どもとの関係だけでなく，学校との関係でも互いの情報交換，働きかけにより円滑なコミュニケーションを図ることが求められています。

1 子どもと学校

(1) 教育を受ける権利・義務教育

　日本国憲法26条1項はすべての国民に教育を受ける権利を保障し、26条2項は普通教育を受けさせる義務を定めています。これをうけて教育基本法5条1項も普通教育を受けさせる義務を規定しています。

　一方、学校教育法1条は学校の種類を「幼稚園、小学校、中学校、義務教育学校、高等学校、中等教育学校、特別支援学校、大学及び高等専門学校」と定めています。このうち憲法、教育基本法のいう普通教育を行うのは小学校、中学校、義務教育学校、中等教育学校の前期課程、特別支援学校の小学部および中学部（→第10章3）ですが、学校教育法16条・17条により、これら「義務教育諸学校」への就学義務が課されるのは保護者、つまり多くの場合は親権者です。就学義務は親による養育（→第1章3(1)、第3章1）を一律に制約するものといえます。しかし、親権者が就学義務を履行することによって、親権者の親権に服する子どもは、学校に通う権利を保障されると共に、ときにその意思に反してでも学校に通わざるをえないという法的地位にあります。不登校は場合により怠学とみなされ不良行為として扱われます。

(2) 公立学校

　その反面、憲法26条2項に基づき義務教育は無償とされ、教育基本法5条4項は国公立学校につき授業料を徴収しないと定めています。最高裁昭和39年2月26日大法廷判決（民集18巻2号343頁）は、憲法26条2項にいう無償とは授業料不徴収に限られるとしていますが、「義務教育諸学校の教科用図書の無償措置に関する法律」により（私立学校を含めて）教科書も無償とされています。市町村には、その区域内の住民である子どもを就学させるために必要な小学校、中学校等を設置する義務があり、都道府県はその区域内の住民である子どもを就学させるために必要な特別支援学校（小学部および中学部）を設置する義務があります（義務教育における地方自治）。こうした公立学校とは別に国立学校や私立学校もありますが、前者は学校数が限られる一方、後者は授業料の徴収や宗教教育が認められていることなどから経済的宗教的その他の理由によ

り選択肢が限られることがあり，子どもの教育を受ける権利を最終的に保障するのは公立学校の役割といえます。

とはいえ市町村，都道府県も区域外の子どものために学校を設置する義務はないことから，原則として区域外の子どもを自ら設置する学校に就学させる義務はありません。このことから，子どもは国立学校，私立学校を除き原則として自らが住民であるところの市町村の小中学校等，都道府県（もしくは市町村）の特別支援学校に通うこととなります（例外は学校教育法施行令9条に定める「区域外就学」および，原発避難者特例法に基づき避難先市町村の学校に就学する場合など）。

(3) 学区制・学級制

実際には市町村，都道府県の区域内に該当する学校が一校しかない場合が少なくありませんが，該当する学校が複数ある場合でも，教育委員会による就学先の決定（学教令5条2項）（→第10章④）にあたって，従来は学校ごとに「学区」が定められ，「学区」内に住む子どもは原則としてその一校に通うこととされてきました。「学区制」は，教育の機会均等を理由として，「地方教育行政の組織及び運営に関する法律」において設置が義務付けられていたもので，同法改正により現在では法律による設置の義務付けは廃止されており，区域内での学校選択制（学校教育法施行規則32条1項）がとられている自治体もありますが，多くの場合は「学区制」が維持されています。

なお就学義務のない都道府県立の高等学校についても都道府県内に「学区制」（学区内に複数の学校があることが多い）の設置が義務付けられていましたが，設置の義務付けが廃止されたことにより，「学区制」を廃止する都道府県が増えています。

「学区制」については学校選択の自由の侵害として憲法違反とする見解もある一方，とりわけ公立の義務教育諸学校の学校選択制については，適正な学校規模，地域社会との関係など学校環境に与える影響につき評価の分かれるところですが，いずれにしても高等学校，また，国立，私立の義務教育諸学校なども含め，一旦選択して入学した後は，教育の継続性が重要であることから，転校など必ずしも容易でなく，実質的に選択肢が限られている点に注意する必要

があります。

　このような固定的な学校環境の下，さらに公立の義務教育諸学校においては，学校内の編制についても同学年の子どもによる「学級制」が定められ，人間関係が固定されることになります。これに対し高等学校については，「単位制」をとる都道府県立の高等学校も少なくありません。

(4) 子ども達と教師

　以上のような限定された学校，学級という生活空間を前提として，一人一人の子どもの教育を受ける権利を実現するため，国公私立学校ともに子ども達と教師の関係を中心に学校教育が展開されます。子どもと教師の間の応答的な直接の関係を尊重すべきことは最高裁昭和51年5月21日大法廷判決（刑集30巻5号615頁）（旭川学力テスト事件）でも確認されていますが，他方でこうした関係は閉鎖的な関係となりやすく，また，子どもと教師の関係が本来的に非対称的な関係である点にも注意が必要です。このことは学校教育法11条の懲戒の定めに象徴されるほか，内申書など子どもの将来が教師によって左右される実情も無視できません。本来子どもの自主的な意思に基づくはずの中学校，高等学校等での部活動についても同様か場合によってはそれ以上の状況があります。

　こうした学校の全体状況において，法的には対等であるはずの子ども同士の関係においても，固定された限定的な関係の中で実際には対等でない関係となることが少なくなく，このような関係の歪みが「いじめ」という形となって現れることとなります。

◆ 条　文

日本国憲法

26条2項　すべて国民は，法律の定めるところにより，その保護する子女に普通教育を受けさせる義務を負ふ。義務教育は，これを無償とする。

教育基本法

5条1項　国民は，その保護する子に，別に法律で定めるところにより，普通教育を受けさせる義務を負う。

　4項　国又は地方公共団体の設置する学校における義務教育については，授業

料を徴収しない。
15条2項　国及び地方公共団体が設置する学校は，特定の宗教のための宗教教育その他宗教的活動をしてはならない。

学校教育法

1条　この法律で，学校とは，幼稚園，小学校，中学校，義務教育学校，高等学校，中等教育学校，特別支援学校，大学及び高等専門学校とする。

6条　学校においては，授業料を徴収することができる。ただし，国立又は公立の小学校及び中学校，義務教育学校，中等教育学校の前期課程又は特別支援学校の小学部及び中学部における義務教育については，これを徴収することができない。

16条　保護者（子に対して親権を行う者（親権を行う者のないときは，未成年後見人）をいう。以下同じ。）は，次条に定めるところにより，子に9年の普通教育を受けさせる義務を負う。

17条1項　保護者は，子の満6歳に達した日の翌日以後における最初の学年の初めから，満12歳に達した日の属する学年の終わりまで，これを小学校……又は特別支援学校の小学部に就学させる義務を負う。……

　2項〔中学校等への就学義務〕〔略〕

18条　前条第1項又は第2項の規定によって，保護者が就学させなければならない子（以下それぞれ「学齢児童」又は「学齢生徒」という。）で，病弱，発育不完全その他やむを得ない事由のため，就学困難と認められる者の保護者に対しては，市町村の教育委員会は，……同条第1項又は第2項の義務を猶予又は免除することができる。

38条　市町村は，その区域内にある学齢児童を就学させるに必要な小学校を設置しなければならない。……

49条〔中学校等に関する38条等の準用〕〔略〕

76条1項　特別支援学校には，小学部及び中学部を置かなければならない。……

80条　都道府県は，その区域内にある学齢児童及び学齢生徒のうち，視覚障害者，聴覚障害者，知的障害者，肢体不自由者又は病弱者で，その障害が第75条の政令で定める程度のものを就学させるに必要な特別支援学校を設置しなければならない。

（1条，6条，17条，38条は2016〔平成28〕・4・1施行）

学校教育法施行令
5条2項 市町村の教育委員会は，当該市町村の設置する小学校又は中学校……が2校以上ある場合においては，……当該就学予定者の就学すべき小学校又は中学校を指定しなければならない。
9条（区域外就学等）〔略〕

公立義務教育諸学校の学級編制及び教職員定数の標準に関する法律
3条1項 公立の義務教育諸学校の学級は，同学年の児童又は生徒で編制するものとする。ただし，当該義務教育諸学校の児童又は生徒の数が著しく少いかその他特別の事情がある場合においては，……数学年の児童又は生徒を一学級に編制することができる。

学校教育法施行規則
32条1項 市町村の教育委員会は，学校教育法施行令第5条2項……の規定により……小学校又は中学校……を指定する場合には，あらかじめ，その保護者の意見を聴取することができる。……
78条 校長は，中学校卒業後，高等学校，高等専門学校その他の学校に進学しようとする生徒のある場合には，調査書その他必要な書類をその生徒の進学しようとする学校の校長に送付しなければならない。

> **子どもの権利条約**
> **28条1項** 締約国は，教育についての児童の権利を認めるものとし，この権利を漸進的にかつ機会の平等を基礎として達成するため，特に，
>   a 初等教育を義務的なものとし，すべての者に対して無償のものとする。

② いじめの予防と発見

　学校は子どもの教育を受ける権利を保障するだけでなく，主として日中子どもを保護者から預かる場として，子どもの生命，心身の安全が損なわれないよう子どもを守る責任があります（安全配慮義務）。子どもはいじめや教師の体罰，学校事故などによる被害から守られなければなりません。
　教師の体罰や学校事故など何よりも問題の防止が求められますが，いじめについても，まずいじめの芽をつみ，いじめを起こさせないこと＝いじめの未然

第6章　学校で何が？

防止が重要です。学校は，日々の教育活動の中でいじめの未然防止につながるよう子どもたちの心に働きかけていくとともに，いじめが起こりにくい環境を整備していくことが求められています。後者は学校の内外を問わず求められるものです（いじめ防止対策推進法3条）。

　それでもいじめが起きた場合，いじめは大人には見えにくい形で行われることが多いため，いじめの早期発見が特に重要となります。「いじめ」と単なる「ふざけ」の区別など，そもそも何がいじめに当たるか明らかにしておく必要がありますが，いじめ防止法は「当該児童等と一定の人的関係にある他の児童等が行う心理的又は物理的な影響を与える行為」「であって，当該行為の対象となった児童等が心身の苦痛を感じているもの」と「いじめ」を定義しています（いじめ防止2条1項）。行為をした子どもの主観ではなく，対象となった子どもが心身の苦痛を感じているか否かが基準であり，具体的には物理的な暴力などに加え，無視するなど子ども間のコミュニケーション関係にかかわるものも含まれます。

　いじめは学校の中だけにとどまらず，学校の外やインターネット上にも及ぶことから，いじめの早期発見のため，教育委員会や学校には，「児童等に対する定期的な調査」といった措置が求められるとともに，国や地方公共団体には，いじめの通報，相談を受け付けるための「窓口」などの体制整備が求められています（いじめ防止16条）。子ども達自身が「窓口」の存在をはじめ以下のようないじめ対策についてもわかりやすい形で十分に知らされていることが前提です。

　子ども達からいじめに関する相談を受けた学校の教職員，地方公共団体の職員など，また保護者は，いじめの事実があると思われるときは，被害者の子どもが在籍する学校へ通報します。学校は，通報を受けたときその他在籍する子どもがいじめを受けていると思われるときは，速やかにいじめの事実の有無の確認を行い，その結果を当該学校の設置者に報告します（いじめ防止23条）。

◆　条　　文

いじめ防止対策推進法

2条1項　この法律において「いじめ」とは，児童等に対して，当該児童等が在

籍する学校に在籍している等当該児童等と一定の人的関係にある他の児童等が行う心理的又は物理的な影響を与える行為（インターネットを通じて行われるものを含む。）であって，当該行為の対象となった児童等が心身の苦痛を感じているものをいう。

3条1項　いじめの防止等のための対策は，いじめが全ての児童等に関係する問題であることに鑑み，児童等が安心して学習その他の活動に取り組むことができるよう，学校の内外を問わずいじめが行われなくなるようにすることを旨として行われなければならない。

16条1項　学校の設置者及びその設置する学校は，当該学校におけるいじめを早期に発見するため，当該学校に在籍する児童等に対する定期的な調査その他の必要な措置を講ずるものとする。

2項　国及び地方公共団体は，いじめに関する通報及び相談を受け付けるための体制の整備に必要な施策を講ずるものとする。

23条1項　学校の教職員，地方公共団体の職員その他の児童等からの相談に応じる者及び児童等の保護者は，児童等からいじめに係る相談を受けた場合において，いじめの事実があると思われるときは，いじめを受けたと思われる児童等が在籍する学校への通報その他の適切な措置をとるものとする。

2項　学校は，前項の規定による通報を受けたときその他当該学校に在籍する児童等がいじめを受けていると思われるときは，速やかに，当該児童等に係るいじめの事実の有無の確認を行うための措置を講ずるとともに，その結果を当該学校の設置者に報告するものとする。

3　子どもを守る

(1)　学校の中で

　起きたいじめを子ども同士の間で解消できない場合，まず学校教育の過程において子どもと教師との直接的な関係の下でいじめの解決が求められます。いじめの解消にとどまらず，子どもの被害の回復に努めるとともに，その点に留意しつつ子どもの教育環境全体を修復し，あらためて教育を受ける権利を保障していくことが求められます。

　その場合，上記旭川学力テスト事件の最高裁大法廷判決でも確認されたよう

に，第一次的には被害者あるいは加害者の子どもと最も近い距離で直に接する学級担任・副担任や部活動の責任教師の教育的対応が尊重されなければなりませんが，日常的に当該子どもと直接かかわる教師は他にもおり，いじめの解決は一人，二人の教師のみの責任ではありません。学校には，教職員等からなるいじめ防止等の対策のための組織が置かれ（いじめ防止22条），教師集団による対応がなされるとともに（いじめ防止23条），管理職とりわけ「校務をつかさど」る校長は，個々の教師，あるいは教師集団の判断を尊重しつつ，管理職として責任ある権限行使が求められます。

(2) 教育行政の役割

　学校の中だけで問題が解決できない場合，学校設置者（地方公共団体，学校法人等）による対応が求められます。公立学校の場合，学校管理の権限は当該地方公共団体の教育委員会に与えられています。教育委員会は指示・監督・命令といった権限があるものの，実際には学校管理規則（教育行政33条1項）を定めた上で権限を学校に委ねるなど学校の自主性を尊重しています。しかし，例えばいじめられた子どもが元の学校に通い続けることが難しい場合に転校を認める権限のように，例外的に学校指定を変更したり区域外就学を認めたりする就学指定権は教育委員会にあります。教育委員会のあらゆる権限が適切に行使されることが求められますが，2014（平成26）年の「地方教育行政の組織及び運営に関する法律」改正により教育委員会はそれぞれ地方公共団体の長が議会の同意を得て任命する教育長および4人の委員をもって構成されることとなり，責任の所在の明確化が図られました。

　なお同改正により地方公共団体の長は大綱を定め，総合教育会議を設けて教育委員会との間で調整を行うこととなりましたが，独立を保障された教育委員会に対する指揮監督権限がないことが前提となっています。長は上記任命権を有し，教育予算案の作成・執行権限も有していますが，教育委員会の事務を管理し執行する権限はありません（いじめ防止30条4項）。

　一方，学校法人等が設置する私立学校については都道府県知事の所管ですが，学校法人等の自主性が尊重され，いじめ問題への対応が十分でない場合にも一般的には強制的な権限はなく，任意の報告などを指導するにとどまります。

(3) 学校教育関係の外で

　以上のような学校教育の過程で「いじめ」に対して適切な対処ができない場合，学校，学級における固定された限定的な関係の外にあって子どもと直接接する様々な大人の存在も重要です。子どもが親にも頼れないときは特にそのようにいえるでしょう。

　学校内においては，教員組織から独立した専門家として，個々の子どもの心理に焦点を当てるスクールカウンセラーや，子どもを取り巻く人的環境に着目して働きかけるスクールソーシャルワーカーの配置が進められています。いじめ防止法はこれら専門家の協力につき定めるとともに，上記いじめ防止等の対策のための学校内組織の構成員とすることも予定していますが，学校内においては専門家であるとともに「関係」の外にあって独立した存在であることが重要であり，第三者性を確保した上で教員組織との連携が求められます。

　そのためにもこうした専門家の法的地位を保障することが必要です。現在は予算措置による配置にとどまり，教育委員会の人事権の下で独立性が十分に保障されていませんが，第三者性を確保した形での配置を法律で定めることが望まれます。

　一方，学校を離れると，公私を問わず「子ども電話相談」など様々な活動がありますが，子どもの様々な問題に取り組む公的な第三者機関を地方公共団体が条例で設置する例（川西市「子どもの人権オンブズパーソン条例」など）があります。これら様々な活動においても，活動の存在を子ども達に広く知ってもらうことに特に力を入れています。

◆ 条　文
いじめ防止対策推進法
22条　学校は，当該学校におけるいじめの防止等に関する措置を実効的に行うため，当該学校の複数の教職員，心理，福祉等に関する専門的な知識を有する者その他の関係者により構成されるいじめの防止等の対策のための組織を置くものとする。
23条3項　学校は，前項の規定による事実の確認によりいじめがあったことが確認された場合には，いじめをやめさせ，及びその再発を防止するため，当該

学校の複数の教職員によって，心理，福祉等に関する専門的な知識を有する者の協力を得つつ，いじめを受けた児童等又はその保護者に対する支援及びいじめを行った児童等に対する指導又はその保護者に対する助言を継続的に行うものとする。
30条4項〔略〕
学校教育法
2条1項 学校は，国……，地方公共団体……及び私立学校法第3条に規定する学校法人……のみが，これを設置することができる。
5条 学校の設置者は，その設置する学校を管理し，……その学校の経費を負担する。
37条1項 小学校には，校長，教頭，教諭，養護教諭及び事務職員を置かなければならない。
　4項 校長は，校務をつかさどり，所属職員を監督する。
　11項 教諭は，児童の教育をつかさどる。
地方自治法
180条の8 教育委員会は，……学校その他の教育機関を管理し，学校の組織編制，教育課程，教科書その他の教材の取扱及び教育職員の身分取扱に関する事務を行い，並びに社会教育その他教育，学術及び文化に関する事務を管理し及びこれを執行する。
地方教育行政の組織及び運営に関する法律
1条の3（大綱の策定等），**1条の4**（総合教育会議）〔略〕
3条，4条1項，7条1項，29条〔地方公共団体の長と教育委員会〕〔略〕
21条 教育委員会は，当該地方公共団体が処理する教育に関する事務で，次に掲げるものを管理し，及び執行する。
　4号 学齢生徒及び学齢児童の就学並びに生徒，児童及び幼児の入学，転学及び退学に関すること。
33条1項 教育委員会は，法令又は条例に違反しない限度において，その所管に属する学校その他の教育機関の施設，設備，組織編制，教育課程，教材の取扱その他学校その他の教育機関の管理運営の基本的事項について，必要な教育委員会規則を定めるものとする。……

学校教育法施行令

8条 市町村の教育委員会は，……相当と認めるときは，保護者の申立により，その指定した小学校又は中学校を変更することができる。……

9条1項 児童生徒等をその住所の存する市町村の設置する小学校又は中学校（併設型中学校を除く。）以外の小学校，中学校又は中等教育学校に就学させようとする場合には，その保護者は，就学させようとする小学校，中学校又は中等教育学校が市町村又は都道府県の設置するものであるときは当該市町村又は都道府県の教育委員会の……承諾を証する書面を添え，その旨をその児童生徒等の住所の存する市町村の教育委員会に届け出なければならない。

教育基本法

8条 私立学校の有する公の性質及び学校教育において果たす重要な役割にかんがみ，国及び地方公共団体は，その自主性を尊重しつつ，助成その他の適当な方法によって私立学校教育の振興に努めなければならない。

私立学校法

4条 この法律中「所轄庁」とあるのは，……第2号及び第4号に掲げるものにあっては都道府県知事……とする。

   1号 私立大学及び私立高等専門学校
   2号 前号に掲げる私立学校以外の私立学校……
   4号 第2号に掲げる私立学校を設置する学校法人……

子どもの権利条約

29条1項 締約国は，児童の教育が次のことを指向すべきことに同意する。

　a 児童の人格，才能並びに精神的及び身体的な能力をその可能な最大限度まで発達させること。

　b 人権及び基本的自由並びに国際連合憲章にうたう原則の尊重を育成すること。

2項 この条又は前条のいかなる規定も，個人及び団体が教育機関を設置し及び管理する自由を妨げるものと解してはならない。ただし，常に，1項に定める原則が遵守されること及び当該教育機関において行われる教育が国によって定められる最低限度の基準に適合することを条件とする。

第6章　学校で何が？

4　重大な事態

　子どもの生命，心身または財産に重大な被害が生じたり，相当期間の欠席を余儀なくされた場合，その子どもが在学する学校，あるいは学校設置者は，速やかに調査のための特別の組織を設け，質問票を用いる等の方法により重大な事態についての事実関係を明確にすることが求められます（いじめ防止28条）。調査した上で，いじめを受けた子ども，その保護者に対し，事実関係など必要な情報を適切に提供しなければなりません。

　さらに重大な事態が発生した場合，公立学校であれば教育委員会を通じてその旨地方公共団体の長に報告しなければならず，長は附属機関を設けるなどして上記特別組織の調査結果について調査を行い，その結果を議会に報告しなければなりません（いじめ防止30条）。この場合も長に特別の権限が認められるわけではありません。国立学校などのほか私立学校についても所轄庁である文部科学大臣または都道府県知事につき同様の定めが置かれています（いじめ防止29条・31条）。

◆　条　　文
いじめ防止対策推進法
28条1項　学校の設置者又はその設置する学校は，次に掲げる場合には，その事態（以下「重大事態」という。）に対処し，及び当該重大事態と同種の事態の発生の防止に資するため，速やかに，当該学校の設置者又はその設置する学校の下に組織を設け，質問票の使用その他の適切な方法により当該重大事態に係る事実関係を明確にするための調査を行うものとする。
　1号　いじめにより当該学校に在籍する児童等の生命，心身又は財産に重大な被害が生じた疑いがあると認めるとき。
　2号　いじめにより当該学校に在籍する児童等が相当の期間学校を欠席することを余儀なくされている疑いがあると認めるとき。
2項　学校の設置者又はその設置する学校は，前項の規定による調査を行ったときは，当該調査に係るいじめを受けた児童等及びその保護者に対し，当該調査に係る重大事態の事実関係等その他の必要な情報を適切に提供するものとす

る。
30条1項　地方公共団体が設置する学校は，第28条第1項各号に掲げる場合には，当該地方公共団体の教育委員会を通じて，重大事態が発生した旨を，当該地方公共団体の長に報告しなければならない。
2項　前項の規定による報告を受けた地方公共団体の長は，当該報告に係る重大事態への対処又は当該重大事態と同種の事態の発生の防止のため必要があると認めるときは，附属機関を設けて調査を行う等の方法により，第28条第1項の規定による調査の結果について調査を行うことができる。
3項　地方公共団体の長は，前項の規定による調査を行ったときは，その結果を議会に報告しなければならない。
4項　第2項の規定は，地方公共団体の長に対し，地方教育行政の組織及び運営に関する法律……第21条に規定する事務を管理し，又は執行する権限を与えるものと解釈してはならない。
29条・31条（国立学校等，私立学校に係る対処）〔略〕

5　いじめる子ども

　いじめは子ども間の関係の問題であるとして，いじめられる子ども，いじめる子ども，その他の子どもを含めた子ども間の関係全体を視野に入れた教育的対応が必要ですが，いじめる子どもに焦点を当てると，いじめも子どもの問題行動の一つとして他の少年非行と同様の視点が求められます。「おもしろかったから」と事の重大性を理解できない点，加害者であると同時に児童虐待などの被害者でもある可能性があるなどの背景に着目する必要がある点が指摘されます。

　これらの点を踏まえつつ，まず学校教育の過程で，いじめる子どもへの対応が求められます。いじめを受けた子どものいる教室以外の場所で学習させるなどの対応が認められていますが，教育上必要な配慮が求められ，授業を受けさせないなど教育を受ける権利を制限することはできません。事実上の懲戒も教育を受ける権利が前提です。

　こうした対応によって「いじめ」の解消が難しい場合，訓告，停学，さらに

は退学といった法的効果を伴う懲戒処分（→**第5章2**）がありますが，義務教育諸学校については教育を受ける権利を保障する必要があることから停学処分は許されません。さらに国立学校，私立学校の場合は公立学校就学の可能性があるので退学処分も可能ですが，公立学校には許されません。なお高等学校の停学・退学処分にあたっても，考慮すべき諸事情に照らして必要以上に重い処分をすることは教育的判断の限界を超えるもの（裁量の逸脱・濫用）として違法となります。懲戒処分には行政手続法は適用されませんが，これは固有の手続が必要と考えられたためであり，憲法上の適正手続の要請から，処分に先立ち当該生徒に告知して弁明の機会を保障することは必要と考えられます。

　一方，小学校，中学校においては，他の子どもの教育に妨げがあるとして，いじめなど「性行不良」の子どもの保護者に対し，子どもの出席停止を命ずることができるとされています（学教35条1項。命ずるのは市町村の教育委員会とされているので，公立学校のみが念頭に置かれているようです。国立，私立学校の場合は退学処分のみが許されるのでしょう）。保護者には意見聴取，理由付記といった手続保障が定められていますが（同2項），これはあくまでも他の子どもの教育への妨げを防止する観点からの措置であり，いじめに対する制裁，罰としてなされることは許されません。また，出席停止期間中の学習機会に止まらず停止期間後も含めて当該子どもの教育を受ける権利の保障の視点が不可欠です。

◆ 条　文

いじめ防止対策推進法

23条4項　学校は，……必要があると認めるときは，いじめを行った児童等についていじめを受けた児童等が使用する教室以外の場所において学習を行わせる等いじめを受けた児童等その他の児童等が安心して教育を受けられるようにするために必要な措置を講ずるものとする。

学校教育法

11条　校長及び教員は，教育上必要があると認めるときは，……児童，生徒及び学生に懲戒を加えることができる。ただし，体罰を加えることはできない。

35条1項　市町村の教育委員会は，次に掲げる行為の1又は2以上を繰り返し行う等性行不良であって他の児童の教育に妨げがあると認める児童があるとき，

は，その保護者に対して，児童の出席停止を命ずることができる。
　　1号　他の児童に傷害，心身の苦痛又は財産上の損失を与える行為
　　2号　職員に傷害又は心身の苦痛を与える行為
　　3号　施設又は設備を損壊する行為
　　4号　授業その他の教育活動の実施を妨げる行為
　2項　市町村の教育委員会は，前項の規定により出席停止を命ずる場合には，あらかじめ保護者の意見を聴取するとともに，理由及び期間を記載した文書を交付しなければならない。
　4項　市町村の教育委員会は，出席停止の命令に係る児童の出席停止の期間における学習に対する支援その他の教育上必要な措置を講ずるものとする。

学校教育法施行規則
26条1項　校長及び教員が児童等に懲戒を加えるに当っては，児童等の心身の発達に応ずる等教育上必要な配慮をしなければならない。
　2項　懲戒のうち，退学，停学及び訓告の処分は，校長……が行う。
　3項　前項の退学は，公立の小学校，中学校（学校教育法第71条の規定により高等学校における教育と一貫した教育を施すもの（以下「併設型中学校」という。）を除く。）又は特別支援学校に在学する学齢児童又は学齢生徒を除き，次の各号のいずれかに該当する児童等に対して行うことができる。
　　1号　性行不良で改善の見込がないと認められる者
　　2号　学力劣等で成業の見込がないと認められる者
　　3号　正当の理由がなくて出席常でない者
　　4号　学校の秩序を乱し，その他学生又は生徒としての本分に反した者
　4項　第2項の停学は，学齢児童又は学齢生徒に対しては，行うことができない。

行政手続法
3条1項　次に掲げる処分及び行政指導については，次章から第4章までの規定は，適用しない。
　　7号　学校……において，教育……の目的を達成するために，学生，生徒，児童……若しくはこれらの保護者……に対してされる処分及び行政指導

子どもの権利条約
28条2項　締約国は，学校の規律が児童の人間の尊厳に適合する方法で及びこの条約に従って運用されることを確保するためのすべての適当な措置をとる。

6　少年非行としての対応

　従来「いじめ」問題は学校教育の中だけでの対応にこだわる傾向がありましたが，暴力行為や金品の強要など大人であれば犯罪に該当するような「いじめ」については，学校の外での少年非行（→**第7章**）と同様の対応が求められます。いじめ防止法は，生命，身体または財産に重大な被害が生じるおそれがあるときには学校は所轄の警察署に通報しなければならないと定めています（いじめ防止23条6項）。警察による調査，捜査の後，14歳以上であれば少年法上「犯罪少年」として家庭裁判所に通告，送致され，13歳以下であれば「触法少年」として原則として児童福祉法上の対応がとられます。一時保護，児童自立支援施設への入所といった措置がとられることもあるでしょう。

　他方で「いじめ集団」による無視や葬式ごっこなどの「コミュニケーション関係」のいじめについては，犯罪に該当するとはいえない場合が多く，同様の対応をとることに困難があります。そうした類のいじめの加害者を「ぐ犯少年」とみなすことについても，はたして少年法の予定するところであるのか慎重に考えるべきでしょう。

　もっとも「いじめ」が学校の中での少年非行であるとして警察がかかわる場合であっても，特定の加害者の特定の（過去の）行為に焦点を当てるものであるため，子ども間の関係全体を将来にわたって視野に入れた対応が難しいという限界があり，こうした対応はあくまでも学校の役割です。学校の責任ある対応が不可欠であるとともに，そうした対応を不当に阻害しないような警察の配慮が求められます。学校警察連絡協議会など従来の学校と警察の連携に対してはこのような観点からの問題も指摘されていますが，都道府県が組織する「いじめ問題対策連絡協議会」（いじめ防止14条）での各機関の連携・協力などを通じた相互理解の進展が望まれます。

　加えて当事者以外の子どもの教育を受ける権利など，学校という場の特性に

も配慮する必要があります。特に加害者以外の子どもに対し、警察による任意の捜査・調査であっても学校教育における子どもと教師の直接の関係に対して十分な配慮が必要であり、また、他方で学校における子どもと教師の非対称な関係の下での警察の捜査・調査がはたして任意といえるのか、とりわけ調査に対する同意能力が問題となるような低年齢の子どもの場合には保護者の同意、調査への立会いが必要でしょう。学校、教育委員会と警察の情報交換も「いじめ問題対策連絡協議会」を通じて進められる一方、司法警察に関しては、学校教育の過程で取得した様々な情報を犯罪捜査・調査のために用いることができるのか、場合によっては刑事手続に移行する少年手続の手続保障の潜脱を防ぐ観点から問題となりうるでしょう。

◆ 条　文
いじめ防止対策推進法
23条6項　学校は、いじめが犯罪行為として取り扱われるべきものであると認めるときは所轄警察署と連携してこれに対処するものとし、当該学校に在籍する児童等の生命、身体又は財産に重大な被害が生じるおそれがあるときは直ちに所轄警察署に通報し、適切に、援助を求めなければならない。
14条1項　地方公共団体は、いじめの防止等に関係する機関及び団体の連携を図るため、条例の定めるところにより、学校、教育委員会、児童相談所、法務局又は地方法務局、都道府県警察その他の関係者により構成されるいじめ問題対策連絡協議会を置くことができる。

7　親の法的地位

(1)　親と教師・学校

　民法上、子どもの養育は親の権利であり義務であるとされていますが、学校教育に関しては、就学義務が課され最初から親の権限が制限されるなど、別途あらためて考える必要があります。しかし、学校教育の具体的あり方に親がどれほど口出しできるのか、親の法的地位については必ずしも明確な理論的整理がなされていません。このことが「モンスター・ペアレント」と呼ばれる問題

の背景ともなっています。実際上自らの子どもの将来を左右する教師，学校と親の関係も基本的に対等な関係とはいえず，そうした関係にあって親の意見を学校教育に取り入れるための制度は必ずしも整備されていません。もちろんそうした制度を整備することは親の言いなりになるということではなく，親の意見をどのように考慮するかは別の問題として，2つの問題を区別して考える必要があります。

(2) 親の継続的な地位・他の子どもや学校との関係

その際，理論的整理の出発点としては，自らの子どものみにかかわるレベル，他の子どもにもかかわるレベル，学校，学級全体の運営にかかわるレベルを区別することが適切です。

自らの子どもにかかわる親の意見を尊重する手続としては，学校指定，出席停止など教育を受ける権利の根幹にかかわる手続について保護者の意見聴取が保障されていますが，日々の学校教育の具体的あり方については定めがありません。

まず親は親権者として自らの子どもの養育に責任を負っており，自らの子どもに対する家庭での教育は親の権限の範囲として学校教育の立ち入るべき領域ではありません（児童虐待の場合は学校も加わる虐待防止のシステムによります）。私立学校を選択した場合であっても，学校教育法に基づく学校教育である以上は限界があり，この限界を超えるときは親には拒否する権利が認められます。

一方，いじめのように学校教育の範囲内での問題については教師，学校の教育的判断（教育裁量）が尊重されるものの，自らの子どものみにかかわる局面と，他の子どもにもかかわってくる局面に分けて考えるべきでしょう。例えばいじめによる不登校は基本的にその子ども自身の問題であり，就学義務の履行のあり方につき急病による欠席の場合などと同様に親の判断が尊重される余地があると考えられます。憲法，教育基本法が定める「普通教育を受けさせる義務」は学校教育法が定める就学義務とは異なるとして，不登校の権利，普通教育としての家庭教育を主張する見解もありますが，いずれにしても生命・身体・精神の安全といった重大な利益については，自らの子どもに対して長期間にわたり包括的な責任を負う親の判断こそが優先され，就学義務違反を問うに

あたっても十分に斟酌されるべきでしょう。転校など学校指定の変更についても聴取した親の意見が尊重されるべきです。

これに対し，いじめの解消は当事者の子どもだけでなく他の子どもにもかかわるものであり，全ての子どもに責任を負う教師，学校により総合的判断がなされますが，関係者の意見を聴く機会は保障されるべきでしょう。

さらにいじめ問題も含め学校，学級全体の問題については，継続的な利害関係者としての親が教師，学校の判断に何らかの形でかかわることが望ましいでしょう。私立学校の場合も選択して入学した後は選択肢が限られることもあり，親集団として学校教育への関与が認められることが望まれます（→第11章4）。

(3) 子どものための法的地位

もっとも以上のような親の法的地位が認められるとしても，あくまでも子どものための法的地位である点は常に踏まえておく必要があります。被害者であれ加害者であれ子どもを置き去りにした権利主張は子どもの福祉とは相いれないものです。子ども同士の関係にむやみに立ち入ったり，学校教育の過程における子どもと教師の直接の関係を著しく損ねてしまうような親の言動は許されません。他の子どもの教育を受ける権利にも配慮する必要があるでしょう。

◆ 条　文
学校教育法
17条（就学義務）〔略〕
144条1項　第17条第1項又は第2項の義務の履行の督促を受け，なお履行しない者は，10万円以下の罰金に処する。

8　情報へのアクセスと個人情報保護

(1) 個人情報保護の制約

学校教育に親がかかわるための前提は，判断に必要な情報を有していることです。しかし，親は学校で起こっていることを直接知ることができません。もちろん自らの子どもを通して間接的に情報を得ることはできますが，子どもの

側からは親には知られたくない情報もあるなど，必ずしも十分な情報収集がなされるわけではありません。

　そこで学校に対して情報提供を求めることになりますが，個人情報保護法制の整備に伴い，最近ではプライヴァシー，個人情報の保護を理由に学校が情報提供を拒むことが少なくありません。

　確かに個人情報がみだりに提供されたり漏えいしたりすると，そのことがいじめの原因となることもあります。文書に記載された個人情報を対象として，国立学校については独立行政法人等個人情報保護法など，公立学校についてはそれぞれの自治体の個人情報保護条例，私立学校（法改正により全ての私立学校が対象となることになりました）については個人情報保護法が同様の個人情報保護の定めを置いています。しかし，これらの定めは学校教育の目的の範囲内で個人情報を提供することを否定するものではありません。個人の病歴などの，「要配慮個人情報」は他人に知らせてはいけませんが，例えば学級通信などで学校での子ども達の様子を保護者に伝えることはできます。学級内の連絡ネットワーク形成に支障が生じるなどの過剰な対応は法解釈を誤ったものです。

(2)　開示請求の根拠

　むしろこれらの個人情報保護法制は，個人情報の本人については開示請求を原則として認めるものです。子どもの個人情報については法定代理人が代わって開示請求しうると定めており，結果的に法定代理人である親が子どもの情報を得ることができます。自らの子どもの情報だけでなく他の子どもの個人情報が記載されている場合についても，その部分を除いて開示することができるときには，氏名などの個人情報を黒塗りした形での部分開示がなされ，また，個人情報であっても「人の生命，健康，生活又は財産を保護するため，開示することが必要であると認められる情報」については例外的に開示が義務付けられています。なお子ども本人が亡くなった場合には法定代理は終了しますが，いじめ自殺につき親が事実を知りたい場合に，子どもの情報を遺族本人の個人情報と同視しうるとした裁判例（東京地裁平成9年5月9日判決）があります。

　いじめ防止法が定める重大な事態における保護者への情報提供等は，以上を踏まえた上で，適切になされなければなりません（いじめ防止28条）。重大な事

態といえない場合も，いじめをめぐって保護者間の争いが起きないよう，保護者との情報の共有が求められます（いじめ防止23条5項）。

一方，子ども本人の個人情報にかかわらない情報については，国公立学校の場合には独立行政法人等情報公開法もしくは情報公開条例に基づく開示請求の対象となりますが，民主主義の理念に基づく制度として私立学校は基本的に対象外となっています（→第11章4）。

(3) 開示請求と子どもの福祉

なお情報へのアクセスの過程においても，親の言動は子どもの福祉に反するものであってはなりません。個人情報保護法制における法定代理人の開示請求は，「子ども本人の生命，健康，生活又は財産を害するおそれがある情報」については認められておらず，一定の年齢以上の子どものプライヴァシーもこれに含める解釈がありうる一方，子どもと教師の直接の関係が損なわれることもあってはなりません。

【法学の基礎知識】　国立大学法人

国立学校を設置する国立大学法人は独立行政法人とは区別されますが，「独立行政法人等の保有する個人情報の保護に関する法律」並びに「独立行政法人等の保有する情報の公開に関する法律」の適用対象ではある（それぞれ別表参照）ため，これらの法律は国立大学附属学校に適用されます。

◆ 条　文

独立行政法人等の保有する個人情報の保護に関する法律（独立行政法人等個人情報保護法）

9条1項　独立行政法人等は，法令に基づく場合を除き，利用目的以外の目的のために保有個人情報を自ら利用し，又は提供してはならない。

12条1項　何人も，この法律の定めるところにより，独立行政法人等に対し，当該独立行政法人等の保有する自己を本人とする保有個人情報の開示を請求することができる。

2項 未成年者……の法定代理人は、本人に代わって前項の規定による開示の請求（以下「開示請求」という。）をすることができる。

14条 独立行政法人等は、開示請求があったときは、開示請求に係る保有個人情報に次の各号に掲げる情報（以下「不開示情報」という。）のいずれかが含まれている場合を除き、開示請求者に対し、当該保有個人情報を開示しなければならない。

1号 開示請求者（第12条第2項の規定により未成年者……の法定代理人が本人に代わって開示請求をする場合にあっては、当該本人をいう。次号……において同じ。）の生命、健康、生活又は財産を害するおそれがある情報

2号 開示請求者以外の個人に関する情報……であって、当該情報に含まれる氏名、生年月日その他の記述等により開示請求者以外の特定の個人を識別することができるもの（他の情報と照合することにより、開示請求者以外の特定の個人を識別することができることとなるものを含む。）又は開示請求者以外の特定の個人を識別することはできないが、開示することにより、なお開示請求者以外の個人の権利利益を害するおそれがあるもの。ただし、次に掲げる情報を除く。

　イ　法令の規定により又は慣行として開示請求者が知ることができ、又は知ることが予定されている情報

　ロ　人の生命、健康、生活又は財産を保護するため、開示することが必要であると認められる情報

15条1項 独立行政法人等は、開示請求に係る保有個人情報に不開示情報が含まれている場合において、不開示情報に該当する部分を容易に区分して除くことができるときは、開示請求者に対し、当該部分を除いた部分につき開示しなければならない。

2項 開示請求に係る保有個人情報に前条第2号の情報（開示請求者以外の特定の個人を識別することができるものに限る。）が含まれている場合において、当該情報のうち、氏名、生年月日その他の開示請求者以外の特定の個人を識別することができることとなる記述等の部分を除くことにより、開示しても、開示請求者以外の個人の権利利益が害されるおそれがないと認められるときは、当該部分を除いた部分は、同号の情報に含まれないものとみなして、前項の規

定を適用する。

個人情報の保護に関する法律（個人情報保護法）

2条3項 この法律において「要配慮個人情報」とは，本人の人種，信条，社会的身分，病歴，犯罪の経歴，犯罪により害を被った事実その他本人に対する不当な差別，偏見その他の不利益が生じないようにその取扱いに特に配慮を要するものとして政令で定める記述等が含まれる個人情報をいう。

2条5項 この法律において「個人情報取扱事業者」とは，個人情報データベース等を事業の用に供している者をいう。ただし，次に掲げる者を除く。

　　1号　国の機関
　　2号　地方公共団体
　　3号　独立行政法人等……
　　4号　地方独立行政法人……

23条1項2項（第三者提供の制限），**25条**（開示）〔略〕

　　　　　（平成27.9.9から起算して2年を超えない範囲内において政令で定める日施行）

独立行政法人等の保有する情報の公開に関する法律（独立行政法人等情報公開法）

1条 この法律は，**国民主権の理念**にのっとり，法人文書の開示を請求する権利及び独立行政法人等の諸活動に関する情報の提供につき定めること等により，独立行政法人等の保有する情報の一層の公開を図り，もって独立行政法人等の有するその諸活動を**国民に説明する責務**が全うされるようにすることを目的とする。

いじめ防止対策推進法

23条5項 学校は，当該学校の教職員が……支援又は指導若しくは助言を行うに当たっては，いじめを受けた児童等の保護者といじめを行った児童等の保護者との間で争いが起きることのないよう，いじめの事案に係る情報をこれらの保護者と共有するための措置その他の必要な措置を講ずるものとする。

28条2項 学校の設置者又はその設置する学校は，……調査を行ったときは，当該調査に係るいじめを受けた児童等及びその保護者に対し，当該調査に係る重大事態の事実関係等その他の必要な情報を適切に提供するものとする。

第6章　学校で何が？

9　損害賠償

　いじめによる被害者である子ども，またはその子どもが亡くなった場合の遺族は，加害者に対して損害賠償を請求することができます（民法709条・711条）。直接の加害者である「いじめた子」，その親権者等に対して損害賠償できることはいうまでもありませんが（民714条ほか）（→第5章①(1)），さらにいじめによる被害を防げなかった教師や学校の責任を問うこともできます。もっとも閉鎖的な関係の下でのいじめの事実を証明することは容易でなく，被害者の子ども本人の記憶に頼らざるをえない場合のほか，とりわけ子どもが自殺した場合のように被害者の行為が損害にかかわり，しかも当該行為の原因が不明なときは，他にも様々な要因がありうる中で，いじめが原因であるとの因果関係の証明も求められます。また，教師や学校の責任を問う場合には，いじめによる被害を予測することができ，被害を防ぐことができたといえることが必要とされます。

　なお教師や学校の責任を問う場合，体罰のように教師自身の加害行為による被害の事例も含めて，国公立学校と私立学校では訴える相手方（被告）が異なります。判例によれば国公立学校の教師の責任を問う場合は国家賠償法が適用されるため，教師が地方公務員の場合，教師個人ではなく地方公共団体あるいは教師の費用を分担して負担する国に損害賠償を請求することになります（国家賠償法1条1項）。これに対し，私立学校の教師の責任を問う場合は民法が適用され，教師個人と私立学校を設置運営する法人を相手に請求することになります（民715条）。被害者の側からみた場合，国家賠償法の適用は，教師個人の責任を直接追及できない反面，教師個人に賠償できるだけの財産がない可能性を考えると，教師に責任がある限り国や地方公共団体が自動的に賠償を肩代わりするため賠償が確実である面があり，判例の立場を支持する学説が有力です。教師個人の責任が特に重い場合は，国または公共団体は，国などが肩代わりした賠償金の額を支払うよう教師個人に請求することができます（国賠1条2項〔求償権〕）。

◆ 条　文
民　法
709条　故意又は過失によって他人の権利又は法律上保護される利益を侵害した者は，これによって生じた損害を賠償する責任を負う。
711条　他人の生命を侵害した者は，被害者の父母，配偶者及び子に対しては，その財産権が侵害されなかった場合においても，損害の賠償をしなければならない。
712条　未成年者は，他人に損害を加えた場合において，自己の行為の責任を弁識するに足りる知能を備えていなかったときは，その行為について賠償の責任を負わない。
714条1項　前2条の規定により責任無能力者がその責任を負わない場合において，その責任無能力者を監督する法定の義務を負う者は，その責任無能力者が第三者に加えた損害を賠償する責任を負う。ただし，監督義務者がその義務を怠らなかったとき，又はその義務を怠らなくても損害が生ずべきであったときは，この限りでない。
715条1項　ある事業のために他人を使用する者は，被用者がその事業の執行について第三者に加えた損害を賠償する責任を負う。ただし，使用者が被用者の選任及びその事業の監督について相当の注意をしたとき，又は相当の注意をしても損害が生ずべきであったときは，この限りでない。
　3項　前2項の規定は，使用者又は監督者から被用者に対する求償権の行使を妨げない。
国家賠償法
1条1項　国又は公共団体の公権力の行使に当る公務員が，その職務を行うについて，故意又は過失によって違法に他人に損害を加えたときは，**国又は公共団体**が，これを賠償する責に任ずる。
　2項　前項の場合において，公務員に**故意又は重大な過失**があったときは，国又は公共団体は，その公務員に対して求償権を有する。

10　ネットいじめ

　インターネットを介した匿名での誹謗中傷，個人情報の流布，他人になりす

ましての問題行動といったトラブルが深刻化する「ネットいじめ」が問題となっています。こうしたトラブルはあらゆるネット利用者の間で老若男女を問わず生じうるものですが，子ども同士のトラブルの場合には，学校を中心とした現実の狭い人間関係と全世界に及ぶネット空間との間に極端なギャップがある点に注意する必要があります。情報の持つ広範で持続的な影響力をイメージできず，思わぬ重大な事態を招いてしまったり，逆にネット空間で「全く逃げ場所がない」と追い詰められてしまったり，増幅された「いじめ」を生み出すことになりかねません。子どもは容易に加害者にも被害者にもなりうる状況にあるといえます。

　このような「ネットいじめ」に対しては，発信者情報の開示により子どもの責任能力に応じて名誉毀損など民事・刑事責任を問われることになるほか，問題となる情報をネット上に放置したり，削除要請を無視するサイト管理者，あるいはプロバイダーの責任も問われますが，一旦ネット上に流布した情報を完全に消滅させることはできません。子どものネットへのアクセスそのものを法律で規制しようとする動きもありますが，表現の自由の尊重といった考慮もあり，立法化には至っていません。学校教育の範囲を超える問題でもあり，親の責任の視点も併せて考える必要があるでしょう。

◆ 条　文
刑　法
230条　公然と事実を摘示し，人の名誉を毀損した者は，その事実の有無にかかわらず，3年以下の懲役若しくは禁錮又は50万円以下の罰金に処する。
特定電気通信役務提供者の損害賠償責任の制限及び発信者情報の開示に関する法律
3条1項　特定電気通信による情報の流通により他人の権利が侵害されたときは，当該特定電気通信の用に供される特定電気通信設備を用いる特定電気通信役務提供者……は，これによって生じた損害については，権利を侵害した情報の不特定の者に対する送信を防止する措置を講ずることが技術的に可能な場合であって，次の各号のいずれかに該当するときでなければ，賠償の責めに任じない。……

> **1号** 当該関係役務提供者が当該特定電気通信による情報の流通によって他人の権利が侵害されていることを知っていたとき。
>
> **2号** 当該関係役務提供者が，当該特定電気通信による情報の流通を知っていた場合であって，当該特定電気通信による情報の流通によって他人の権利が侵害されていることを知ることができたと認めるに足りる相当の理由があるとき。
>
> **4条1項** 特定電気通信による情報の流通によって自己の権利を侵害されたとする者は，次の各号のいずれにも該当するときに限り，……特定電気通信役務提供者……に対し，当該開示関係役務提供者が保有する当該権利の侵害に係る発信者情報……の開示を請求することができる。
>
> **1号** 侵害情報の流通によって当該開示の請求をする者の権利が侵害されたことが明らかであるとき。
>
> **2号** 当該発信者情報が当該開示の請求をする者の損害賠償請求権の行使のために必要である場合その他発信者情報の開示を受けるべき正当な理由があるとき。

青少年が安全に安心してインターネットを利用できる環境の整備等に関する法律
> **6条2項** 保護者は，携帯電話端末及びPHS端末からのインターネットの利用が不適切に行われた場合には，青少年の売春，犯罪の被害，**いじめ**等様々な問題が生じることに特に留意するものとする。

◆ まとめ

　学校を中心とした法的関係は，親との関係，警察など学校教育外の組織との関係など必ずしも明確に整理されていない部分があります。いじめ問題に限らず，お互いの権限，情報について，協力・共有が求められる側面（総合）と，反対に互いの領域を尊重することが求められる側面（分節），両者を視野に入れた法的整理が必要とされています。

◇ Column 9　学校に通えなくても（学校を超える不登校支援）

　不登校には様々な要因がかかわっており（→Column 5），何が適切な対応であるかは子ども一人一人，それぞれの場合ごとに様々です。子どもの生命・心身の安全が何よりも優先されるべきですが，子どもの教育を受ける権利が損なわれている点も無視できません。義務教育の場合，転校による対応のほか，文部科学省通知により学校の保健室や教育委員会の運営する教育支援センター（適応指導教室），民間のフリースクールなどに通って，あるいは自宅でIT等を活用して学習することで出席扱いとすることを一定の要件の下で認める対応がとられていますが，出席日数が足りないまま進級，卒業とされる場合も少なくありません。原級留め置きは「学級制」など年齢による編制の下では例外的であり，学齢を超過した場合の「学び直し」への支援のあり方が問題となります。教育を受ける権利を実質的に保障するため，「夜間中学」などの取り組みがあらためて注目されています。

　なお以上のような小中学校以外での学びの機会を，法律によって制度化しようとする動きが現れています。

　加えて子どもの人生において次の段階の教育を受ける権利の保障も重要です。就学猶予・免除の場合に限らず中学校を卒業しなくても中学校卒業程度認定試験を経て高校進学する道がある一方，高校の側でも入学者選抜にあたり内申書を重視しない学校が存在しており，単位制あるいは通信制の高校など進学後も柔軟な編成により通学し続けやすい環境となっています。高校の不登校・退学については必ずしも積極的な対応がなされていませんが，高等学校卒業程度認定試験に合格すれば中学校・高校を卒業しなくても大学受験資格が得られます。

　一方，不登校の原因もしくは結果としての「引きこもり」に目を向けると，早期対応だけでなく卒業後も含めて学校と各種支援機関との連携が重要となります。子ども・若者育成支援推進法は，「修学及び就業のいずれもしていない子ども・若者その他の子ども・若者であって，社会生活を円滑に営む上での困難を有するものに対しては，その困難の内容及び程度に応じ，当該子ども・若者の意思を十分に尊重しつつ，必要な支援を行うこと」を基本理念の一つとして掲げており（2条7号），一人一人の子どもの困難な状況に応じて成年後まで視野に入れた息の長い支援が求められています。「自らの意思」による引きこもりへの支援に対しては異論もありますが，自殺対策基本法にもみられるように，個人の意思として切り捨てず社会全体の問題として取り組む立法が増えています。ただし，不登校段階を含めて支援においてはあくまでも本人の意思が十分に尊重されなければなりません。

◇ Column 10 体　罰

　学校教育法11条は「校長及び教員は，教育上必要があると認めるときは，文部科学大臣の定めるところにより，児童，生徒及び学生に懲戒を加えることができる。ただし，体罰を加えることはできない。」と定めています。懲戒の定めは，学校における教師と子どもとの非対称な関係を象徴的に示すものであり，体罰はそのような非対称な関係の歪みとして理解されます。法律の文言から明らかなように，たとえ教育目的であっても体罰は許されません。

　もっともなぜ体罰が禁止されるのか実質的な理由が明らかでないこともあって，何が「禁止される体罰」に該当するか具体的な場合において見方が分かれることが少なくありません。2013（平成25）年3月13日の文部科学省通知「体罰の禁止及び児童生徒理解に基づく指導の徹底について」においても確認されているように，従来の行政解釈や裁判例は，懲戒行為については肉体的苦痛を与えるか否かを基準にしてきましたが，より具体的な判断をみると，有形力の行使自体に厳しい裁判例の傾向に対し，軽微な身体的侵害は懲戒権の限度内とする裁判例もあります。

　一方，上記通知は，①教師等への暴力行為に対する防衛，②他の児童生徒への暴力行為の制止，目前の危険回避のためにやむを得ずした有形力の行使は懲戒行為ではなく，正当防衛，正当行為等として体罰に当たらないとしています。また，小学2年生の男子を追い掛けて捕まえ胸元をつかんで壁に押し当て大声で「もう，すんなよ。」と叱った行為を違法とはいえないとした最高裁平成21年4月28日判決は，（逃げる男子を捕まえて）指導するために行われたのであって，罰として肉体的苦痛を与えるために（懲戒目的で）行われたものでない点を強調しています。

　とはいえ，体罰禁止の理由を子どもへの精神的な悪影響，教育上のマイナス効果に求める考え方からすると，とりわけ低年齢の子どもにとっては，懲戒目的か否かで大きな違いはないようにも思われます。たとえ体罰でないとしても，有形力の行使の適法性については子どもの年齢などを考慮して慎重に考えるべきでしょう。児童虐待防止法上の「児童虐待」の定義は行為の目的によって区別していない点も参考になります。

　さらに体罰に該当するか否かに加えて，体罰を行った教師に対しどのような対応がなされるか，懲戒処分や刑事訴追のあり方も問題となります。体罰に対して懲戒処分はなされるものの，飲酒運転や子どもへのわいせつ行為の場合と比較して，子どもの被害が重大でも体罰を理由とした懲戒免職が極めて少ないことが指摘されています。

第7章

少 年 非 行

児童福祉と刑事裁判の間

◆ ストーリー

　高校1年の夏休みのある日，A君は幼なじみのB君，Cさんと久しぶりに会った。3人は，ハンバーガーショップで深夜まで話し込んだ後，終電がなくなったのでA君の家に行くこととした。途中，たまたま会ったD君，E君に「今からAの家の近くの公園でホームレス狩りやるから一緒にやらないか」と誘われた3人は，B君が「やめようよ」と止めたものの，結局2人についていった。

　早朝午前4時頃，B君が「やっぱりやめようよ」と止めたにもかかわらず，D君とE君は，Fさんが寝ていたテントの中にエアガンを撃ち込んだ上，テントに火をつけた。警戒して付近を巡回中だった警察官が発見したためFさんは助け出されたが，**火傷を負い重傷**[12]であった。

　逃げる間もなく駆け付けた警察官に捕まえられた5人は，警察署に連れて行かれた。その後，中学1年生のE君は児童相談所の**一時保護所**[3]に連れて行かれ，あとの4人は**少年鑑別所**[5]に送られた。

　4人のうちB君は家庭裁判所で**審判不開始**[8]が決定され自宅に戻ったが，A君とCさんは**試験観察**[7]の後，**少年審判**[9]の開始が決定された。D君は少年鑑別所に収容されたまま，少年審判の開始が決定された。**家庭裁判所調査官**[6]が裁判官に提出した報告書には，3人の生い立ちについて次のように書かれていた。

　A君は，小学生の頃から喫煙を見つかって**補導**[1]されることが度々あったが，中学2年生になる春休みにコンビニでの万引きが発覚し，警察に通報された。A君に会って話を聞いた児童福祉司のGさんは，A君の父親に会って，A君を**児童自立支援施設**[4]に預けるよう説得を試みた。最初は聞く耳を持たなかった父親も，一人でA君を育てることに困難を感じていたことから，しぶしぶA君を施設に預けることに

同意した。その後，病気で入院していた母親が退院し，両親は何度も児童自立支援施設を訪れてA君と面会するようになった。A君は15歳になって両親の元に戻り，自宅から高校に通い始めた。

　Cさんは，中学生の頃に**家出を繰り返し**[2]，ついには**売春に近い行為**[2]を行ったことから，警察に補導された後，児童相談所に一時保護された。児童福祉司のHさんは，Cさんを児童自立支援施設に預けるよう両親に対して説得を試みたが，父親が強く反対した。しかし，Cさんへの性的虐待が疑われたこともあり，**家庭裁判所の決定**[3]を経て，Cさんは児童自立支援施設で生活し始めた。その後Cさんは15歳になって児童自立支援施設を出ることとなったが，両親の元には戻らなかった。

　D君は，中学1年生の時，中学校での休み時間中に隣のクラスの生徒とけんかになり，相手に大けがをさせた。D君は，それまでも深夜のコンビニに度々出入りしたり，家の近くの公園での飲酒が見つかったりして補導されたことがあったため，児童自立支援施設に預かることも検討されたが，D君の母親が「Dが二度とこのようなことをしないよう，これからは自分が責任を持って面倒をみる」と強く反対したため，このまま様子をみようということになった。その後D君は高校生になったが，深夜のバイク暴走で補導されたことから1年前に高校を退学となった。

≪その後の4人≫
　試験観察で自宅に戻っていたA君は，少年審判で**不処分**[8]とされた。
　試験観察で子どもシェルターに委託されたCさんは，少年審判で**保護観察処分**[11]とされた。Cさんは毎月一回保護司のIさんと会って，自らの近況を報告している。
　D君は，少年審判で**第1種少年院送致**[10]となった。審判には母親も出席し，D君への接し方につき審判官から厳しく注意を受けた。D君が少年院で生活する間，母親は何度かD君と面会したが，最初のころはD君の養育について未だ責任の自覚が十分でなかったことから少年院で指導を受け，しだいに自らの養育態度を反省するようになった。D君は少年院を仮退院した後，毎月一回保護司のJさんと会っているが，保護観察所で母親とともに親子関係改善のプログラムにも参加している。
　E君は，以前にも，児童自立支援施設にいたことがあり，今回は国立の児童自立支援施設で生活することになった。施設内でけんかした時など鍵をかけられた一人部屋に入れられ反省の時間を過ごしている。

第7章 少年非行

◆ ポイント

　子どもの生活の面倒をみ，教育をするのは親の責任ですが，これは子どもが不良行為，非行などの問題行動をとる場合でも同じです。しかし，少年非行については，犯罪にかかわるものであることから，国など公的団体の関与が求められることになります。もっとも，非行の種類や年齢など少年に対して犯罪の責任を問えない場合には，親の責任が尊重されるとともに，ときに親の意に反してでも家庭裁判所の判断を経た上で公的団体が子どもを預かることがあります。

　これに対して，非行が犯罪そのものであり年齢的にも犯罪の責任を問いうる場合には，家庭裁判所による少年審判を経た上で，少年の健全な育成を目的として保護処分が行われます。この少年手続においては非行の事実の有無と並び，国家によって少年を保護する必要性の判断が重要になり，そのため家庭裁判所調査官や少年鑑別所による調査が大切な役割を果たしています。手続の過程自体も保護の一環であり，手続の結果，保護処分がなされない場合も多く，保護処分としては少年院での矯正教育のほか，保護観察による社会内での処遇があります。この場合の親の責任も重要ですが，周囲の環境の整備も求められるところです。

　なお重大な犯罪や交通犯罪などむしろ刑罰によるべき場合には，家庭裁判所の判断で刑事手続に移行することとなりますが，この場合も通常の刑務所とは区別される少年刑務所に代表されるように，成人の場合とは異なる対応がなされます。

1　飲酒，喫煙，深夜のコンビニ，バイク暴走──不良行為少年

　20歳未満の未成年者の飲酒および喫煙は，それぞれ未成年者飲酒禁止法，未成年者喫煙禁止法で禁止されています。しかし，未成年者本人が罰せられるのではなく，飲酒および喫煙を知りながら止めなかった親権者や営業者が処罰されることになっています。飲酒や喫煙は，他人への危害や社会への害悪を防ぐというより，未成年者本人を守るために禁止されるものだからです。覚せい剤取締法などと異なり，大人であれば許される行為が未成年であることのみを理由として禁止されるのであり，行為自体は犯罪ではありません。むしろ未成年者本人を危害から守らなかった親権者などが処罰されることになりますが，実際には処罰されることはあまりありません。

　飲酒や喫煙のほか，学校をサボったり（怠学），深夜はいかいや暴走行為

——これは道路交通法上の速度制限違反の問題がありますが——などの行動は，それ自体犯罪ではなく，後述の「少年非行」にも該当しないものですが，「非行の一歩手前」の問題行動とされ，そのような行動をする20歳未満の者が「不良行為少年」と呼ばれています。飲酒・喫煙など法律が明確な定めを置く場合を除き，未成年者の行動の自由や親権者としての判断をむやみに否定することには問題がありますが，国家公安委員会規則である少年警察活動規則によれば，不良行為少年は警察による「補導」の対象となります。補導は「少年指導委員」（風俗営業等の規制及び業務の適正化等に関する法律38条）など関係機関やボランティアの協力を得て行われます。補導はあくまでも少年の同意に基づくものですが，保護者への連絡のほか，場合によっては児童福祉法上の「要保護児童」として通告され，ときに保護者の同意を得て後述の「児童自立支援施設」への入所につながることもあります。

なお以上とは別に，学校から停学や退学など懲戒処分がなされることがあります。

◆ 条　文

未成年者飲酒禁止法

1条1項　満20年ニ至ラサル者ハ酒類ヲ飲用スルコトヲ得ス

　　2項　未成年者ニ対シテ親権ヲ行フ者若ハ親権者ニ代リテ之ヲ監督スル者未成年者ノ飲酒ヲ知リタルトキハ之ヲ制止スヘシ

　　3項　営業者ニシテ其ノ業態上酒類ヲ販売又ハ供与スル者ハ満20年ニ至ラサル者ノ飲用ニ供スルコトヲ知リテ酒類ヲ販売又ハ供与スルコトヲ得ス

3条1項　第1条第3項ノ規定ニ違反シタル者ハ50万円以下ノ罰金ニ処ス

　　2項　第1条第2項ノ規定ニ違反シタル者ハ科料ニ処ス

未成年者喫煙禁止法

1条　満20年ニ至ラサル者ハ煙草ヲ喫スルコトヲ得ス

3条1項　未成年者ニ対シテ親権ヲ行フ者情ヲ知リテ其ノ喫煙ヲ制止セサルトキハ科料ニ処ス

　　2項　親権ヲ行フ者ニ代リテ未成年者ヲ監督スル者亦前項ニ依リテ処断ス

5条　満20年ニ至ラサル者ニ其ノ自用ニ供スルモノナルコトヲ知リテ煙草又ハ器具ヲ販売シタル者ハ50万円以下ノ罰金ニ処ス

第7章 少年非行

少年警察活動規則

2条 この規則において，次の各号に掲げる用語の意義は，それぞれ当該各号に定めるところによる。

　6号 不良行為少年 **非行少年には該当しない**が，飲酒，喫煙，深夜はいかいその他自己又は他人の徳性を害する行為（以下「不良行為」という。）をしている少年をいう。

14条1項 不良行為少年を発見したときは，当該不良行為についての注意，その後の非行を防止するための助言又は指導その他の**補導**を行い，必要に応じ，保護者（学校又は職場の関係者に連絡することが特に必要であると認めるときは，保護者及び当該関係者）に連絡するものとする。

2 少年法の理念──犯罪少年，触法少年，ぐ犯少年

　少年非行とは，大人であれば犯罪となる行為，および犯罪に直結する犯罪類似の行為を指し，少年法の対象となるものです。少年非行については，他人への危害の面だけでなく，むしろ非行を行う本人自身を傷つける面に着目し，少年本人を将来にわたって保護する必要があります。少年の健全な育成を基本理念とする少年法は，過去に少年が行った行為の処罰ではなく，現在の少年の状態に着目し，将来に向けた少年の改善教育を目的として，「犯罪」に焦点を当てつつ，「犯罪」そのものでない行為まで視野に入れ，「ぐ犯（＝犯罪の虞がある）」として対象に含めています。具体的には，家出を繰り返す，あるいは売春にまで至る「援助交際」などの性非行が「ぐ犯」として挙げられます。

　一方，他人への危害の面に着目すると，刑罰法令に触れる行為と「ぐ犯」とは区別して扱われることとなり，さらに前者については他人への危害に対する責任が問われ，刑事責任を負う能力を有しているか否かで区別されることになります。刑法は刑事責任能力を14歳と定めており（刑41条），14歳未満の少年の行為は「犯罪」として罰せられません。少年法は，対象とする20歳未満の少年を「罪を犯した少年」（犯罪少年），「14歳に満たないで刑罰法令に触れる行為をした少年」（触法少年），「将来，罪を犯し，又は刑罰法令に触れる行為をする虞のある少年」（ぐ犯少年）に三分類し，それぞれ異なる定めを置いてい

152

ます（少3条1項）。

このように，少年法には少年本人に対する保護の要素と，他人に対する責任の要素とがあり，両者の関係をどう考えるかが基本的な視点となります。

◆ 条　文
少年法
1条　この法律は，**少年の健全な育成**を期し，非行のある少年に対して性格の矯正及び環境の調整に関する**保護処分**を行うとともに，少年の刑事事件について特別の措置を講ずることを目的とする。
2条1項　この法律で「少年」とは，20歳に満たない者をいい，「成人」とは，満20歳以上の者をいう。
3条1項　次に掲げる少年は，これを家庭裁判所の審判に付する。
　1号　罪を犯した少年
　2号　14歳に満たないで刑罰法令に触れる行為をした少年
　3号　次に掲げる事由があって，その性格又は環境に照して，将来，罪を犯し，又は刑罰法令に触れる行為をする**虞のある**少年
　　イ　保護者の正当な監督に服しない性癖のあること。
　　ロ　正当の理由がなく家庭に寄り附かないこと。
　　ハ　犯罪性のある人若しくは不道徳な人と交際し，又はいかがわしい場所に出入すること。
　　ニ　自己又は他人の徳性を害する行為をする性癖のあること。
刑　法
41条　**14歳に満たない者**の行為は，罰しない。

　　子どもの権利条約
　　40条3項　締約国は，刑法を犯したと申し立てられ，訴追され又は認定された児童に特別に適用される法律及び手続の制定並びに当局及び施設の設置を促進するよう努めるものとし，特に，次のことを行う。
　　　a　その年齢未満の児童は刑法を犯す能力を有しないと推定される最低年齢を設定すること。

第7章　少年非行

●少年非行への対応システム●

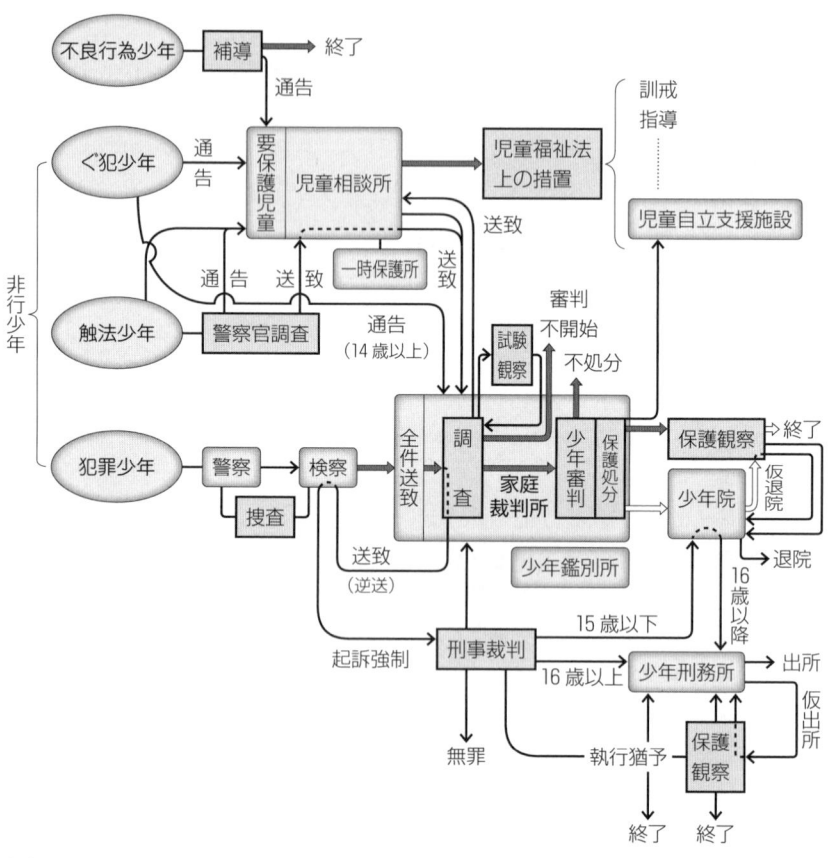

〈注〉
◯ ＝ 少年　　□ ＝ 活動　　▭ ＝ 組織
➡ ＝ 主なルート
⇨ ＝ それに準ずるルート
→ ＝ その他

3　触法少年，ぐ犯少年──児童福祉法上の手続

(1)　調査・送致・通告

　少年非行は，警察官による犯罪捜査や街頭での補導あるいは市民からの通報

3 触法少年，ぐ犯少年

など多くは警察により発見されますが，触法少年，ぐ犯少年については「犯罪」ではないため刑事訴訟法は適用されず（刑事訴訟法189条2項・191条），捜査活動を実施，継続することができません。とりわけ触法少年，ぐ犯少年を問わず14歳未満の少年については，主として児童福祉法上の手続によることとなります。年齢的に刑事責任を問えない一方，非行の背景に虐待など養育環境の問題があることが多く，児童福祉の観点からの対応が求められるためです。通告・一時保護など児童虐待の場合と同じ手続がとられます。

もっとも2007（平成19）年の少年法改正により，触法少年（と疑われる場合）について警察官は「少年の健全な育成のための措置に資することを目的として」事件の調査をすることができると定められるに至りました。この場合，少年および保護者は調査に関し弁護士である付添人を選任することができます。押収，捜索等の嘱託に関し刑事訴訟法の準用により強制的権限が認められる一方で，調査の際の質問は強制的なものであってはいけません（少6条の2～6条の5）。

調査の結果，「故意の犯罪行為により被害者を死亡させた」場合など重大な事件については，児童相談所長に「送致」され，さらに調査した結果，必要がないと認められるときを除いて家庭裁判所に送致され，少年審判で処分が決定されます（少6条の6第1項・6条の7第1項）。処分としては児童自立支援施設送致や保護観察のほか，少年がおおむね12歳以上であれば少年院送致となることもあります（少年院法4条1項1号）。

このほか家庭裁判所送致が適当と警察官が判断したときにも児童相談所長への「送致」はなされますが，これとは別に児童福祉法上の「要保護児童」に該当すれば児童相談所等への「通告」がなされます（児福25条）（→第3章5）。保護者による監護が適当でない場合などが該当しますが，「通告」されない場合は警察限りでの対応となります。

一方，ぐ犯少年については，少年警察活動規則に定める警察官の調査の後，14歳未満のぐ犯少年は児童福祉法上の「要保護児童」に該当すれば児童相談所へ「通告」がなされ，14歳以上18歳未満のぐ犯少年についても家庭裁判所への通告ではなく，児童相談所等に通告がなされることがあります（少3条2項・6条）。これに対し，児童福祉法の適用対象外の18歳以上のぐ犯少年は家

庭裁判所への通告となります。

（2） 児童相談所の対応

「送致」もしくは（警察官以外からも含めて）「通告」を受けた児童相談所は，家庭裁判所送致の場合を除き，児童福祉法上の措置として少年に対して指導を行うほか，児童自立支援施設等への入所を決定することもできますが，保護者の意に反して入所を決定することはできません。「犯罪」でない以上，基本的には保護者の責任が尊重されます。もっとも保護者の意に反する場合であっても，児童相談所は家庭裁判所への送致を行い，家庭裁判所の審判によって少年を児童自立支援施設等へ入所させることができます（ただし不良行為少年については同手続の対象外であり，虐待等の場合を除き保護者の意に反する入所決定は許されません）。その際，家庭裁判所が児童相談所の意図と異なる判断を下す可能性はありますが，実際には相互の連携が図られているようです。保護者の権限が家庭裁判所の判断を経た上で制限されうるのは児童虐待の場合と同じ考え方といえます（→第3章⑨）。

なお触法少年，ぐ犯少年については，身体の自由を制約する必要がある場合でも刑事訴訟法に基づく逮捕・勾留は認められませんが，児童福祉法により，少年の保護のため緊急の必要がある場合には児童相談所長による一時保護もしくは適当な者への一時保護委託が認められています（→第3章⑧）。ただし一時保護は児童相談所長が自らの権限に基づき自らの判断で行うものであり，警察官による触法少年の調査目的でこれを行うことは許されません。この場合，基本的には警察から少年の身柄が移されることになりますが，実際には警察への一時保護委託（実務上は24時間を限度）も少なくありません。一時保護に際し，鍵付きの個室に閉じ込めるといった強制的な措置は，実質的に逮捕・勾留による身柄拘束と同様の自由制限であり，家庭裁判所の判断を経なければ許されませんが，そのような措置にとどまらず一時保護自体についても逮捕・勾留の場合に準じた手続保障を求める見解があります。

以上のほか児童相談所の業務として相談業務（非行相談）があり，相談を通じて非行が発見され，上記の手続がとられることもあります。

③ 触法少年，ぐ犯少年

◆ 条　文
刑事訴訟法
189条2項　司法警察職員は，**犯罪**があると思料するときは，犯人及び証拠を捜査するものとする。
191条1項　検察官は，……自ら**犯罪**を捜査することができる。

少 年 法
3条2項　家庭裁判所は，前項第2号に掲げる少年及び同項第3号に掲げる少年で**14歳に満たない者**については，都道府県知事又は児童相談所長から送致を受けたときに限り，これを審判に付することができる。
6条1項　家庭裁判所の審判に付すべき少年を発見した者は，これを家庭裁判所に通告しなければならない。
　2項　警察官又は保護者は，第3条第1項第3号に掲げる少年について，……先づ児童福祉法……による措置にゆだねるのが適当であると認めるときは，その少年を直接児童相談所に通告することができる。
6条の2第1項　警察官は，客観的な事情から合理的に判断して，第3条第1項第2号に掲げる少年であると疑うに足りる相当の理由のある者を発見した場合において，必要があるときは，事件について調査をすることができる。
　2項　前項の調査は，少年の情操の保護に配慮しつつ，事案の真相を明らかにし，もって少年の健全な育成のための措置に資することを目的として行うものとする。
6条の3　少年及び保護者は，前条第1項の調査に関し，いつでも，弁護士である付添人を選任することができる。
6条の4第1項　警察官は，調査をするについて必要があるときは，少年，保護者又は参考人を呼び出し，質問することができる。
　2項　前項の質問に当たっては，強制にわたることがあってはならない。
6条の5第1項　警察官は……調査をするについて必要があるときは，押収，捜索，検証又は鑑定の嘱託をすることができる。
　2項　刑事訴訟法……中，司法警察職員の行う押収，捜索，検証及び鑑定の嘱託に関する規定……は，前項の場合に，これを準用する。……
6条の6第1項　警察官は，調査の結果，次の各号のいずれかに該当するときは，……事件を児童相談所長に送致しなければならない。

1号　……その少年の行為が〔第22条の2第1項各号〕に掲げる罪に係る刑罰法令に触れるものであると思料するとき。

　　2号　……家庭裁判所の審判に付することが適当であると思料するとき。

6条の7第1項　都道府県知事又は児童相談所長は，前条第1項（第1号に係る部分に限る。）の規定により送致を受けた事件については，児童福祉法第27条第1項第4号の措置をとらなければならない。ただし，調査の結果，その必要がないと認められるときは，この限りでない。

　2項〔略〕

少年院法
4条〔第1種少年院〕〔略〕

少年警察活動規則
27条1項（ぐ犯調査の基本）〔略〕

児童福祉法
25条　要保護児童を発見した者は，これを……市町村，都道府県の設置する福祉事務所若しくは児童相談所に通告しなければならない。ただし，罪を犯した満14歳以上の児童については，この限りでない。この場合においては，これを家庭裁判所に通告しなければならない。

27条1項　都道府県は……次の各号のいずれかの措置を採らなければならない。

　　1号　児童又はその保護者に訓戒を加え，又は誓約書を提出させること。

　　2号　児童又はその保護者を児童福祉司……に指導させ……ること。

　　3号　児童を……里親に委託し，又は……児童養護施設，……児童自立支援施設に入所させること。

　　4号　家庭裁判所の審判に付することが適当であると認める児童は，これを家庭裁判所に送致すること。

　4項　第1項第3号……の措置は，児童に親権を行う者……又は未成年後見人があるときは，……その親権を行う者又は未成年後見人の意に反して，これを採ることができない。

27条の2第1項　都道府県は，少年法……の保護処分の決定を受けた児童につき，当該決定に従って児童自立支援施設……又は児童養護施設に入所させる措置を採らなければならない。

　2項　前項に規定する措置は，この法律の適用については，前条第1項第3号

の……措置とみなす。ただし，同条第4項……の適用については，この限りでない。

27条の3　都道府県知事は，たまたま児童の行動の自由を制限し，又はその自由を奪うような強制的措置を必要とするときは，第33条，第33条の2及び第47条の規定により認められる場合を除き，事件を家庭裁判所に送致しなければならない。

33条（一時保護）〔略〕

　　　　子どもの権利条約
　　　37条　締約国は，次のことを確保する。
　　　　d　自由を奪われたすべての児童は，弁護人その他適当な援助を行う者と速やかに接触する権利を有し，裁判所その他の権限のある，独立の，かつ，公平な当局においてその自由の剥奪の合法性を争い並びにこれについての決定を速やかに受ける権利を有すること。
　　　40条3項
　　　　b　適当なかつ望ましい場合には，人権及び法的保護が十分に尊重されていることを条件として，司法上の手続に訴えることなく当該児童を取り扱う措置をとること。

4 児童自立支援施設

　児童自立支援施設は，児童福祉法上の「要保護児童」のうち「不良行為をなし，又はなすおそれのある児童」を主たる対象とする施設であり，児童を入所させる他，保護者の元から通わせる場合もあります。都道府県に設置が義務付けられており，ほとんどが都道府県の施設です。近年は職員交替制の施設が増えていますが，かつては夫婦が小規模な施設で児童と生活をともにするという形態（夫婦小舎制）が多く，家庭的環境での養育が重視されてきました。少年院と異なり閉鎖的な施設ではなく，親との面会なども児童の福祉に反しない限りで認められますが，多くの場合，施設長の権限に基づき施設外への外出は制限されています。こうした施設長の権限を超えて児童の行動の自由を制限する強制的な措置をとる必要がある場合には，家庭裁判所の決定により認められる

ことになっていますが，実務上は鍵付きの個室に閉じ込めるといった強制的な措置が可能なのは国立の2施設に限られています。このような環境にあって施設内虐待にも注意が必要です。

他方，1997（平成9）年の児童福祉法改正により就学義務が明記されたことから，近年は「教育を受ける権利」を保障するため施設内に小中学校が設置されるようになり，また，教員派遣など施設外の学校との連携が進んでいます。

なお実務上，児童が満15歳となると児童自立支援施設を退所することとされていることが多く，退所した者の相談その他の援助も同施設の目的とされていますが，退所後の児童への援助のあり方が問題となっています。

◆ 条　文
児童福祉法
44条　児童自立支援施設は，不良行為をなし，又はなすおそれのある児童及び家庭環境その他の環境上の理由により生活指導等を要する児童を入所させ，又は保護者の下から通わせて，個々の児童の状況に応じて必要な指導を行い，その自立を支援し，あわせて退所した者について相談その他の援助を行うことを目的とする施設とする。
47条（児童福祉施設の長等の権限等）〔略〕
48条　児童養護施設，障害児入所施設，情緒障害児短期治療施設及び**児童自立支援施設の長**，……里親は，学校教育法に規定する保護者に準じて，その施設に入所中又は受託中の児童を就学させなければならない。

5　犯罪少年は家庭裁判所へ

犯罪少年については，ほとんどの場合，警察により発見され刑事訴訟法に基づき捜査活動がなされます。逮捕など捜査のあり方については基本的に成人と同様の手続が保障されますが，少年の特性ゆえに特に自白による冤罪の危険性に注意が必要であり，勾留については少年法上特別の定めが置かれています。検察官は，成人であれば勾留しうる場合にも，裁判官に対し，勾留に代えて観護措置の請求を行うことができ（少43条1項），通常は裁判官の令状を得て少

年鑑別所への収容を伴う観護措置（少17条1項）がとられます。期間は10日間で延長は認められません（少44条3項）。一方，勾留請求は「やむを得ない場合」しかなされず，裁判官も「やむを得ない場合」しか勾留状を発することができません（少43条3項・48条1項）。「やむを得ない場合」とは少年鑑別所への収容が物理的に困難な場合のほか，捜査の遂行に重大な支障がある場合も含まれます。このうち少年鑑別所への収容に問題がない場合には，勾留は少年鑑別所への拘禁によることができます（少48条2項）。

このほか捜査活動については，国家公安委員会規則である犯罪捜査規範において，少年の健全育成を期するといった基本原則などが定められています。

捜査活動を経た後，犯罪の疑いがある場合には，地方裁判所等への公訴提起が検察官の裁量に委ねられる成人の場合（起訴便宜主義）と異なり，必ず（成人の場合同様，交通反則金制度の例外はあります）家庭裁判所（→Column 8）に事件が送致されることになります（少41条・42条1項。全件送致主義）。将来に向けた少年の保護の必要性については，検察官ではなく家庭裁判所の専門的な判断が求められるからです。さらに公訴提起の場合の起訴状一本主義と異なり，送致に際しては書類，証拠物等の資料があわせて送付され，送致書には少年の処遇に関する意見もつけることができます（少年審判規則8条）。

ただし実務上は，少額の万引きなど一定の軽微な事件について簡易送致といった方式により，家庭裁判所が調査を行うことなく審判不開始決定をするといった事件処理がなされており，実質的に捜査機関限りの判断による点につき，全件送致主義との関係で議論があります。

【法学の基礎知識　逮捕・勾留】

被疑者の逮捕には，現行犯逮捕などを除き裁判官の令状が必要です。逮捕した警察官は，弁護士選任権などを伝えた上，留置の必要がある場合は48時間以内に検察官に送致します。検察官は24時間以内に被疑者の勾留を裁判官に請求します。10日間の勾留期間内（原則として1回，最大10日間の延長あり）に検察官が公訴を提起できない場合，被疑者は釈放されます。

第7章 少年非行

◆ 条　文
少年法
17条1項　家庭裁判所は，審判を行うため必要があるときは，決定をもって，次に掲げる観護の措置をとることができる。
　1号　家庭裁判所調査官の観護に付すること。
　2号　少年鑑別所に送致すること。
41条　司法警察員は，少年の被疑事件について捜査を遂げた結果，罰金以下の刑にあたる犯罪の嫌疑があるものと思料するときは，これを家庭裁判所に送致しなければならない。犯罪の嫌疑がない場合でも，家庭裁判所の審判に付すべき事由があると思料するときは，同様である。
42条1項（検察官の送致）〔略〕
43条1項　検察官は，少年の被疑事件においては，裁判官に対して，勾留の請求に代え，第17条第1項の措置を請求することができる。……
　3項　検察官は，少年の被疑事件においては，やむを得ない場合でなければ，裁判官に対して，勾留を請求することはできない。
44条2項　裁判官が前条第1項の請求に基いて第17条第1項第2号の措置をとるときは，令状を発してこれをしなければならない。
　3項　前項の措置の効力は，その請求をした日から10日とする。
48条1項　勾留状は，やむを得ない場合でなければ，少年に対して，これを発することはできない。
　2項　少年を勾留する場合には，少年鑑別所にこれを拘禁することができる。

少年審判規則
8条〔送致書〕〔略〕

　　子どもの権利条約
　　37条　締約国は，次のことを確保する。
　　　b　いかなる児童も，不法に又は恣意的にその自由を奪われないこと。児童の逮捕，抑留又は拘禁は，法律に従って行うものとし，最後の解決手段として最も短い適当な期間のみ用いること。
　　　c　自由を奪われたすべての児童は，人道的に，人間の固有の尊厳を尊重して，かつ，その年齢の者の必要を考慮した方法で取り扱われること。特に，自由を奪われたすべての児童は，成人とは分離されないことがその最善の利益である

と認められない限り成人とは分離されるものとし，例外的な事情がある場合を除くほか，通信及び訪問を通じてその家族との接触を維持する権利を有すること。

6 観護措置・調査

　犯罪少年，触法少年，ぐ犯少年について，事件が家庭裁判所に受理されると，少年手続自体が少年の改善教育の過程であるとの理念の下に，事件の調査，審判が行われますが，少年の身柄が拘束されたまま家庭裁判所の手続に移った場合（身柄付送致）など，少年の身体の自由を制約する必要があれば，観護措置がとられます。観護措置は，調査官による身柄拘束を伴わない在宅観護と，少年鑑別所に収容して身柄を拘束する収容観護がありますが，前者は実務上ほとんど利用されていません。

　少年鑑別所は法務省所管の国の施設で，都道府県庁所在地などに置かれています。少年鑑別所での観護措置の目的は，具体的には，①少年手続の進行の確保（逃亡，罪証隠滅の防止）といった刑事手続における起訴後の勾留に対応するもののほか，②少年を緊急に保護するため（自殺，再非行のおそれ），③少年の自由を制約した状態での行動観察，心身鑑別（収容鑑別）といった少年手続特有のものがあります。観護措置の要件は少年法上「審判を行うため必要があるとき」と規定されるのみですが（少17条1項），少年の身体の自由を制約するものであることから，実務上は具体的要件として1) 審判条件，2) 少年が非行事実を行った嫌疑，3) 審判を行う蓋然性，4) 上記目的に照らし観護措置を行う必要性の存在が必要とされています。観護措置の決定手続についても少年法上は定めがありませんが，2001年の少年審判規則改正により，裁判長が，少年に対し「供述を強いられることはないこと及び付添人を選任することができることを分かりやすく説明した上，審判に付すべき事由の要旨を告げ，これについて陳述する機会を与えなければならない」（少審規19条の3）と定められました。

　ただし刑事手続における起訴後の勾留が原則2か月で，1か月ごとに更新ができ，一定の要件があれば更新回数に制限がない（刑訴60条2項）のと比較す

ると，観護措置の期間は，少年の心身に与える影響を考慮して，相当に制限されています。原則2週間で，特に継続の必要があるときは決定により3回まで更新できますが（つまり最長8週間），2回以上の更新は，重大事件における非行事実の認定の必要という限定的な場合に限られます（少17条3項4項）。なお観護措置および更新の決定に対しては，保護事件の係属する家庭裁判所に異議の申立てをすることができます（少17条の2）。

以上に加え，家庭裁判所の決定のため7日を限度として収容観護の継続が認められるに至っています（少26条の2）。

観護措置が一定の場合に限られるのに対し，家庭裁判所は，審判に先だって必ず調査を行います（少8条1項。調査前置主義）。調査は，後述の審判の内容に対応して，非行事実があったか否かにかかわる調査（法的調査）と少年の保護の必要性・内容にかかわる調査（社会調査）があります。法的調査は裁判官が行うものであり，社会調査は裁判官の命令により家庭裁判所調査官が行うもので，少年，保護者または関係人の行状，経歴，素質，環境等について面接調査，照会調査，環境調査，各種検査など，医学，心理学，教育学，社会学等の専門知識を活用して行うものです。調査を行った後，調査官は，裁判官に対して，処遇意見を付した報告書を提出します（少8条2項・9条）。

一方，社会調査にあたっては，特に少年鑑別所の鑑別の結果を活用するものとされ，少年の心身の状況については，なるべく鑑別所による科学的鑑別の方法により検査をすべきものとされています。上記観護措置としての収容鑑別のほか，在宅鑑別もあり，各種心理テスト，面接など総合的な分析を行い，処遇意見を付して鑑別結果を家庭裁判所に通知します。調査官は，自らの社会調査と鑑別結果をあわせ考慮した上で処遇意見を付して，裁判官に報告します。

◆ 条　　文

少年法

8条1項　家庭裁判所は，……審判に付すべき少年があると思料するときは，事件について調査しなければならない。……家庭裁判所の審判に付すべき少年事件の送致を受けたときも，同様とする。

2項　家庭裁判所は，家庭裁判所調査官に命じて，少年，保護者又は参考人の

取調その他の必要な調査を行わせることができる。

9条 前条の調査は，なるべく，少年，保護者又は関係人の行状，経歴，素質，環境等について，医学，心理学，教育学，社会学その他の専門的智識特に少年鑑別所の鑑別の結果を活用して，これを行うように努めなければならない。

17条1項（観護の措置）〔略〕

　3項 第1項第2号の措置においては，少年鑑別所に収容する期間は，2週間を超えることができない。ただし，特に継続の必要があるときは，決定をもって，これを更新することができる。

　4項 前項ただし書の規定による更新は，1回を超えて行うことができない。ただし，第3条第1項第1号に掲げる少年に係る死刑，懲役又は禁錮に当たる罪の事件でその非行事実……の認定に関し証人尋問，鑑定若しくは検証を行うことを決定したもの又はこれを行ったものについて，少年を収容しなければ審判に著しい支障が生じるおそれがあると認めるに足りる相当の理由がある場合には，その更新は，更に2回を限度として，行うことができる。

17条の2（異議の申立て）〔略〕

26条の2 家庭裁判所は，第17条第1項第2号の措置がとられている事件について，第18条から第20条まで，第23条第2項又は第24条第1項の決定をする場合において，必要と認めるときは，決定をもって，少年を引き続き相当期間少年鑑別所に収容することができる。但し，その期間は，7日を超えることはできない。

少年審判規則

19条の3（少年鑑別所送致決定手続において少年に告知すべき事項等）〔略〕

7 試 験 観 察

　少年審判においてどのような決定がなされるかは，少年の将来に大きな影響を及ぼします。しかし，成年の犯罪者と比べて非行から立ち直る可能性が高い少年の将来を予測して決定を下すことは，たとえ先行する調査があったとしても難しいことがあります。このような場合，少年審判後に時の経過による少年の様子の変化をみて審判内容を柔軟に見直すことが難しい現在の少年法の下では，むしろ少年審判で決定を下す前に，直ちに決定をしないで一定期間少年の

第7章 少年非行

状況を観察し，助言，補導など少年および保護者にはたらきかけて少年の反応をみた上で最終的な決定を行うことが必要となってきます（少25条1項）。これが試験観察であり，家庭裁判所調査官によって行われるものですが，効果的になされるためには少年の周囲の環境が整えられている必要があります。Cさんのように親の元に少年を戻せない場合は，民間の補導委託先を確保する必要があります（少25条2項3号）。

◆ 条　文
少年法
25条1項　家庭裁判所は，……保護処分を決定するため必要があると認めるときは，決定をもって，相当の期間，家庭裁判所調査官の観察に付することができる。
　2項　家庭裁判所は，前項の観察とあわせて，次に掲げる措置をとることができる。
　　1号　遵守事項を定めてその履行を命ずること。
　　2号　条件を附けて保護者に引き渡すこと。
　　3号　適当な施設，団体又は個人に補導を委託すること。

8　家庭裁判所の決定

　家庭裁判所は，調査の結果，①審判不開始決定（少19条），②「児童福祉法上の手続」に委ねる決定（少18条），③検察官送致の決定（少20条）をするほか，審判を開始するのが相当であると判断するときは，審判開始を決定します（少21条）。これをうけて少年審判において下される決定には，④不処分決定（少23条2項），保護処分としての⑤保護観察，⑥児童自立支援施設または児童養護施設への送致，⑦少年院送致（少24条1項）があります。審判で②18条，③20条の決定をすることもあります（少23条1項）。
　このうち①審判不開始決定は，非行事実が認められない場合や非行事実があったとしても保護の必要性がないか極めて微弱な場合に審判を開始することなく行われるもので，④不処分決定は，審判を開始した上で審判不開始決定と同

様の場合になされるもので、これら2つの決定が（交通事件、ぐ犯事件を除いて）家庭裁判所の決定の8割を超えています。ただ、①審判不開始決定の場合も必要に応じて指導・助言・訓戒などの事実上の措置が行われ、また④不処分決定は、それら事実上の措置や試験観察により保護の必要性がなくなった結果である場合が多くあります。このように手続の過程自体が少年の改善教育の場となっている点に注意する必要があります。一方、3種類の保護処分（少24条1項）の中では⑤保護観察が圧倒的に多くなっています。保護処分に対しては抗告が認められますが（少32条）、特に非行事実がなかったことが明らかになった場合などは保護処分中あるいは終了後においても処分の取消しを請求できることとなりました（少27条の2）。

このほか②「児童福祉法上の手続」に委ねる決定の結果、児童自立支援施設などへの入所となることがありますが、この場合は児童相談所の判断に基づく点で、家庭裁判所の決定による⑥保護処分としての送致とは区別され、例えば⑥保護処分と異なり保護者の意思に反することができません。

なお2000（平成12）年の少年法改正により、家庭裁判所は、調査および審判の過程を通じて、保護者に対し、少年の監護に関する責任を自覚するよう訓戒、指導などの措置をとることができると定められました（少25条の2）。少年非行はある意味で保護者によるそれまでの養育の結果であり、少年の将来の更生にとって保護者の役割が重要であるためです。

◆ 条　文

少年法

18条1項　家庭裁判所は、調査の結果、児童福祉法の規定による措置を相当と認めるときは、決定をもって、事件を権限を有する都道府県知事又は児童相談所長に送致しなければならない。

19条1項　家庭裁判所は、調査の結果、審判に付することができず、又は審判に付するのが相当でないと認めるときは、審判を開始しない旨の決定をしなければならない。

23条1項　家庭裁判所は、審判の結果、第18条又は第20条にあたる場合であると認めるときは、それぞれ、所定の決定をしなければならない。

第7章 少年非行

　2項　家庭裁判所は，審判の結果，保護処分に付することができず，又は保護処分に付する必要がないと認めるときは，その旨の決定をしなければならない。
24条1項　家庭裁判所は，前条の場合を除いて，審判を開始した事件につき，決定をもって，次に掲げる保護処分をしなければならない。ただし，決定の時に14歳に満たない少年に係る事件については，特に必要と認める場合に限り，第3号の保護処分をすることができる。
　　1号　保護観察所の保護観察に付すること。
　　2号　児童自立支援施設又は児童養護施設に送致すること。
　　3号　少年院に送致すること。
　2項　前項第1号及び第3号の保護処分においては，保護観察所の長をして，家庭その他の環境調整に関する措置を行わせることができる。
25条の2　家庭裁判所は，必要があると認めるときは，保護者に対し，少年の監護に関する責任を自覚させ，その非行を防止するため，調査又は審判において，自ら訓戒，指導その他の適当な措置をとり，又は家庭裁判所調査官に命じてこれらの措置をとらせることができる。
27条の2第1項　保護処分の継続中，本人に対し審判権がなかったこと……を認め得る明らかな資料を新たに発見したときは，保護処分をした家庭裁判所は，決定をもって，その保護処分を取り消さなければならない。
　2項　保護処分が終了した後においても，審判に付すべき事由の存在が認められないにもかかわらず保護処分をしたことを認め得る明らかな資料を新たに発見したときは，前項と同様とする。……

9　少年審判の場

(1)　裁判官と少年が向き合って（職権主義）

　少年審判は，少年が非行事実を行った蓋然性があり，その上で保護を要する場合に開かれます。審判には通常1人（場合により3人）の裁判官と少年本人が出席するほか，少年の保護者が出席し，家庭裁判所調査官も原則として出席します。多くの場合，審判は1回で終了します。審判では，裁判官が捜査機関からの証拠資料に目を通して情報を得た上で，手続の主体として少年と向き合い（職権主義），質問し，少年が非行事実を行ったか否かに加え，非行事実を行っ

たと判断した場合には，少年の保護の必要性についても判断した上で不処分もしくは保護処分を決定します。適正な手続で非行事実の認定を行うことが少年の保護にとっても不可欠の前提である一方，保護処分は過去の行為の処罰ではないので，非行事実が認められても，少年が将来非行を行う危険性がなく，保護の必要性がないときには保護処分を決定することはできません。保護の必要性の判断，処分の決定にあたっては，保護者による養育環境も重視され，保護者は少年の隣に座って裁判官から質問を受け，訓戒・指導を受け，また意見を述べます。他に少年の親族，教師などの出席が許可されることもあります。審判は，それ自体が少年の改善教育の場である点に留意してなされる必要があります（少22条1項）。

(2) 職権主義の下での付添人・検察官

審判には，刑事事件における弁護人に類する「付添人」も出席する権利があります。弁護士である必要はありませんが，多くの場合は弁護士が付添人となっています。付添人が選任される率は低いものの，検察官が審判に関与する場合には弁護士である付添人を家庭裁判所が選任しなければなりません（国選付添人）。

一方，検察官が少年審判に出席することは従来認められていませんでしたが，非行事実があったか否かが争われる場合に，対審手続でない少年審判では事実解明に困難があることなどを理由に，2000（平成12）年少年法改正により検察官の審判への出席が一定の重大事件に限って認められることとなり，さらに2014（平成26）年改正により対象となる事件の範囲が拡大されました（少22条の2）。これはあくまでも家庭裁判所による非行事実の認定を助けるための審判

【法学の基礎知識　刑事裁判】

成人の刑事事件の公判手続は，公開の法廷で（憲法82条），検察官と被告人・弁護人が互いに主張・立証を尽くし，被告人が犯罪を行ったか否かを争います（当事者主義・対審手続）。原則3人の裁判官は，白紙の状態で裁判に臨み（起訴状一本主義），第三者的な中立の立場から，3人の合議により判決を下します。

への関与で，①非行事実の認定に必要な範囲に限って，②裁判所が必要と判断するときにのみ認められるものです。刑事裁判における検察官とは役割が異なり，職権主義の手続が変わるわけではありません。

(3) 審判の非公開と被害者

　少年審判のもう一つの特徴として，審判は非公開とされています（少22条2項）。非公開とは審判結果を公表しないことも含みます。少年の内面や家族のプライヴァシーを保護することによって，審判の場において少年の改善教育という審判目的が適切に実現されるよう配慮するとともに，公開によって少年の社会復帰が妨げられるのを防止することが主たる目的です。

　これに対し，少年事件の被害者等については，一定の重大事件に限って，少年が12歳未満であるときを除いて，申出により少年の付添人弁護士の意見を聴いた上で審判の傍聴が許可されることがあります（少22条の4・22条の5）。また，傍聴が許可される事件以外も含め，被害者等には一定の要件の下に（調査官記録などの社会記録を除き）審判記録の閲覧・謄写が認められる（少5条の2）ほか，対象事件を限らず申出により審判状況の説明がなされます（少22条の6）。一定の事件における被害者等の意見陳述も含め，犯罪被害者等基本法において目的とされた犯罪被害者等の権利利益の保護を図るものですが（犯罪被害基1条），被害者の立場からすれば，成人の事件であろうと少年の事件であろうと関係なく同じ権利が保障されるべきところ，他方で少年の健全育成という少年法の理念とは異質な要素として，両者の関係を調整していくことが少年法の運用上，および今後の法改正における重要課題といえます。

◆ 条　文

少 年 法

5条の2第1項　裁判所は，……当該保護事件の被害者等……から，その保管する当該保護事件の記録（家庭裁判所が専ら当該少年の保護の必要性を判断するために収集したもの及び家庭裁判所調査官が家庭裁判所による当該少年の保護の必要性の判断に資するよう作成し又は収集したものを除く。）の閲覧又は謄写の申出があるときは，閲覧又は謄写を求める理由が正当でないと認める場合

及び……閲覧又は謄写をさせることが相当でないと認める場合を除き，申出をした者にその閲覧又は謄写をさせるものとする。

9条の2 家庭裁判所は，……被害者等から……意見の陳述の申出があるときは，自らこれを聴取し，又は家庭裁判所調査官に命じてこれを聴取させるものとする。ただし，……

22条1項 審判は，懇切を旨として，和やかに行うとともに，非行のある少年に対し自己の非行について内省を促すものとしなければならない。

2項 審判は，これを**公開しない**。

22条の2第1項 家庭裁判所は，第3条第1項第1号に掲げる少年に係る事件であって，死刑又は無期若しくは長期3年を超える懲役若しくは禁錮に当たる罪のものにおいて，その**非行事実を認定するための**審判の手続に検察官が関与する必要があると認めるときは，決定をもって，審判に検察官を出席させることができる。

3項 検察官は，……その**非行事実の認定に資するため**必要な限度で，……審判の手続……に立ち会い，少年及び証人その他の関係人に発問し，並びに意見を述べることができる。

22条の3第1項 家庭裁判所は，前条第1項の決定をした場合において，少年に……弁護士である付添人を付さなければならない。

22条の4第1項 家庭裁判所は，……次に掲げる罪のもの……の被害者等から，審判期日における審判の傍聴の申出がある場合において，……少年の健全な育成を妨げるおそれがなく相当と認めるときは，その申出をした者に対し，これを傍聴することを許すことができる。

　1号 故意の犯罪行為により被害者を死傷させた罪

　2号 刑法……第211条（業務上過失致死傷等）の罪

　3号 〔略〕

2項 家庭裁判所は，……被害者等に審判の傍聴を許すか否かを判断するに当たっては，……少年が，一般に，精神的に特に未成熟であることを十分考慮しなければならない。

22条の5第1項 家庭裁判所は，……審判の傍聴を許すには，あらかじめ，弁護士である付添人の意見を聴かなければならない。

22条の6（被害者等に対する説明）〔略〕

第7章 少年非行

少年審判規則
25条2項 審判期日には，少年及び保護者を呼び出さなければならない。
29条 裁判長は，審判の席に，少年の親族，教員その他相当と認める者の在席を許すことができる。

犯罪被害者等基本法
1条 この法律は，犯罪被害者等のための施策に関し，基本理念を定め……もって犯罪被害者等の権利利益の保護を図ることを目的とする。

10 少年院

　家庭環境ほか，それまでの養育環境から少年を引き離すことが必要と判断される場合に少年院送致の決定がなされます。少年院は，少年を収容し集団生活の中で矯正教育を行う法務省所管の国の施設で，原則として非開放的である点が特徴です。2014（平成26）年に少年院法が全面改正され，少年院は以下の4種類に再編されました。第1種少年院は，おおむね12歳以上23歳未満の者，第2種少年院は犯罪的傾向が進んだ，おおむね16歳以上23歳未満の者，第3種少年院は，心身に著しい障害がある，おおむね12歳以上26歳未満の者，第4種少年院は，少年院において刑の執行を受ける者を対象としています（少院4条1項）。男女別々の施設で分離処遇が原則ですが，第3種少年院（旧医療少年院）などでは例外も認められています。家庭裁判所は審判での決定に際し第1種から第3種までの少年院の種類を指定します（少審規37条1項）。少年院送致決定後，少年は少年鑑別所に収容され，少年鑑別所は審判で指定された種類の少年院のうちどの少年院に少年を収容するか，それぞれの少年院での矯正教育の特徴，立地場所等を考慮して判断します。少年の更生と社会復帰には保護者等との交流が重要であることから，一般的には少年の住所がある管轄矯正管区内の少年院に収容されます。少年院の長は保護者ほかの理解協力を得るよう努めるとともに，必要な場合には保護者に対する指導，助言等の措置をとることができます（少院17条1項）。

　収容期間は矯正教育の目的を達した場合を除き原則として本人が20歳に達するまでですが，例外的に家庭裁判所の決定により最長23歳まで収容を継続

することができます。第3種少年院に収容されるような少年についてはさらに家庭裁判所の決定で26歳まで延長できます（少院136条〜139条）。しかし，ほぼ同様に原則20歳までとされていた旧法下の実務では，長期でも1年間程度の矯正教育プログラムにより「新入時教育」「中間期教育（生活指導，職業指導，教科指導など）」「出院準備教育」の三段階を経て，地方更生保護委員会の決定により仮退院となる場合（少院135条）が普通でした。収容中は少年院の規律に服し，規律違反に対しては訓戒，20日以内の謹慎といった懲戒が認められてきましたが，他方で懲戒に際しては適正手続が要請され，また，閉鎖的な環境ゆえに施設内虐待ほかの権利侵害に対する救済手段も整備される必要があったことから，2014年の少年院法改正により少年の権利を保障するための詳細な手続規定が整備されました。

◆ 条　　文
少年院法
4条1項　少年院の種類は，次の各号に掲げるとおりとし，それぞれ当該各号に定める者を収容するものとする。
　1号　第一種　保護処分の執行を受ける者であって，心身に著しい障害がない**おおむね12歳以上**23歳未満のもの（次号に定める者を除く。）
　2号　第二種　保護処分の執行を受ける者であって，心身に著しい障害がない犯罪的傾向が進んだおおむね16歳以上23歳未満のもの
　3号　第三種　保護処分の執行を受ける者であって，心身に著しい障害がある**おおむね12歳以上**26歳未満のもの
　4号　第四種　少年院において刑の執行を受ける者
5条2項　……在院者は，性別に従い，互いに分離するものとする。
　3項　……適当と認めるときは，居室……外に限り，前2項の別による分離をしないことができる。
17条1項〔略〕
　2項　少年院の長は，必要があると認めるときは，在院者の保護者に対し，その在院者の監護に関する責任を自覚させ，その矯正教育の実効を上げるため，指導，助言その他の適当な措置を執ることができる。
23条1項　矯正教育は，在院者の犯罪的傾向を矯正し，並びに在院者に対し，

健全な心身を培わせ，社会生活に適応するのに必要な知識及び能力を習得させることを目的とする。

135条 少年院の長は，保護処分在院者について，……処遇の段階が最高段階に達し，仮に退院を許すのが相当であると認めるときは，地方更生保護委員会に対し，仮退院を許すべき旨の申出をしなければならない。

136条1項 少年院の長は，保護処分在院者について，第23条第1項に規定する目的を達したと認めるときは，地方更生保護委員会に対し，退院を許すべき旨の申出をしなければならない。

137条1項 少年院の長は，保護処分在院者が20歳に達したときは退院させるものとし，20歳に達した日の翌日にその者を出院させなければならない。ただし，……

138条1項 少年院の長は，次の各号に掲げる保護処分在院者について，その者の心身に著しい障害があり，又はその犯罪的傾向が矯正されていないため，それぞれ当該各号に定める日を超えてその収容を継続することが相当であると認めるときは，その者を送致した家庭裁判所に対し，その収容を継続する旨の決定の申請をしなければならない。

　1号 前条第1項本文の規定により退院させるものとされる者　20歳に達した日

　2項 前項の申請を受けた家庭裁判所は，当該申請に係る保護処分在院者について，その申請に理由があると認めるときは，その収容を継続する旨の決定をしなければならない。この場合においては，当該決定と同時に，その者が23歳を超えない期間の範囲内で，少年院に収容する期間を定めなければならない。

139条〔略〕

更生保護法
41条〔仮退院決定〕・**46条**〔退院決定〕〔略〕

11 保護観察

　成人の刑事手続も含め，保護観察にはいくつかの種類がありますが，少年について主なものは(1)保護処分としての⑤保護観察と，(2)少年院仮退院後の保護観察です。ともに触法少年をも対象としますが，前者は，少年を施設に収容す

ることなく家庭などで通常の社会生活を続けさせながら指導監督，補導援護を行うものです（社会内処遇）。後者も含めて指導監督とは，少年と面接等して行状を把握するとともに，少年との約束である遵守事項を守って生活するよう指示を行うものであり（更生保護法57条），補導援護は，就職の援助や生活指導など健全な社会生活を営むための援助や助言を与えるものです（更生58条）。

　保護観察について責任を負うのは保護観察所（法務省）であり，実行するのは保護観察官または保護司です。保護観察官は更生保護に関する専門知識に基づいて職務を行い，保護司はこれを補うとされていますが（更生31条・32条），通常は国家公務員である保護観察官が主任官となり，民間の篤志家（＝無給）である保護司が担当者として実際に少年の指導監督・補導援護を行っています。

　保護観察の期間は，(1)(2)いずれについても原則として20歳までですが，保護観察を継続する必要がなくなった場合には(1)保護観察所長は保護観察を解除し，また(2)地方更生保護委員会は正式な退院を認めます（更生69条・74条）。

　逆に少年が遵守事項を守らない場合などは，(2)仮退院後の保護観察については少年院に戻して収容する決定が家庭裁判所によってなされることがありますが（更生71条・72条1項），2007（平成19）年の少年法改正により，(1)保護処分としての⑤保護観察についても当初の審判決定を少年院送致などに変更する決定が可能となりました（少26条の4）。これは一度下された審判決定をその後の少年の状況により変更するもので，これまでの少年法のしくみにはなかったものですが，あくまでも少年院送致などに対応した保護の必要性が存在することが前提です。

　通常の社会生活の中で少年が更生に向かうためには，周囲の環境に恵まれてこなかった少年をサポートする存在が不可欠であり，少年審判においては保護処分の決定に際し，保護観察所長に対して家庭その他の環境調整に関する措置を命ずることができます（少24条2項）。少年院送致の場合も収容直後から環境調整が行われます。保護観察所長は保護者に対して指導・助言その他適当な措置をとることができる（更生59条）一方，家庭に戻れない場合の更生保護施設，障害者への福祉的支援を行う地域生活定着支援センター，就労への協力雇用主など民間によるきめ細かな支援の調整が進められています。

第7章 少年非行

◆ 条　文
更生保護法
31条1項　地方委員会の事務局及び保護観察所に，保護観察官を置く。
　2項　保護観察官は……更生保護に関する専門的知識に基づき，保護観察，調査，生活環境の調整その他犯罪をした者及び非行のある少年の更生保護並びに犯罪の予防に関する事務に従事する。
32条　保護司は，保護観察官で十分でないところを補い，地方委員会又は保護観察所の長の指揮監督を受けて，……それぞれ地方委員会又は保護観察所の所掌事務に従事するものとする。
57条1項　保護観察における指導監督は，次に掲げる方法によって行うものとする。
　　1号　面接その他の適当な方法により保護観察対象者と接触を保ち，その行状を把握すること。
　　2号　保護観察対象者が一般遵守事項及び特別遵守事項（以下「遵守事項」という。）を遵守し，並びに生活行動指針に即して生活し，及び行動するよう，必要な指示その他の措置をとること。
58条　保護観察における補導援護は，保護観察対象者が自立した生活を営むことができるようにするため，その自助の責任を踏まえつつ，……行うものとする。……
59条　保護観察所の長は，必要があると認めるときは，保護観察に付されている少年……の保護者……に対し，その少年の監護に関する責任を自覚させ，その改善更生に資するため，指導，助言その他の適当な措置をとることができる。
66条　保護観察処分少年に対する保護観察の期間は，当該保護観察処分少年が20歳に達するまで……とする。……
67条1項　保護観察所の長は，保護観察処分少年が，遵守事項を遵守しなかったと認めるときは，当該保護観察処分少年に対し，これを遵守するよう警告を発することができる。
　2項　保護観察所の長は，前項の警告を受けた保護観察処分少年が，なお遵守事項を遵守せず，その程度が重いと認めるときは，少年法第26条の4第1項の決定の申請をすることができる。
69条　保護観察所の長は，保護観察処分少年について，保護観察を継続する必

要がなくなったと認めるときは，保護観察を解除するものとする。
71条 地方委員会は，保護観察所の長の申出により，少年院仮退院者が遵守事項を遵守しなかったと認めるときは，……家庭裁判所に対し，これを少年院に戻して収容する旨の決定の申請をすることができる。……
72条1項 前条の申請を受けた家庭裁判所は……相当と認めるときは，これを少年院に戻して収容する旨の決定をすることができる。
74条 地方委員会は，少年院仮退院者について，保護観察所の長の申出があった場合において，保護観察を継続する必要がなくなったと認めるとき……は，決定をもって，退院を許さなければならない。

保護司法
1条 保護司は，**社会奉仕の精神**をもって，犯罪をした者及び非行のある少年の改善更生を助けるとともに，犯罪の予防のため世論の啓発に努め，もって地域社会の浄化をはかり，個人及び公共の福祉に寄与することを，その使命とする。

少年法
24条2項 前項第1号及び第3号の保護処分においては，保護観察所の長をして，家庭その他の環境調整に関する措置を行わせることができる。
26条の4第1項 更生保護法……第67条第2項の申請があった場合において，家庭裁判所は，審判の結果，第24条第1項第1号の保護処分を受けた者がその遵守すべき事項を遵守せず，同法第67条第1項の警告を受けたにもかかわらず，なお遵守すべき事項を遵守しなかったと認められる事由があり，その程度が重く，かつ，その保護処分によっては本人の改善及び更生を図ることができないと認めるときは，決定をもって，第24条第1項第2号又は第3号の保護処分をしなければならない。

12 少年の刑事裁判

　重傷を負ったFさんがもし死亡してしまったとすると，少なくともD君は家庭裁判所から検察官に送致（逆送）となり，成人と同じく刑事裁判手続によることとなるでしょう。家庭裁判所の判断により少年事件を検察官に送致する手続は従来から存在しましたが，2000（平成12）年少年法改正により，故意の犯罪行為により被害者を死亡させた場合，行為時16歳以上の少年については

原則として検察官に送致することとなりました（少20条2項）。刑事処分が相当であるか，それ以外の措置が相当であるか実質的な判断基準については，具体的にどのような要素をどの程度考慮するか，社会感情や社会防衛的考慮などをめぐって議論があります。

　送致を受けた検察官は，公訴を提起するに足りる犯罪の嫌疑がある限り，事件を起訴する義務があり（少45条5号），成人の場合と異なり起訴猶予権限はありません。起訴猶予となるような事情は家庭裁判所で判断した上で検察官に送致しているからです。刑事裁判においては刑事訴訟法が適用され，基本的には成人と同様の手続となりますが，少年の健全育成という少年法の基本理念は少年の刑事裁判にも及ぶものです（少50条）。少年の被疑者・被告人を他の被疑者・被告人と分離して接触を避ける（少49条）のも少年法の理念の反映です。原則逆送事件は裁判員裁判となりますが，わかりやすい手続が求められる一方で，少年法の理念からは詳細であるべき社会記録の扱いが問題となります。なお事実審理の結果，保護処分が相当であると認めるときは，裁判所は事件を家庭裁判所に移送しなければなりませんが（少55条），実際には移送される割合はかなり低くなっています。

　一方，刑事裁判の結果言い渡される刑罰についてはいくつか特則があります。まず犯罪行為の時点で18歳未満であった者は，成人であれば死刑の場合には無期刑が言い渡され，成人であれば無期刑の場合には有期刑に代えることができるなど，刑の減軽規定があります（少51条1項2項）。罰金刑等に換えての労役場留置も教育目的でないことから許されていません。これに対し，18歳以上の少年について死刑適用の是非が議論されています。

　刑の執行についても自由刑の場合，16歳に至るまでは（第4種）少年院で刑が執行され矯正教育が行われる一方，16歳以上についても一般の刑務所とは異なる特別な刑事施設である「少年刑務所」で刑が執行され，この扱いは26歳まで継続することができます（少56条）。一般の刑務所で年長の受刑者らとともに収容されることにより悪影響を受け，かえって犯罪傾向を助長させることを避けるためです。仮釈放までの期間も成人に比べて短縮されている（少58条）ほか，有罪判決に伴う選挙権等の資格制限についても少年の将来を考慮した特則が定められています（少60条）。

12 少年の刑事裁判

◆ 条　文
少年法
20条1項　家庭裁判所は，死刑，懲役又は禁錮に当たる罪の事件について，調査の結果，その罪質及び情状に照らして刑事処分を相当と認めるときは，決定をもって，これを……検察官に送致しなければならない。
　2項　前項の規定にかかわらず，家庭裁判所は，故意の犯罪行為により被害者を死亡させた罪の事件であって，その罪を犯すとき16歳以上の少年に係るものについては，同項の決定をしなければならない。ただし，……刑事処分以外の措置を相当と認めるときは，この限りでない。
40条　少年の刑事事件については，この法律で定めるものの外，一般の例による。
45条5号　検察官は，家庭裁判所から送致を受けた事件について，公訴を提起するに足りる犯罪の嫌疑があると思料するときは，公訴を提起しなければならない。ただし，送致を受けた事件の一部について公訴を提起するに足りる犯罪の嫌疑がないか，又は犯罪の情状等に影響を及ぼすべき新たな事情を発見したため，訴追を相当でないと思料するときは，この限りでない。送致後の情況により訴追を相当でないと思料するときも，同様である。
49条1項　少年の被疑者又は被告人は，他の被疑者又は被告人と分離して，なるべく，その接触を避けなければならない。
50条　少年に対する刑事事件の審理は，第9条の趣旨に従って，これを行わなければならない。
51条1項　罪を犯すとき18歳に満たない者に対しては，死刑をもって処断すべきときは，無期刑を科する。
　2項　罪を犯すとき18歳に満たない者に対しては，無期刑をもって処断すべきときであっても，有期の懲役又は禁錮を科することができる。……
54条　少年に対しては，労役場留置の言渡をしない。
55条　裁判所は，事実審理の結果，少年の被告人を保護処分に付するのが相当であると認めるときは，決定をもって，事件を家庭裁判所に移送しなければならない。
56条1項　懲役又は禁錮の言渡しを受けた少年……に対しては，特に設けた刑事施設又は刑事施設若しくは留置施設内の特に分界を設けた場所において，そ

179

の刑を執行する。

2項 本人が満20歳に達した後でも，満26歳に達するまでは，前項の規定による執行を継続することができる。

3項 懲役又は禁錮の言渡しを受けた16歳に満たない少年に対しては，……16歳に達するまでの間，少年院において，その刑を執行することができる。この場合において，その少年には，矯正教育を授ける。

58条〔仮釈放〕〔略〕
60条〔資格制限法令の適用〕〔略〕

子どもの権利条約

37条 締約国は，次のことを確保する。
　a ……死刑又は釈放の可能性がない終身刑は，18歳未満の者が行った犯罪について科さないこと。

40条1項 締約国は，刑法を犯したと申し立てられ，訴追され又は認定されたすべての児童が尊厳及び価値についての当該児童の意識を促進させるような方法であって，当該児童が他の者の人権及び基本的自由を尊重することを強化し，かつ，当該児童の年齢を考慮し，更に，当該児童が社会に復帰し及び社会において建設的な役割を担うことがなるべく促進されることを配慮した方法により取り扱われる権利を認める。

◆ まとめ

　少年非行への対応は，児童福祉の延長上に位置づけられる一方，他方では刑事手続へとつながっており，両者の中間にあって少年の健全育成を目的とする少年法においては，少年自身の保護と非行行為に対する責任の間でどのようにバランスをとるかが基本的なポイントとなります。近年相次ぐ少年法改正は主に少年の責任を強調する方向で進められていますが，保護者による養育環境に目を向けつつ，児童福祉法と少年法を連続的に理解する視点も重要です。過去の「行為」の一時点のみに焦点を当てるのではなく，「少年」の過去，現在，将来を視野に入れる必要があるといえるでしょう。

◆ Column 11　障害と児童虐待・少年非行

　障害と児童虐待の関係については，①虐待の結果としての障害と，②障害を背景とする虐待の2つの側面が問題となります。①前者については，障害が虐待によるものであることを発見することが重要であり，児童虐待防止法5条1項に定める医師等による虐待の早期発見が強く求められるところですが，発見のために必要な医学的知見・技術が未だ医師等に十分備わっていないことが指摘されています。死亡や病気の場合も含めていえば，「乳幼児揺さぶられ症候群」や，子どもの「病状」が意図的に作り出される「代理ミュンヒハウゼン症候群」の的確な診断能力，あるいは「臓器の移植に関する法律」附則において，死亡した被虐待児童からの臓器提供を避けるために移植医療従事者によりなされる虐待の疑いの（緊急状況下での）確認のための診断能力の向上が喫緊の課題となっています。

　一方，②障害児への虐待に対しては，児童福祉法，児童虐待防止法により対応がなされるほか，「障害者虐待の防止，障害者の養護者に対する支援等に関する法律」でも虐待の予防，早期発見，障害者の保護および自立の支援，養護者に対する支援等のための国および地方公共団体等の責務が定められています（障害虐待4条～6条）。もっとも，発達障害ほか障害に関する十分な知識やスキルが不足していることなどにより養育が難しくなっている場合については，虐待リスクが高いことを踏まえ，虐待予防のためにも障害の早期発見，早期支援が，家族支援も含めて強く求められています（発達障害5条・6条・13条）（→第10章 2 (1)）。

　なお①虐待による障害と②障害児への虐待は分かちがたく結びついていることがあり，とりわけ精神障害については両者の見極めが困難とされていることから，両者をともに視野に入れた対応が求められています。

　他方，障害の早期発見，家族支援を含めた早期支援は，養育が難しい子どもの場合，少年非行との関係でも重要な意味を持っています。人の生命を奪うような重大な事件を起こした少年について，事件が起こるまで発達障害などの障害が見落とされていた点が繰り返し指摘されています。

　加えて少年非行後の障害児への支援のあり方も重要であり，少年非行施策と障害児福祉施策の連携が課題となっています。児童福祉法の下で非行を理由に児童自立支援施設に入所していた障害児を障害児入所施設に措置変更することがありますが，少年院送致決定後は，障害に着目した施設処遇がなされるものの，仮退院後も少年法の下にあって，障害児福祉施策との連携は見られません。「障害児」から「障害者」となった後，少年院，あるいは刑務所を出た「障害者」への支援のあり方も大きな課題です。

第7章　少年非行

◇ **Column 12　メディアと子ども**

　本章でみたように少年のプライバシー，社会復帰等の観点から少年審判は非公開とされていますが，さらに少年法61条は，同様の趣旨に基づき，審判に付された少年だけでなく，検察官送致の後公訴を提起され，公開の裁判を受ける者をも含めて「当該事件の本人であることを推知することができるような記事又は写真」を出版物に掲載してはならないと定めています。不特定多数の一般人に対して情報を提供することが問題とされるので，テレビ，ラジオ，インターネット等による場合も含まれると解されていますが，他方で，表現の自由に配慮して違反に対する罰則は定められていません。違反者に対して少年が損害賠償を請求することはできますが，違反が直ちに不法行為となるわけではないとするのが裁判例の傾向です。

　一方，「児童買春，児童ポルノに係る行為等の規制及び処罰並びに児童の保護等に関する法律」（→**Column 4**）13条は，児童買春，児童ポルノに係る児童について，「当該事件に係る者であることを推知することができるような記事若しくは写真又は放送番組」を禁じ，当該児童を保護していますが，この場合も違反に対する罰則は定められていません。違反者に対して損害賠償を請求することはできますが，そのこと自体が被害児童にとって新たな被害となりうる点に注意する必要があります。こうした事情をも背景として，性犯罪の場合等を中心に公開の刑事裁判において被害者名を伏せたまま公訴を追行しようとする実務がみられますが，被告人の手続保障の観点から批判があります。

　このような罰則のない推知報道の規制に対しても，表現の自由を重視して批判的な意見がありますが，いずれにせよ以上のような事情からして，不適切な報道についてはメディア自身による自主的な対応が求められるところです。特定の子どもの被害が問題となる場合に限らず，不特定多数の子どもに対してメディアが及ぼす影響の大きさという面からみても，メディアによる様々な被害から子どもを守るため，放送倫理・番組向上機構（BPO）などメディア自身によって組織された団体による様々な自主規制の取り組みが進められています。そうした団体による規制で十分であるか，自主規制の枠外での被害への対応など規制の実効性が問われる一方，団体による自主規制の過剰にも注意する必要があります。

第 8 章
子どもと財産

◆ ストーリー

・ピアニストになりたい 12 歳の A さんの日常

X 年 12 月 25 日　家族でクリスマスパーティー。お父さん，お母さんが，念願の仔犬をプレゼントしてくれた。「マコ」という名前に決めた。

X 年 12 月 28 日　はじめての一人旅。お母さんに空港まで送ってもらって，飛行機で北海道のお祖父ちゃん，お祖母ちゃんのところへ。札幌の空港でお祖父ちゃん達の顔を見るまでは，ちょっとドキドキしたけれど，飛行機会社のお兄さんが優しく話しかけてくれたので安心できた。

X＋1 年 1 月 2 日　お祖父ちゃん，お祖母ちゃんのところに，叔父さん，叔母さん，従弟たちが集まって，お雑煮，おせち料理を囲んで，にぎやかな一日だった。お年玉をたくさんいただいた。

X＋1 年 1 月 7 日　田舎から帰ったら，マコが跳んできて，顔をなめてくれた。

X＋1 年 1 月 9 日　近所のショッピングセンターに買い物に行った。祝日でとても混んでいた。私は，お年玉で**マコに赤い餌皿**を買ってやった。
→[1]

X＋1 年 3 月 5 日　小学校ももう少しで卒業。中学に入ったら，勉強も頑張りたいけれど，ずっと習っているピアノを本格的に習いたい。できればプロの先生に。お母さんに相談したら，月謝が高くなるわねって，困った顔をしていた。

X＋1 年 3 月 15 日　小学校の音楽の先生に相談したら，「**若手音楽家育成基金**」というものを教えてくれた。お母さんが手続をしてくれて，ピアノ
→[5]

第8章　子どもと財産

　　　　　　　の月謝の奨学金をいただけることになった。
X+1年5月28日　やっぱりプロの先生のレッスンはすごい。練習していて難しいなと思っていたところをすぐに見破って，コツを教えてくれる。でも，実はレッスンの帰りの寄り道も楽しみ。今日は，季節限定のシェイクを飲んだ後，**ドラッグストアでハンドクリームも買った**[4]。ピアニストには，手のケアが大事。ネイルサロンも行ってみたいけれど，私のお小遣いでは無理よね。
X+1年7月24日　お正月にはあんなに元気だったお祖父ちゃんが急に亡くなってしまった。お父さんとお母さんが台所で小声で何か話し合っていた。私がピアニストになるのを楽しみにしてくれていたお祖父ちゃんが，私のために北海道にある**土地の1つを遺してくれた**[2]らしい。
X+2年2月18日　ピアノの先生に，本気でプロになりたいのかと聞かれた。プロになるには，良い楽器で練習するのが大切らしい。お祖父ちゃんの遺してくれた土地を売れば，新しいピアノが買えるかな。でも，そんなこと，**お父さん，お母さんが許可**[3]してくれるだろうか。

◆ ポイント

　私たちは物に囲まれて生活しています。それらの物を得る手段がお金です。物もお金も私たちの「財産」であり，財産を持つことは――その重みは人それぞれであっても――人の生活の重要な一角を占めることは間違いありません。ところで，財産を持つこと，つまり，所有するとはどういうことでしょうか。子どもも大人と同じように財産を所有できるのでしょうか。

1　財産の所有

　自分の物を持つこと，つまり，ある物を所有するということは，その物を自分の意のままに自由に使用，収益，および処分できることを意味します（民法206条）。「使用」は文字通り使うことですが，「収益」とは，例えば人にその物を貸してあげて，お礼として金銭（対価）を受け取るなど，その物を利用して利益を得ることであり，「処分」とは，その物を人に売ったり，プレゼントし

たりするほか，壊してしまうこともできる，ということです。金銭の場合も，それで何かを買うのも，どこかの団体に寄付するのも，友人に貸すのも，ギャンブルに使ってしまうのも，基本的に個人の自由に任されます。

　財産を所有できるのは誰でしょうか。**ストーリー**で素敵な餌皿を買ってもらったマコは，餌皿を所有してはいません。それどころか，マコは生き物であっても，人との関係では物であって，人（**ストーリー**ではAまたはその家族）に所有される客体にすぎません。

　これに対して，子どもは，もちろん個人として，財産を所有することができます（民3条1項）。ただし，未成年者は，大人と同等の仕方で財産を扱えるわけではありません。

◆ 条　　文
民　　法
3条1項　私権の享有は，出生に始まる。〔2項は省略〕
206条　所有者は，法令の制限内において，自由にその所有物の使用，収益及び処分をする権利を有する。

② 財産の取得

　人が財産を取得する方法は様々です。自らの労働の対価として賃金を得る，不動産，動産等の財産を購入する，財産を贈与される，相続をするなどが考えられます。未成年者の場合，贈与や相続によって財産を取得することが多いでしょう（労働については **Column 18**，財産の購入については**第9章**で扱います）。贈与については，それを受けることには未成年者でも制約がないのが原則であり，大人と同様に贈与により財産を取得することができます（民5条1項ただし書）。相続の場面でも，相続人として財産を取得することには，子どもと大人の区別はありません。

　相続について少し詳しく見ておきましょう。ある個人が死亡すると，その人が有していた財産上の権利，義務を誰かに受け継がせないと，それらがいわば宙に浮いてしまいます。そこで，その個人（「被相続人」と言います）の有して

185

いた権利義務の一切を誰かに承継させるしくみが必要です。受け継がせる「誰か」は，被相続人が決めることも考えられますが，日本の民法では，一定の関係にある家族・親族を相続人と定め，それらの者に財産を受け継がせることを基本に定めています（民896条。なお，被相続人が財産を承継させる者を決めることもできます〔遺贈制度（民964条など）〕。ただし，相続人との関係で限界があります）。誰が相続人になるかは複雑ですが，子どもの場合には，父母のどちらかが死亡し，父母の他方と共に相続人となる場合が多いでしょう（民887条1項・890条）。祖父母が死亡した場合にも，その子（子どもの親）が先に死亡しているときには，子どもが子の代わりに相続することがあります（代襲相続〔民887条2項〕）。相続によって財産を取得できる根拠については，被相続人の意思に任せれば，そのようにしたと想定されるということ，相続人の生活を保障するため等，様々な議論がありますが，親子である等の一定の関係にあることが財産の承継を基礎づけることについて，社会的な理解があるといえるかもしれません。

　ストーリーでは，Aはお祖父さんの相続人ではありませんので，お祖父さんの死亡によって当然にお祖父さんの財産を承継するということはありませんが，お祖父さんが遺言によってAに北海道の土地を遺贈したことにより，Aが北海道の土地を取得したと解すことができます。

◆ 条　文
民　法
5条1項　**未成年者**が法律行為をするには，その**法定代理人の同意**を得なければならない。ただし，単に権利を得，又は義務を免れる法律行為については，この限りでない。
887条1項　被相続人の子は，相続人となる。
　2項　被相続人の子が，相続の開始以前に死亡したとき，……その者の子がこれを代襲して相続人となる。ただし，被相続人の直系卑属でない者は，この限りでない。
890条　被相続人の配偶者は，常に相続人となる。この場合において，第887条又は前条の規定により相続人となるべき者があるときは，その者と同順位とする。

896条 相続人は，相続開始の時から，被相続人の財産に属した一切の権利義務を承継する。……

3 未成年者の財産――親権者による管理

　未成年者の財産は，未成年者自身ではなく，その親権者が管理します（民824条）。ですから，未成年者は，自ら望む通りに，自分の財産を使用，収益，処分できるわけではありません。

　ストーリーでいえば，お年玉やお小遣いとしてもらった金銭，および祖父の遺した土地は，Ａの所有する財産です。Ａが成人であれば，それらをどのように使用するなどしても，誰からも文句を言われませんが，未成年者の場合は違います。Ａは祖父の遺した土地を売却して，それによって得られる金銭で新しいピアノを購入したいわけですが，Ａの親権者の賛同を得られない限り，Ａは土地を他人に売ることはできません。逆に，Ａの親権者が反対をせず，土地を売却しようというときには，Ａ自身が親権者の同意を得て行うか，または，Ａの親権者がＡを代理して行うことになります（詳しくは**第9章**で扱います）。なお，**ストーリー**でＡが祖父母の家を訪れるために飛行機に乗っているのは，航空運送契約に基づきますが，この契約は，Ａの親権者と航空会社との間で直接に結ばれているのであって，Ａ自身の財産の管理には含まれないと説明できます。

　このように自己の有する財産を自由に使用等できないということは，未成年者の権利（ここでは所有権という財産権）に対する大きな制限であるといえます。しかし，この制限は，自己の自由な意思に基づいて財産を使用等するために必要な能力が未だ十分ではない未成年者の利益を保護するために課せられています。

◆ 条　　文
民　　法
824条 親権を行う者は，**子の財産を管理**し，かつ，その財産に関する法律行為について**その子を代表**する。……

4 未成年者自身が管理できる財産——処分を許された財産

　未成年者の財産は親権者が管理するのが原則ですが，未成年者自身が自由に使用等ができる場合があります。親権者が「目的を定めないで処分を許した財産」は，未成年者は自由に使用，収益，処分することができます（民5条3項）。
　ストーリーでいえば，お小遣いがこれに当たります。Aがピアノのレッスンの帰りにドラッグストアでハンドクリームを買ったり，ファストフード店でハンバーガーを食べたりするのに，いちいち親権者の意向を確認する必要はありませんが，ネイルサロンサービスについては，その代金がお小遣いで賄えないようであれば，Aが一人で受けることはできません。
　もっとも，親権者は未成年者に対して「目的を定めて」処分を許すこともできます。ただし，その場合には，未成年者は「その目的の範囲内において」自由に財産を処分できるだけです。ですから，例えば，親権者がお小遣いを与える際に，何でも好きなものを買ったりするのに使って良いけれども，友人にお金を与えたり貸したりしてはいけないと注意していたとすれば，友人への援助や貸金のために用いることはできません。
　さらに，未成年者は，親権者の許可を得て職業を営むことができ，許可を得た営業に関しては，自ら有効に財産に関する行為をすることができます（民6条・823条）。

◆ 条　文
民　法
5条3項　……法定代理人が**目的を定めて処分を許した財産**は，その目的の範囲内において，未成年者が自由に処分することができる。目的を定めないで処分を許した財産を処分するときも，同様とする。
6条1項　一種又は数種の**営業を許された未成年者**は，その営業に関しては，成年者と同一の行為能力を有する。〔以下，略〕
823条1項　子は，親権を行う者の許可を得なければ，職業を営むことができない。
　〔2項は省略〕

5 親権者による管理の範囲

　未成年者が自己の意のままに自由に財産を使用，処分等することができないという制限がされているのは，未成年者は自由な意思に従って財産の管理をするための能力が不十分であるため，その不十分さを補い，未成年者の利益を守ることが必要だからです。そして，未成年者の利益にかかわる事情を知り，その利益を最も適切に判断できるのは，通常は，親権者——父母の双方または片方——だと考えられるため，民法では，原則として親権者がその未成年者たる子の財産を管理するものとしています。

　この趣旨から，親権者が子の財産を管理する範囲は，次のように画されます。

　親権者は子の利益を守るのに適任だとして，法律の規定によりその管理の権限を与えられている以上，親権者は自らが子の利益となると考えるところに従い，広い裁量により，子の財産を管理することができます。親権者以外の誰か，例えば未成年の子の祖父母が財産の利用の仕方について親権者と異なる意見を持っていたとしても，親権者はその意見に従う必要はありません。しかし，このような排他的かつ広範な裁量的権限は，二つの側面から制限を受けます。一方で，子の財産を管理するのは，親権者自身のためではなく，あくまでも，子の利益のためですから，親権者の権限およびその行使の裁量の幅は，子の利益の観点から，一定の制約を受けます。他方で，誰かが未成年者に財産を与えようというときには，その財産を親権者の管理から外し，特定の人を管理者に指定する形で未成年者に与えることが認められています。

(1) 親権者の管理の裁量性

　親権者がその未成年の子の財産を管理するときには，自分の財産に対するのと同程度の注意を払わなければならないとされています（民 827 条）。普通，他人の財産を預かるときには「善良なる管理者の注意」（民 644 条など）といって，自分の財産に対するよりも高い注意を払わなければならないとされますから，それに比べると求められる注意の程度が低いわけです。親と子は別人格であることを踏まえれば，このような現行法の定め方には改善の余地もありますが，法は，通常は，親権者こそが子どもの利益にかかわる事情に最も精通し，その

利益を図るのに最も適任であると，親権者を信頼することを基本としているのです。また，何が子どもの利益に適するのかの判断は，一義的にその答えが出せるような単純なものではありませんが，誰かがその判断をしなければならないという実際上の要請のもとで，親権者が差し当たっての最適任者として選ばれているともいえます。

　法律の条文には，親権者の権限の行使の仕方について，先に紹介した以上に詳しいことは書かれていませんが（ただし，子の成年時に管理の計算をしなければならないとされます〔民828条〕），指針的な意味を持つ裁判例（最高裁平成4年12月10日判決・民集46巻9号2727頁）のなかで，次のように述べられています。

　　「親権者が子を代理してする法律行為は，親権者と子との利益相反行為に当たらない限り，それをするか否かは子のために親権を行使する親権者が子をめぐる諸般の事情を考慮してする広範な裁量にゆだねられている」

　このように，現在の日本の法律と裁判では，親権者が適切に子どもの利益を実現してくれることを信頼し，親権者に広範な裁量権を与えています。

(2) 利益相反

　未成年者の利益のための管理であることから，親権者とその子との利益が相反するおそれのあるときには，親権者は管理の権限を持ちません。例えば，子どもの父母の一方が死亡し，父母の他方である親権者と子がどちらも死亡した者の相続人である場合には，遺産分割の協議（民907条）をするとき，親権者と子との利益が反する関係——遺産分割での親権者の取り分が増えれば子の分が減る関係——にあるため，親権者は子の財産の管理者として協議に参加することはできません。また，ストーリーで，祖父が未成年の子に遺した財産を親権者自身が買い取るような場合も，利益相反の関係——当該不動産の価格がより安価であることが買主たる親権者の利益であり，売主たる子の不利益となる関係——に当たることはわかりやすいでしょう。このような利益相反の状況では，問題となっている行為や取引を担当する特別の代理人を家庭裁判所で選任してもらう必要があり，選任された特別代理人が未成年の子のために協議や取引に当たります（民826条）。

(3) 親権者による管理権の濫用または不適切な行使

親権者による管理権の不適切な行使については，法律と裁判例で，次のような手当てがされています。

まず，管理権の行使が不適切または困難であることによって，子の利益が害されるときには，親権を有する父または母の管理権，ひいては親権自体を喪失させることができます。例えば，子の所有する財産を子自身の利益以外の目的で他人に処分してしまうような場合です。このような場合，子どもの親族等が家庭裁判所に，親権者の管理権または親権を喪失させることを求めることができます（民834条・835条）。

次に，(2)で挙げた利益相反に当たる行為を，特別代理人を立てずに親権者が行えば，その行為は効果を否定されますが，裁判例（前掲・最高裁平成4年12月10日）では，利益相反に該当しない場合でも，一定の条件が揃えば，親権者の行為が権限の濫用に当たるとして，その効果が未成年者に及ぶのを否定する道が開かれています。具体的には，親権者のした行為が「子の利益を無視して自己又は第三者の利益を図ることのみを目的としてされるなど，親権者に子を代理する権限を授与した法の趣旨に著しく反する」場合であり，このようなときには，行為の相手方が親権者の行為がこのような濫用行為に当たることを知っていた，または知るべきであったときに限ってではありますが，親権者の行為の効果が否定されます。この基準は，親権者の濫用行為を相当に狭い範囲に限っているため，子どもの利益の保護に十分に役立っているとはいえませんが，裁判所が，親権者が管理権を濫用するおそれがあることを認め，法律の条文の解釈の工夫により，子どもの利益を守るためのルールを形成しようとしていることは，重要なことです。

(4) 第三者が無償で子に与えた財産の管理

誰か（第三者）が未成年の子に財産を与えるときには，何もしなければ与えられた財産の管理は原則に従って親権者がすることになりますが，第三者は，親権者に管理させないこととして，自ら管理者を指定することもできます（民830条）。この方法は，第三者が子どもの利益のために拠出する財産が確実に子どもの利益のために使用されるようにするための方法として，利用価値が高い

ものです（施設入所児童に対する児童手当の支給で使われています）。**ストーリー**でいえば，若手音楽家育成基金からの奨学金を，親権者の管理の対象となるAの口座に振り込むのではなく，例えば信託銀行を管理者として，ピアノ教室の月謝に充てるようにするなどの方法がありうるでしょう。子どものために支給された奨学金等を親権者が自分の遊興費として費消するなどは論外ですが，家族の構成員間では，たとえ悪意がないとしても，自分と他人の金銭の区別の感覚が薄れがちであり，生活費の不足等に相互の貯金等が融通されてしまうことはまれなことではないのが現実ですから，予防的な手当てをしておくことが大切ではないでしょうか。

(5) 親権者がいない場合の財産の管理――未成年後見

　親権者たる父母が死亡するなど，子どもに親権者がいない状況になったときには，未成年後見が開始します（民838条1号）。親権者が指名していた者または家庭裁判所が選任した者が未成年後見人に就任し，対象となる子ども（未成年被後見人）の財産を管理します（民859条）。未成年後見人による財産の管理は，親権者によるものに似ていますが，財産目録の作成を求められ（民853条等），家庭裁判所等の監督に服するなど（民863条等），濫用を防ぎ，適切な財産管理を確保するための制度的な手当てがされている点で，親権者による財産管理と異なっています。

　未成年後見人になるのは，多くの場合に子どもの親族ですが，近時は，専門職（弁護士のほか，司法書士や社会福祉士等）が選任される場合が増えています。法人がなることも認められています（民840条3項）。未成年後見人は適任者を確保するのが難しいといわれていますが，法律職と福祉職との連携によって未成年後見の受任を目的とする法人が設立され，受任の実績をあげており（「NPO法人岡山未成年後見支援センターえがお」のウェブサイト〔http://egaookayama.iinaa.net/gang_shan_wei_cheng_nian_hou_jian_zhi_yuansentaegao/egaotoha.html〕参照），今後の進展が期待されます（児童福祉と未成年後見の関係について，**第4章** [7]参照）。

◆ 条　文
民　　法

826条1項　親権を行う父又は母と**その子との利益が相反する行為**については，親権を行う者は，その子のために**特別代理人を選任**することを家庭裁判所に請求しなければならない。

　2項　親権を行う者が数人の子に対して親権を行う場合において，その一人と他の子との利益が相反する行為については，親権を行う者は，その一方のために特別代理人を選任することを家庭裁判所に請求しなければならない。

827条　親権を行う者は，**自己のためにすると同一の注意**をもって，その管理権を行わなければならない。

828条　子が成年に達したときは，親権を行った者は，遅滞なくその管理の計算をしなければならない。ただし，その子の養育及び財産の管理の費用は，その子の財産の収益と相殺したものとみなす。

830条1項　無償で子に財産を与える**第三者が，親権を行う父又は母にこれを管理させない意思を表示したとき**は，その財産は，父又は母の管理に属しないものとする。

　2項　前項の財産につき父母が共に管理権を有しない場合において，第三者が管理者を指定しなかったときは，家庭裁判所は，子，その親族又は検察官の請求によって，その管理者を選任する。

〔3項以下省略〕

834条　父又は母による虐待又は悪意の遺棄があるときその他父又は母による親権の行使が著しく困難又は不適当であることにより子の利益を著しく害するときは，家庭裁判所は，……その父又は母について，**親権喪失の審判**をすることができる。

835条　父又は母による管理権の行使が困難又は不適当であることにより子の利益を害するときは，家庭裁判所は，……その父又は母について，**管理権喪失の審判**をすることができる。

838条　後見は，次に掲げる場合に開始する。

　1号　**未成年者に対して親権を行う者がないとき**，又は親権を行う者が管理権を有しないとき。……

853条1項　後見人は，遅滞なく被後見人の**財産の調査**に着手し，一箇月以内に，

その調査を終わり，かつ，その**目録を作成**しなければならない。ただし，この期間は，家庭裁判所において伸長することができる。……
859条1項 後見人は，被後見人の**財産を管理**し，かつ，その財産に関する法律行為について**被後見人を代表**する。……
863条1項 **後見監督人又は家庭裁判所は**，いつでも，後見人に対し後見の事務の**報告若しくは財産の目録の提出**を求め，又は後見の事務若しくは被後見人の**財産の状況を調査**することができる。
2項 家庭裁判所は，後見監督人，被後見人若しくはその親族その他の利害関係人の請求により又は職権で，被後見人の財産の管理その他後見の事務について**必要な処分**を命ずることができる。

◆ まとめ

　親権者による未成年者の財産の管理については，一方で，父母たる親権者は通常その子の財産を適切に管理するものであるという信頼，他方で，父母たる親権者であっても不適切な判断をなし，または濫用によって子どもに不利益を及ぼすことがあることに対する警戒，この両者の兼ね合いをいかに図っていくかが問題となります。

　この観点からは，現在の日本の法状況は，父母に対する信頼に偏っていることが懸念され，本章で説明してきた法律および裁判例には疑問もあります。裁判例は，未成年者の財産にかかわる取引の相手方の利害を考慮し，利益相反行為や管理権限の濫用に含まれる範囲を狭く解する傾向がありますが，未成年者の財産を守るには狭すぎるとも思われます。もっとも，より根本的には，利益相反と管理権の喪失以外には濫用可能性への対処方策を設けていないことにみられる，現行の法律の楽観的な親権者への信頼の妥当性をどう考えるかが問題であって，立法による改善も提唱されています。

✧ Column 13　親権・未成年後見

　子どもの身体と人格の成長を確保する責務は，親などの子どもに身近な存在の私人と，社会とが，重層的に負います（**第1章**参照）。このうち，私人が責務を果たすために与えられている法的地位が「親権」であり，親権を補完する「未成年後見」です。

　親権の内容と性格については本文ですでに触れてきました。親権を誰に帰属させるかは重要な問題です。子が生まれる毎に適任者を判定し選任する制度も考えられますが，日本法では，他の国々と同様に，子の父および母を親権者とするのを基本としています。ただし，「父および母」は，子と法的に（実・養）親子関係で結ばれた者を指していて，単なる事実上の血のつながりを意味するわけではないことに注意が必要です。また，父母が婚姻していない場合や離婚した場合には，父または母の一方のみが親権者となります。

　未成年後見は，未成年者に対して親権者がいないとき——典型的には，父母が共に死亡したとき——に，親権者に代わって，子の身上および財産を守るためのしくみです。親権者から指定されたまたは裁判所から選任された私人が，未成年後見人として，親権者と同様の地位を与えられます。ただし，親権者と異なり，裁判所の監督を受け，より高度の注意を払って，子にかかわることが求められます。子との私的な関係というより，公的な責務としての色彩が強いということです。後見人の選任や監督に対する不服を後見人自身が申し立てることができないとされていることにもその性格が表れています。

　ところで，法が子の親を親権者としたのは，子の親は通常，子の身上および財産に適切に配慮するものであり，親に任せておくことが，子の利益の確保に資すると想定されるからだと考えられます。したがって，親権者がどのように親権を行使するのかについて，法は，細かい規制を設けず，裁量に任せる傾向がみられます。しかし，未成年後見と対照すると，親権についても，父母への信頼や裁量性の行きすぎにより子の利益が害されるおそれに常に注意すべきことに気づかされます。親権の喪失，一時停止や代理権の濫用の認定などにより，実効的に子の福祉が守られなければなりません。親権の「権利」性が，父母を守る壁となるようなことは，親権の趣旨に反します。

　さらに，未成年者の成長に伴って，親権者の権限は縮小，後退していくという考え方も十分検討に値します。

第9章
子どもの社会との交わり

◆ ストーリー

A　あなたのお兄さん，最近見かけないけれど。どうしたの。

B　うん，大学を出た後，就職せずに，P県にある専門学校に進学したんだ。気にいった**アパートに入居**して，大学時代にできなかった念願の一人暮らしを始めて，楽しくやっているみたい。ところがさあ，一人暮らしを始めた途端にいろいろな**訪問販売**がきて，新聞，インターネット接続あたりまでは良かったんだけれど，この間なんか，「素敵なお部屋ですね，これが似合いますよ」なんて言われて，若手芸術家のイラスト画まで買ってしまったんだ。確かに素敵で部屋が明るくなるようなのだけれど，値段も極端に高くて，両親から厳重注意を受けていたよ。

A　あら，お兄さんはもう家を離れているのだし，ご両親は関係ないんじゃないの。

B　確かに，自分でバイトもして，自活しているのだけれど，今回はついその場の雰囲気で買ってしまって，**後から支払が苦しくなって**両親に泣きついたんだよ。こっちは携帯電話を持つだけでも親に頭を下げて判をもらわなきゃならないのに，兄ちゃんは普段は好き勝手にしていて，困った時だけ親に頼っていて，正直，納得がいかないよ。自分だったら，感じの良いセールスマンに上手いこと言われたって，絶対にそんなものを買うようなへまはしない。

A　そうよね，私たちだってもう大学生になったのだから，そろそろ**親の許可**を得なくても，携帯電話を使うぐらいはできるようになりたいわよね。うちの親って，私のお気に入りの美容院にまで「もっと安いところはないの」なんてケチつけるんだもの，いやになっちゃう。バイトもしているのだから，そのくらいは自

> B　でも，Aさんそんなに髪型とかこだわりなさそうなのに，その美容院に行きたいの。
> A　失礼ね，まあ本当のことだから良いけど。その美容院は美容師さんと話が合って，良い気分転換になるの。見た目というより，精神衛生のためにそこに通っているわけ。あと，その美容院，切った髪の毛を癌患者のためのカツラを作っている団体に寄付していて，それも気に入っている理由。
> B　なるほど，大学に献血車が来るたびに献血→⑤しているAさんらしいね。

◆ ポイント

　人は他者との交わりをもつことで豊かな生活を実現します。子どもにとっても，他者とのかかわりは身体，人格の発展に不可欠の要素です。ただし，他者との交わりによって害悪を被る危険性も無視できません。未成年者に独自に行為することを禁じることが害悪を防ぐ最も簡単な方法ですが，一律の禁止には問題がありそうです。他者とのかかわりが財産的なものか，人格にかかわるものかに着目しつつ，未成年者の他者との交わりについての自律と限界について考えてみます。

1　社会との交わり・その1──契約

　人は，日常生活の中で，様々な約束をします。「部活の大会が終わったら，美味しい物を食べに行こう」，「話題のコミック本を読み終わったら貸してあげる」，「志望の高校に入学できたら，流行のマウンテンバイクを格安で譲ってあげる」など。

　これらの約束を積み重ねることは生活を豊かにします。このような，約束を通じての社会との交わりについて，法が用意しているのが「契約」という制度です。約束をした当事者が，約束した内容を守らないとき，他方の当事者はどうするでしょうか。まずは，直接または第三者を交えて，話合いを試みるかもしれません。それでも相手が約束通りに動こうとしない場合には，裁判に訴え，相手方に対して約束した内容通りに行動するよう求めることが考えられます（民法414条）。このように裁判に訴えてその内容の遂行を求めることができる

ような約束を「契約」といい、そして、約束が契約に該当するときには、当事者は約束した内容の遂行を求める「権利」を有し、その相手方はそれに対応する「義務」を負担します。約束があれば、それは必ず契約に当たるというわけではなく、当事者が裁判に訴えてその内容の遂行を求めることを想定していたか否かによって、契約か、契約ではない単なる約束にすぎないのかが分かれます。当事者がどのような想定をしていたかということは、約束が書面でなされていれば、その書面の内容、その他、当事者の言動や約束が交わされた時の状況など、個々の約束の個別の事情を考慮して、判断されます。冒頭の三つの例が契約に当たるかどうかも個別の事情によって決まることとなりますが、基本的には、最初の例は契約ではなく社交上の約束にとどまり、最後の例は契約であるとされる可能性が高く、二つ目の例は事情によってどちらもありえます。

　本章の**ストーリー**では、Bの兄が、アパートに入居する契約（賃貸借契約）やイラスト画を購入する契約（売買契約）を結んでいます。Aは、携帯電話の契約に触れており、また、美容院で髪を切ってもらう関係も契約です。

　このように様々な約束に契約としての効力を与え、約束した内容は実現されるという期待のもとに行動できることによって、人々は、自由に、好きな相手と契約を結ぶことで、社会との関係を築き、世界を広げて行くことができます。

2　契約の危険性？

(1)　契約の拘束力

　ところで、裁判所に訴えて約束の内容の遂行を求めることができるということは、相手方から見れば、裁判所を通じてその遂行を強制されることであり、重大な意味をもちます（民414条）。当事者は約束した内容に、拘束されるということです。**ストーリー**のBの兄のように、後で代金の支払が苦しくなっても、売買契約に基づいて、支払わなければなりません。では、どうしてそのような拘束を受けるのでしょうか。それは、当事者たる個人が、自らの自由な意思に基づいて、そのように約束したからに他なりません。人は、それぞれ、自分にとって何が利益または不利益か、快か不快か、自分の時間や能力を何に費やしたいかなどを取捨選択し、その判断に基づいて生きる自由を有します。そして、

個人が何かに拘束されるのは，自由な意思でそれを望んだ場合に限られる反面，いったん自由な意思で約した事柄には，たとえその後に気が変わっても，拘束されることになるのです。

(2) 判断過程に瑕疵がある場合

契約の拘束力の根拠が上記のとおりだとすると，一見契約が結ばれたように見えても，その契約を結ぶに当たって，当事者が自由な意思に基づいて自己の利害得失を判断したとはいえないような事情があるときには，契約の拘束力を認めるのは適当でないと考えられます。例えば，ストーリーでBの兄がイラスト画を購入した際に，訪問してきた販売員から，著名な芸術家の作品であるとの虚偽の説明を受け，誤った情報に基づいて契約を結んだとしましょう。この場合に，確かにBの兄は，最終的には当該イラスト画を購入するという内容の契約を自らの意思に基づいて結んでいるわけですが，そのような契約に至る自由な意思に基づく判断の過程が損なわれています。このように意思の形成過程に自由な意思形成が妨げられた状況が存在し，その状況が相手方の意図的な虚偽の説明に起因するときには，騙された当事者には，詐欺を理由に，契約を取り消し，その拘束力から解放される道が開かれています（民96条）。

◆ 条　文
民　法
96条1項　詐欺又は強迫による意思表示は，取り消すことができる。〔2項以下，省略〕

414条1項　債務者が任意に債務の履行をしないときは，債権者は，その強制履行を裁判所に請求することができる。〔以下，略〕

③ 未成年者は一人で契約ができない？──行為能力

(1) 利害得失の判断が十分にできない場合

相手方の詐欺に遭ったりしたわけではないが，自己の利害得失を的確に判断できないような場合もありえます。例えば，高齢で重度の認知症にり患してい

199

るため，日常生活のごく単純な事柄以外には，自己の意思に基づいて判断できない状況のときには，その人を自ら約束した内容に拘束する前提を欠きます。そこで，このような場合には，判断能力が不十分であったことを理由に，締結された契約の効力を否定することができます。ただし，ある人の判断能力が不十分であるかどうかは客観的に明らかだとは限りません。にもかかわらず，時には取消しが許され，時には許されないということになると，契約の相手になろうとする人は不安定な立場に置かれ，ひいては，判断能力に不安のある人とは一切取引しないという状況にもなりかねません。

そこで，判断能力が不十分な状況かどうかを予め明らかにしておくために，家庭裁判所の判断により，後見の措置を開始する方法がとられます（民7条）。本人にとっても，予め後見の措置を受けておくことにより，取引の度に自分の判断能力について説明したり，証明したりする必要がなくなるという利点があります。判断能力の不十分な人に後見措置が開始された場合には，後見人という保護機関が付され（民8条），後見人が本人（「成年被後見人」といいます）の保護を図りながら，本人に代わって契約を締結することになります（民859条）。そして，本人が一人でした契約等は取り消すことができます（民9条。このように一人で契約を行うことができない状況にあることを「行為能力が制限されている」といいます）。

なお，判断能力が十分ではない人の契約等の支援にかかわる措置には，後見の場合よりも判断能力の減退の程度が軽い場合を対象とする，保佐，補助があり，それぞれ，後見に比べて，保護機関の立場の者が行える行為の範囲および本人の行為に対する制約がより限定的となっています（保佐につき民11条以下，補助につき民15条以下）。さらに，判断能力の減退に備えて，予め，自分の代わりに行為をしてくれる人を選んでおく任意後見契約を締結しておく方法もあります（任意後見契約に関する法律）。

◆ 条　文
民　法
7条　精神上の障害により事理を弁識する能力を欠く常況にある者については，
家庭裁判所は，本人，配偶者，四親等内の親族……又は検察官の請求により，

後見開始の審判をすることができる。
8条 後見開始の審判を受けた者は，成年被後見人とし，これに成年後見人を付する。
9条 成年被後見人の法律行為は，取り消すことができる。ただし，日用品の購入その他日常生活に関する行為については，この限りでない。
859条1項 後見人は，被後見人の財産を管理し，かつ，その財産に関する法律行為について被後見人を代表する。〔2項は省略〕

(2) 未成年者の行為能力の制限

　未成年者の場合にも，年齢によって程度の差はあっても，自分の利害得失を判断して契約を結ぶための判断能力が必ずしも十分ではないでしょう。契約の危険性に目を向ければ，未成年者は契約を結べないとして，未成年者を守ることが考えられます。未成年者自身が契約を結べなくても，代わりに誰かが結べるしくみを用意しておけば，それほどの不都合は生じないかもしれません。しかし，未成年者であってもある程度の年齢に達していれば，冒頭に掲げたような約束をすることは生活の中で自然なことであり，危険性もあまり高くないように思われます。さらに，未成年者が将来，利害得失を十分に判断して種々の契約を結んで世界を広げていくことのできる大人になるためにも，徐々に，契約を結ぶことを経験ないし訓練する機会があってもよいのではないでしょうか。保護と自律のバランスをどのように図るかが問題となるわけですが，民法では次のような枠組みが作られています。

(a) 契約の取消し

　まず，「自分の意思」というものを想定できないような乳児は契約を結ぶことはできません。そして，一定の年齢に達した未成年者は自ら契約を結ぶことができますが，その契約の効力は完全ではありません。「一定の年齢」は，自己の行為の法的な結果を認識・判断することができる（「意思能力」があるという）時期を指し，問題となる事柄によって異なりますが，おおよそ7歳から10歳頃とされます。このような年齢に至っても，未成年者は大人と比べて自己の利害得失を判断する能力が十分に備わっているとは限らず，取引の経験も少ないために，不利益な契約を結んでしまうことが考えられます。そこで，未

成年者が結んだ契約は，理由を問わずに，つまり，詐欺等の事情がなくても，後で取り消すことができます（民5条）。このように，意思能力を備えた未成年者は一人で契約を結べるが，その契約は後で取消しができるという点で，効力が完全には与えられないことから，未成年者は「行為能力を制限されている」といえます（ただし，**第8章4**で説明した通り，処分を許された財産と許可された営業については，例外が認められています）。

(b) 年齢による一律の制限

　ところで，個々の未成年者の判断能力の程度は，同じ年齢であっても差がありえ，また，19歳程度の未成年者と20歳になったばかりの成人を比べれば，個別には判断能力に大きな違いがないということもあるでしょうが，法は，未成年者と成人との間で画一的に区切り，未成年者は誰でも，行為能力を制限されることとしています。他方で，未成年者が婚姻した場合には，当該未成年者は成年として扱われるようになり，制限行為能力制度による保護の対象から外れます（民753条）。後で述べるように，未成年者が婚姻するには父母の同意を得る必要があるのですが，父母の承認により厳しい社会に独り立ちしていこうという未成年者には，たとえ危険があっても，単独で確定的に取引などを行える地位を認めようというのです。このように，20歳までは一律に行為能力が制限されるが，20歳未満であっても婚姻すると制限が解かれるというしくみとなっていることから，未成年者の制限行為能力制度は，客観的に判断能力が不十分であることだけに基づくものではないことがわかります。

(c) 同意を得てする契約

　制限された行為能力しか有しない未成年者は，一人で完全な契約を結ぶことができないわけですが，保護を受けつつ，事前に利害得失を十分に判断して，完全な契約を結ぶための枠組みも用意されています。成人に対する保護の枠組みである前述の後見の場合には，家庭裁判所が保護する機関（後見人等）を選任するということでしたが，未成年者の場合には，親権者がいるときには，親権者が保護機関となります（民824条）。意思能力を備えた未成年者は，親権者の同意を得ることで，自ら完全な契約を結ぶことができ，この場合には未成年であることを理由とする上記のような取消しはできません。さらに，親権者は，未成年者の意思能力の有無にかかわらず，未成年者に代わって（代理），未成

年者のために契約を結ぶことができます。「未成年者のために」というのは，契約を結ぶための行為をするのは親権者ですが，契約の当事者となるのは親権者ではなく未成年者であることを意味します。親権者がいないときには，家庭裁判所によって，保護機関として未成年後見人が選任されます（民838条・859条。詳しくは，**第8章5(5)** を参照）。

◆ 条　　文
民　　法
5条1項　未成年者が法律行為をするには，その**法定代理人の同意**を得なければならない。……
　2項　前項の規定に反する法律行為は，**取り消す**ことができる。〔3項は省略〕
753条　未成年者が婚姻をしたときは，これによって成年に達したものとみなす。
824条　**親権を行う者**は，子の**財産を管理**し，かつ，その財産に関する法律行為について**その子を代表**する。〔以下，略（後出）〕
838条　**後見**は，次に掲げる場合に開始する。
　1号　未成年者に対して**親権を行う者がないとき**，又は親権を行う者が管理権を有しないとき。
　2号〔略〕

(3) 相手方の保護

意思能力のある未成年者は一人で契約を結べることとしつつ，後から，理由を問わずに取り消すことを認めるというのは，社会が未成年者に挑戦と失敗を許し，大人になるための経験の機会を与えているといえます。もっとも，未成年者と契約する相手方にとっては，契約が取り消される可能性があるため，不安定な状況に置かれることは否定できません。そこで，相手方には，未成年者と契約を結んだときには，契約を取り消すか，それとも取消しをせずに確定させるか（「追認」するという）を，一定期間内に決めるよう，促す権利が認められています（民20条1項）。未成年者が成人に達していない間は，親権者がこれに応えることになります（民20条2項）。さらに，未成年者が，成人であると偽って契約をしたときには，取消しができなくなります（民21条）。

第9章　子どもの社会との交わり

◆ 条　文
民　　法
20条1項　**制限行為能力者……の相手方**は，その制限行為能力者が行為能力者……となった後，その者に対し，一箇月以上の期間を定めて，その期間内にそ**の取り消すことができる行為を追認するかどうかを確答すべき旨の催告**をすることができる。この場合において，その者がその期間内に確答を発しないときは，その行為を追認したものとみなす。
　2項　制限行為能力者の相手方が，制限行為能力者が行為能力者とならない間に，その法定代理人……に対し，その権限内の行為について前項に規定する催告をした場合において，これらの者が同項の期間内に確答を発しないときも，同項後段と同様とする。
21条　制限行為能力者が**行為能力者であることを信じさせるため詐術**を用いたときは，その行為を取り消すことができない。

(4)　携帯電話の契約──利用料負担との関係

　未成年者の多くが携帯電話を利用しています。親が契約したものを使っていることが多いかもしれませんが，未成年者自身が親に干渉されずに，自分で持ちたいと思うこともあるでしょう。意思能力を備えた未成年者であれば，単独で契約を結ぶこともできますが，携帯電話の利用契約のように複雑かつ継続的な内容で，対価負担も軽くない契約の場合には，相手方は未成年者単独での契約に応じず，親権者の同意を求めるのが通常であると考えられます。親権者自身が子に代わって，子を当事者として契約を結ぶこともできます。これらの場合に携帯電話の利用料を誰が負担するかは，携帯電話の契約の当事者は誰かということとは別に，契約の中でどのように定めるかによって決まってくる問題ですが，通常は，利用契約の当事者が費用を負担するよう契約で取決めされているでしょう。したがって，未成年者自身の名義で結ばれた携帯電話利用契約に基づく利用料は，未成年者自身が支払の責任を負うのが原則です。事業者が確実に利用料を確保したいと考えれば，名義は未成年者自身としつつ，利用料を支払う義務について，親権者等の資力のある者を保証人に立てるよう求めるでしょう。

4 契約の危険性に対する一般的対応——消費者法

　未成年者は，行為能力の制限を理由とする取消しを認めるしくみにより，契約締結について挑戦と失敗を経験する機会が与えられているということでした。では，ひとたび成人に至れば，失敗はおよそ許されなくなるのでしょうか。成人は，判断能力が不十分なために後見が開始されていたり，詐欺取消しが認められるような例外が認められる以外には，自ら行った契約に拘束されますが，そのような場合に当たらなくても，人が，情報を十分に集めて慎重に判断をした上で契約をすることが容易でない状況がありえます。例えば，消費者が訪問販売を受けて，ある商品を購入するような場合です。生活の場に突然訪問され，商品の魅力や取引の有利さをしつこく説明され，退去してもらうのも容易ではないというとき，消費者が冷静に情報を集めて交渉を行いつつ判断することができにくくなったとしても，止むをえないことです。このような場合に，消費者が自分で決めたことに拘束されるという原則を貫くのは適当ではありません。

　そこで，消費者取引の分野については，特定商取引法，割賦販売法，消費者契約法などにより，原則を緩和または修正し，いったん当事者の合意により成立した契約の効力を否定するルールが設けられています。上記の訪問販売の例では，訪問を受けて契約を結んだ消費者は，理由を問わずに，7日以内に書面で一方的に通知することで，契約を解除することができます（「クーリングオフ」と通称されるしくみです。特定商取引9条）。また，訪問販売による勧誘の方法に問題があったことを理由に，契約を取り消すこともできる場合もあります（消費契約4条3項）。

　成人になって間もない若年者（年少成年者）は，消費者被害に遭いやすく，消費者法の保護を受けることが多いといわれています。この指摘を踏まえると，未成年者における制限行為能力制度と消費者法制は，判断能力を発達させつつ，契約で結ばれる社会に参入していく個人に対して，契約の拘束力の利便性と危険性に習熟するための基盤を提供する点で，連続的なものであるとの見方ができます。

第 9 章　子どもの社会との交わり

◆ 条　文
消費者契約法
4 条 3 項　消費者は，事業者が消費者契約の締結について勧誘をするに際し，当該消費者に対して次に掲げる行為をしたことにより困惑し，それによって当該消費者契約の申込み又はその承諾の意思表示をしたときは，これを取り消すことができる。

　1 号　当該事業者に対し，当該消費者が，その住居又はその業務を行っている場所から退去すべき旨の意思を表示したにもかかわらず，それらの場所から退去しないこと。〔以下，略〕

特定商取引法
9 条 1 項　……販売業者……が営業所等以外の場所において商品……につき売買契約……を締結した場合……におけるその購入者……は，書面によりその売買契約……の解除……を行うことができる。ただし，……八日を経過した場合……においては，この限りでない。

5　社会との交わり・その 2 ――「人格」にかかわる行為

(1)　未成年者が単独ですることのできる行為 ―― 結婚

　未成年者が，行為能力の制限にかかわりなく，その意思に基づいて完全に有効にすることのできる行為類型もあります。代表的なひとつが，結婚です。結婚は，他者と衣食住を共にする関係で，その関係から一方的に自由に離脱することは予定されていない，個人の身体，精神，財産にとって極めて重大な意味をもつ行為です。このような結婚（民法では婚姻といいます）は，それをしようとする当該個人の自由な意思に基づいてしか，なしようがありません。そこで，婚姻適齢（男 18 歳，女 16 歳〔民 731 条〕）に達していれば，未成年者であっても，自らの意思に基づいて単独で婚姻をすることができるとされています（民 737 条）。たしかに，未成年者は，婚姻について，その父母の同意を得なければなりません。しかし，法定代理人である「親権者」ではなく，「父母」の同意が求められ，しかも，同意を得ずになされた婚姻であっても取消しの対象にはならないとされています。つまり，婚姻に対する父母の同意は，親権者が制限行

206

為能力者である未成年者のする契約締結等の行為に同意するのとは異なるということです。婚姻は，その人格的な性格の強さゆえに，未成年者であっても単独で行えるとされるのです。なお，同様の理由で，判断能力の不十分な成年被後見人も意思能力さえあれば，自ら婚姻ができます（民738条）。

以下では，他に未成年者が単独ですることのできる行為をみていきましょう。

◆ 条　文
民　法
731条　男は，**18歳**に，女は，**16歳**にならなければ，婚姻をすることができない。
737条1項　未成年の子が婚姻をするには，**父母の同意**を得なければならない。
〔2項は省略〕

(2)　家族に関する行為

　結婚のほかに，家族にかかわる行為には，未成年者自身が自己の意思決定により行うことができる事柄が多くあります。まず，養子縁組は，養親および養子となろうとする者の合意によって成立しますが，養子となろうとする者が15歳以上の場合には，本人が自ら承諾をして養子縁組ができます（民797条1項）。もっとも，養子となろうとする者が未成年者の場合の養子縁組については，未成年者が不利益を受けないよう慎重にされる必要があるので，原則として家庭裁判所の許可を得なければなりません（民798条）。養子となろうとする者が15歳未満の場合には，その法定代理人（親権者または未成年後見人）が代わりに承諾し（「代諾」という），家庭裁判所の許可を得ることになります。この場合であっても，可能な限り，養子となる未成年者本人の意思が確認，考慮されることが望ましく（15歳以上の養子となるべき者について必ず意見聴取をするよう法律に定められています〔家事事件手続法161条3項〕），より低年齢の者についても任意に意見聴取等による意思の把握がなされるべきだと解されます（家事65条）（詳しくは**(4)**を参照）。

　他に，15歳以上の未成年者は，死後の財産の処分を定める遺言を自らすることができ（民961条），また，一定の場合に氏の変更を届け出ることができます（民791条1項〜3項）。氏の変更については本人が成人した後に元の氏に戻

ることも認められています（同条4項）。未成年であるために行うおそれのある不利益な判断への配慮によるものです。さらに，婚姻関係にない女性の分娩した子との間に父子関係を成立させる認知も，未成年者は，法定代理人の同意を得ずに，自らの意思表示によって行うことができます（民780条）。

◆ 条　文
民　法
780条　認知をするには，父……が未成年者……であるときであっても，その法定代理人の同意を要しない。
791条1項　子が父又は母と氏を異にする場合には，子は，家庭裁判所の許可を得て，戸籍法の定めるところにより届け出ることによって，その父又は母の氏を称することができる。〔2項は省略〕
　3項　子が**15歳未満であるときは，その法定代理人が**，これに代わって，前2項の行為をすることができる。
　4項　前3項の規定により氏を改めた未成年の子は，**成年に達した時から1年以内**に戸籍法の定めるところにより届け出ることによって，従前の氏に復することができる。
797条1項　養子となる者が**15歳未満であるときは，その法定代理人が**，これに代わって，縁組の承諾をすることができる。〔2項は省略〕
798条　未成年者を養子とするには，**家庭裁判所の許可**を得なければならない。ただし，自己又は配偶者の直系卑属を養子とする場合は，この限りでない。
961条　**15歳**に達した者は，**遺言**をすることができる。

(3) 人身にかかわる行為

　家族にかかわる行為以外に，本人の人身にかかわる行為については，未成年者自らの意思が尊重されます。法定代理人が未成年者本人に代わって契約を結ぶなどの行為をする場合でも，それが子の行為を目的とする義務を発生させる（例えば子が演技をする義務を負う）ときには，本人の同意が必要とされます（民824条ただし書）。労働契約については，法定代理人が未成年者に代わって契約を結ぶことが禁止され，未成年者本人しか締結することができません（労働基準法58条。なお，59条も参照）。これらの規律がなぜあるのかを考えると，個人

の人身，人格の中核には，親権者などの法定代理人によっても影響されえないような領域が存するのではないか，という問いにつながります。

　子どもがファッション誌向けのモデルとなったり，乳児がドラマに出演したりすることは日常的に見かけます。意思能力を備えた子どもの場合には，本人の同意によることが考えられますが，低年齢の子どもについては，子ども自身は有効に同意できないとしても，親権者が本人に代わって同意できるというべきなのか，問題が残ります（実務的には親権者と未成年者本人の連名の欄が設けられた肖像権使用同意書が用いられているようです）。関連して，親権者は未成年の子を被保険者として生命保険契約を締結できるかという問題もあります。生命保険契約を有効に締結するためには，被保険者の同意が必要とされますが（保険法38条），被保険者が未成年者の場合に，誰が同意するのかという問題です。実務的には，15歳未満の未成年者については親権者の同意により，15歳以上の未成年者については親権者と並んで未成年者自身の同意を得る方法によっているとされます。しかし，親権者および未成年者自身の同意によることで，未成年者の保護を十分に図ることができるのかについては疑問もあります。そこで，生命保険の不正な利用から未成年者を保護するために，保険会社が自主規制を行うよう求められており（保険業法施行規則53条の7第2項），これに応じて，15歳未満の未成年者を被保険者とする生命保険においては死亡保険金額の上限を1000万円とする等の自主規制が行われています。

　人身にかかわる行為のうち，医療行為については，統一的な考え方は確立しておらず，立法的な解決を要する状況であるものの，一定年齢以上の未成年者については，自らの意思表示によって単独で同意するか，法定代理人が代わりに承諾する場合でも本人の意思確認が求められるべきだと解される傾向にあります。献血も医療行為に準じて考えられるでしょう（医療行為について，詳しくは Column 14 を参照）。

◆ 条　文
　民　法
　824条　……〔前出〕……ただし，**その子の行為を目的とする債務を生ずべき場合**には，**本人の同意**を得なければならない。

労働基準法
58条1項 親権者又は後見人は，**未成年者に代って労働契約を締結してはならない。**
　2項 親権者若しくは後見人又は行政官庁は，労働契約が未成年者に不利であると認める場合においては，将来に向ってこれを解除することができる。
59条 未成年者は，独立して賃金を請求することができる。**親権者又は後見人は，未成年者の賃金を代って受け取ってはならない。**

（4）未成年者の法的手続への関与

　行為能力を制限される未成年者は，民事訴訟において，訴訟にかかわる行為を自ら行うことも否定されます（手続行為能力がない。民事訴訟法31条）。しかし，家族にかかわる事項においては，上述のとおり，できる限り本人の意思を尊重すべきと考えられることから，家族にかかわる法的手続（家事事件）のうち一定の類型については，意思能力を有する未成年者が自ら手続上の行為を行うことが認められます。父母が離婚した後の面会交流等について定めるための子の監護に関する処分事件，父母のどちらを親権者とするかを定める親権者の指定または変更事件，親権の喪失・制限事件等がその例です（家事151条・160条2項・168条・252条他）。親権の喪失，停止については，未成年者自身がその申立てを行うことができることも明文で定められています（民834条・834条の2・835条）。他方で，手続行為能力を有する未成年者が家事事件への関与を望む場合であっても，関与を認めることがその未成年者の利益を害する事態も考えられます。例えば，父母のどちらを親権者にするかを定める事件で父母の対立が非常に激しく，手続に関与することで子がその対立に巻き込まれ，親の一方との関係を修復不可能な程度にまで損ないかねないような場合等です。このような場合に備えて，家庭裁判所には，未成年者の年齢および発達の程度その他一切の事情を考慮して未成年者の利益を害すると認める場合に，未成年者の関与を認めないものとする権限が与えられています（家事42条5項）。
　家事事件については，さらに，未成年者自らが関与しない場合であっても，家庭裁判所は，一般的に，家庭裁判所調査官による調査等を活用し，子の意思の把握に努め，子の年齢および発達の程度に応じて，子の意思を考慮しなけれ

ばならないとされています（家事65条，子どもの権利条約12条）。加えて，親子，親権または未成年後見，子の監護に関する処分に関する事件等，未成年者である子に影響を与えるような種類の事件の手続においては，15歳以上の子から陳述の聴取をしなければならないとされます（家事152条2項・169条・178条等）。これらの事件は，特に子の利益に影響することから，一定年齢以上の子から必ず意見聴取をすべきことが特に定められたものです。15歳未満の子であっても，また，他の類型の事件であっても，子の意思の把握，考慮に努めるべきことは，先に挙げた一般的な定めによって明らかにされています。

なお，少年事件においては，少年が親権者等の同意を得ることなく，単独で付添人を選任することができるとされ，少年の利益擁護が図られています（少年法6条の3・10条）。

◆ 条　文
民　法
834条　父又は母による虐待又は悪意の遺棄があるときその他父又は母による親権の行使が著しく困難又は不適当であることにより子の利益を著しく害するときは，家庭裁判所は，**子**，その親族，未成年後見人，未成年後見監督人又は検察官**の請求により**，その父又は母について，親権喪失の審判をすることができる。……

961条　**15歳**に達した者は，**遺言**をすることができる。

民事訴訟法
31条　未成年者及び成年被後見人は，法定代理人によらなければ，訴訟行為をすることができない。ただし，未成年者が独立して法律行為をすることができる場合は，この限りでない。

家事事件手続法
42条5項　家庭裁判所は，……**家事審判の手続に参加しようとする者が未成年者である場合**において，その者の年齢及び発達の程度その他一切の事情を考慮してその者が当該家事審判の手続に参加することが**その者の利益を害すると認めるときは**，……参加の申出又は……参加の許可の**申立てを却下**しなければならない。

65条　**家庭裁判所は**，親子，親権又は未成年後見に関する家事審判その他未成

年である子……がその結果により影響を受ける家事審判の手続においては，子の陳述の聴取，家庭裁判所調査官による調査その他の適切な方法により，**子の意思を把握**するように努め，審判をするに当たり，**子の年齢及び発達の程度に応じて，その意思を考慮**しなければならない。

118条 （手続行為能力〔の特則〕）次に掲げる審判事件……においては，成年被後見人となるべき者及び成年被後見人は，……民事訴訟法第31条の規定にかかわらず，**法定代理人によらずに，自ら手続行為をすることができる。**〔以下，省略〕

151条 第118条の規定は，次の各号に掲げる審判事件……における当該各号に定める者について準用する。……

　　2号 子の監護に関する処分の審判事件　子

160条2項 第118条の規定は，子の氏の変更についての許可の審判事件における子（15歳以上のものに限る。）について準用する。

168条 〔151条と同じように118条を準用〕

　　3号 親権喪失，親権停止又は管理権喪失の審判事件……子及びその父母

　　7号 親権者の指定又は変更の審判事件……子及びその父母

152条2項 家庭裁判所は，子の監護に関する処分の審判……をする場合には，……**子（15歳以上のものに限る。）の陳述を聴かなければならない。**

161条3項 家庭裁判所は，養子縁組をするについての許可の審判をする場合には，次に掲げる者の陳述を聴かなければならない。……

　　1号 **養子となるべき者（15歳以上のものに限る。）**

169条1項 家庭裁判所は，次の各号に掲げる審判をする場合には，当該各号に定める者……の陳述を聴かなければならない。……

　　1号 親権喪失，親権停止又は管理権喪失の審判……子（15歳以上のものに限る。）及び子の親権者〔以下略〕

　2項 家庭裁判所は，親権者の指定又は変更の審判をする場合には，……子（15歳以上のものに限る。）の陳述を聴かなければならない。

178条1項 〔柱書は169条1項と同趣旨〕

　　1号 未成年後見人又は未成年後見監督人の選任の審判　未成年被後見人（15歳以上のものに限る。）

少 年 法
6条の3 少年及び保護者は、〔警察官等の調査〕に関し、いつでも、弁護士である付添人を選任することができる。

10条1項 少年及び保護者は、家庭裁判所の許可を受けて、**付添人を選任**することができる。ただし、弁護士を付添人に選任するには、家庭裁判所の許可を要しない。

　2項 保護者は、家庭裁判所の許可を受けて、付添人となることができる。

子どもの権利条約
12条1項 締約国は、自己の意見を形成する能力のある児童がその児童に影響を及ぼすすべての事項について自由に自己の意思を表明する権利を確保する。この場合において、児童の意見は、その児童の年齢及び成熟度に従って相応に考慮されるものとする。

2項 このため、児童は、特に、自己に影響を及ぼすあらゆる司法上及び行政上の手続において、国内法の手続規則に合致する方法により直接又は代理人若しくは適当な団体を通じて聴取される機会を与えられる。

◆ まとめ
　子どもが身体および人格を発展させていくためには、他者と交わることが不可欠です。子どもが、成長段階に応じて、自己の意思により、他者と財産的、人格的に交われるよう、支援しなければなりません。ただし、他者との交わりは、子どもに害悪をもたらすこともありえます。子どもは必ずしも利害得失を長期的な視野で慎重に判断できないことを考慮しつつ、子どもの自由な意思の尊重と子どもを害悪から守ることの要請との均衡が図られなければなりません。

　財産的行為については、子どもが自ら行う可能性を認めつつも、失敗に備えて親権者等の他者が介入する余地が広く認められているのに対し、身体や人格にかかわる行為については、年長の未成年者は単独で行えるとされることが多くなっています。身体や人格については、客観的な利害得失では必ずしも測ることのできない、個人の固有の選択が尊重されるべきだと考えられているといえます。

✧ **Column 14　医療と子ども**

　財産的な行為と異なり，身体，家族等の人格にかかわる行為については，15歳以上の未成年者が単独で行えることを定める条文があることは本章で紹介しました。意思能力が備わっていれば，個人の人格に深くかかわる性格の事柄については，できる限り，本人の意思によらせるべきではないかと考えられます。医療行為については，一定年齢以上の未成年者の場合に，自ら単独で同意するか，法定代理人が代わりに承諾する場合でも本人の意思の確認が求められるべきと解される傾向にあります。

　臓器移植については，遺言能力（民961条）を参考にして，15歳以上の未成年者は自己の意思表示によることができる旨が厚生労働省の指針で定められています（「『臓器の移植に関する法律』の運用に関する指針（ガイドライン）」第1）。輸血医療については，医療系の学会が定めた自主規制ではありますが，18歳以上の者については完全に，15歳以上の未成年者については輸血を受ける方向での意思決定につき，その意思が尊重されるべきとされています（宗教的輸血拒否に関する合同委員会「宗教的輸血拒否に関するガイドライン」第1の1）および2））。さらに，人工妊娠中絶についても，法定の要件に従い，法定代理人の同意なく，未成年者自身の同意で受けることができると解されています（母体保護法14条）。他方で，予防接種については，明文で保護者（親権者又は後見人とされる）の文書による同意が要求されているなど（予防接種実施規則5条の2，予防接種法2条7項），法制度全体で，医療行為と未成年者の問題をどう扱うかについて統一的な考え方が確立しているとはいえません。不明確な法状況は，未成年者が児童福祉法上の措置を受けている場合にも，現場に困難を生じさせる一因となっています。

　医療行為は，生命・身体の安全に直結する事項であることを考えますと，15歳を基準として単独で同意ができることを原則とし，個別の行為類型に応じて例外を設ける方向で法整備がなされるべきではないでしょうか。なお，15歳未満の子については親権者等の代諾によるのが実務の傾向ですが，本人の意思の把握に努め，第三者の助言や判断を介在させる等の様々な可能性が考えられます。

第10章
障害児の現在と将来

◆ ストーリー

　Ａさんは重度の聴覚障害がある**特別支援学校高等部**→3の3年生。Ｂさんは，肢体不自由で知的障害があり**特別支援学級**→3で学ぶ小学1年生のＣ君の父親。新緑の季節，ある晴れた日の午後，ある講演会で一緒になったＡさんとＢさんは，帰り道の途中，知り合いのマスターがいる喫茶店に立ち寄る。喫茶店のマスターＤさんには，重度心身障害の娘がいる。(《　》は手話での会話，〈　〉はスマートフォンでの会話）

Ｂさん　「マスター，久しぶり」
Ａさん　《こんにちは》
Ｄさん　「ああ，いらっしゃい」《こんにちは》
Ｂさん　「市民会館の講演会でばったり会っちゃって」
Ｄさん　《講演会どうだった？》
Ａさん　《とても勉強になりました。通訳の人が上手で理解しやすかったです》
Ｂさん　「僕もそろそろ手話まじめに勉強しようかな」
Ａさん　《すいません。今，大事な連絡があって》
Ｂさん　《かまわないよ》「じゃあ，マスターに話相手になってもらおうかな」
　　　　　⋮
Ｂさん　「そうそう，Ｃのことだけど，結局友達と一緒の小学校に通うことにしたんですよ」
Ｄさん　「そう。学校側も理解してくれたんだ」
Ｂさん　「いや，最初は市の教育委員会でも特別支援学校を勧められたんだけど，保育所にいた時のことを**詳しく話して**→4，大丈夫ですからと粘ったら最後は向こうが根負けしたみたい」
Ｄさん　「がんばったねぇ」
Ｂさん　「うん，自分でもびっくりしてる。**手帳の申請**→1もぐずぐずしてたのにね。3歳の時の**検診**→2で発達に遅れがあると言われた時は，このうえ知的障害まで，とか

第10章　障害児の現在と将来

　　　思ってしまって，しばらくは受け止められなかったけど，保育所でいろんな人に
　　　支えられて，何とかなるかもって思えてきて」
Dさん　「……」
Bさん　「マスターにも相談に乗ってもらって，Aさんからも，特別支援学校だと
　　　ていねいな授業[5]で，ニュースになったような虐待なんかもなかったって聞いたけ
　　　ど，やっぱりできるだけ他の子と同じようにって思って。小学校の建物が**車いす
　　　で移動しやすく**[7]なってたのも大きいかな」
Dさん　「娘の場合は，養護学校に通うってだけで願いが一つかなった気がしたけ
　　　ど，実際，学校遠くて大変だったし，C君はそれでいいと思うよ。今はいろいろ
　　　とサポートがあるし」
Bさん　「そうですよね。Cも学校楽しいみたいだし，問題起こっても特別支援学
　　　級の先生が不安なところは特別支援学校の先生が支えてくれるみたいだし。今日
　　　もCは**デイサービス**[6]行ってて，本当に助かるよ」
Dさん　「あっ，終わったみたい」
Aさん　〈すいません。内定先の会社から連絡があって〉
Bさん　〈もう就職決まったんだ。おめでとう〉《おめでとう》
Dさん　《本当に良かったね。おめでとう》
Aさん　《ありがとう》〈E工業という会社なんですけど，知ってますか？〉
Dさん　〈**障がい者を多く雇用する会社**[8]だと聞いてるけど〉
Aさん　〈急に呼び出されたんで，これで失礼します〉
Bさん　《さよなら》
Bさん　「就職の話とか聞いてるとやっぱりCの将来のこと考えるよ。どうなるん
　　　だろ。娘さんは**作業所**[8]で働いているんでしたっけ」
Dさん　「いつも元気に通ってるよ」
Bさん　「仕事のこともそうだけど，住むところとか生活のこと心配だし，お金の
　　　こととかも考えないと」
Dさん　「今は就職してからの支援の制度も広まってきてるし，C君が大きくなる
　　　頃は，もっと生きやすい世の中になってると思うよ」

◆　ポイント
　　障害児については，妊娠時から定期的な検診や子育て支援など様々な機関が子
　どもの健康・発達に継続的にかかわっていく過程で，障害の早期発見・対応に向

けた継続的な支援が必要とされています。学齢期前の障害児は，保育所・幼稚園に通う場合，障害児のみを対象とする通所施設に通ったり入所施設で生活する場合，指定医療機関に入院する場合，さらにもっぱら自宅で生活する場合があります。

一方，学校教育については，小中高等学校等（特別支援学級を含む）と特別支援学校による特別支援教育のシステムがあります。ノーマライゼイション，インクルージョンの理念の下，就学先の決定にあたっては保護者，および年齢に応じて子ども本人の意向が尊重されます。特別支援学校・学級では，一人一人の障害に対応したきめ細かな教育が行われますが，小中高等学校等の通常学級に在籍する場合も含め，虐待やいじめ，差別からも守られなければなりません。

障害児にとっては学校外での生活支援も重要であり，また，保護者の支援も課題とされています。一方，生活の中での公共施設や情報の利用に関する制約をハード・ソフト両面で解消していく施策が進められています。

卒業後の自立に向けては，就労促進のため，企業等に対する雇用義務制度に加え，本人への支援としても就労前だけでなく就労後の職場における支援，さらには生活全般を視野に入れた支援が求められています。一般的な就労が難しい場合の福祉的就労についても労働条件の改善が求められています。

1 障害児

(1) 障害の「社会モデル」

障害者基本法2条は，「障害者」を「身体障害，知的障害，精神障害（発達障害を含む。）その他の心身の機能の障害（以下「障害」と総称する。）がある者であって，障害及び社会的障壁により継続的に日常生活または社会生活に相当な制限を受ける状態にあるもの」と定義し，発達障害や難病の者をも視野に入れた上で，「社会的障壁」を「障害がある者にとって日常生活又は社会生活を営む上で障壁となるような社会における事物，制度，慣行，観念その他一切のもの」と定義しています。障害を個人の属性（障害の「個人モデル」）とみるよりも，社会によって作り出される面（障害の「社会モデル」）を重視する障害者権利条約の基本的な考え方を踏まえるものであり，この定義の下に各法律における「障害者」，「障害児」の語は理解される必要があります。

(2) 定義と手帳制度

　児童福祉法は，障害者基本法2条にいう「障害者」のうち18歳未満の児童を「障害児」と定義していると理解されます（児福4条2項）。しかし，「身体に障害のある児童」「知的障害のある児童」「精神に障害のある児童」それぞれについての定義は定められていません。

　一方，身体障害者福祉法は，別表で詳細に定める一定程度の身体上の障害がある18歳以上の者であって，都道府県知事から身体障害者手帳の交付を受けたものを「身体障害者」と定義しています（障害福祉4条）。身体障害者手帳の交付を申請することができるのは「身体に障害のある者」としており（障害福祉15条），本人が15歳未満の場合に保護者の代理申請を認めていることから明らかなように，子どもにも身体障害者手帳が交付されます。

　これに対し，知的障害者福祉法は「知的障害者」を定義していません。知的障害の定義や判定の基準が学問的に確立していないためです。もっとも各種支援を受けやすくするため実際上は療育手帳制度が設けられています。

　さらに「精神保健及び精神障害者福祉に関する法律」は，「統合失調症，精神作用物質による急性中毒又はその依存症，知的障害，精神病質その他の精神疾患を有する者」と「精神障害者」を定義した上で（精神5条），知的障害者を除いて都道府県知事に精神障害者保健福祉手帳の交付を申請することができると定めています（精神45条）。つまり同法は精神障害者を年齢で定義しておらず，子どもにも精神障害者保健福祉手帳が交付されます。

　なお同法の定義とは区別されるものの，障害者基本法2条において精神障害に含められる発達障害については，発達障害者支援法2条において「自閉症，アスペルガー症候群その他の広汎性発達障害，学習障害，注意欠陥多動性障害その他これに類する脳機能の障害であってその症状が通常低年齢において発現するものとして政令で定めるもの」と定義され，「発達障害を有するために日常生活又は社会生活に制限を受ける者」が発達障害者，そのうち18歳未満のものが発達障害児とされています。

(3) 手帳制度の意味

　以上の法律に対し，各種支援の具体的なあり方について定める「障害者の日

常生活及び社会生活を総合的に支援するための法律（障害者総合支援法）」は，障害の如何を問わず総合的な観点から支援の定めを置いており，身体障害者福祉法の対象外とされる難病の者（ただし網羅的ではない）をも支援対象としています（障害総合支援4条）。

　この点，社会福祉基礎構造改革の結果である同法の定める具体的な支援は，必ずしも上記各手帳制度を前提とするものではなく，同法に基づき定められる「障害程度区分」に従い各種支援ごとに支給決定手続が定められています。

　このほか20歳未満の障害児の保護者を対象とする「特別児童扶養手当等の支給に関する法律」も，同法施行令の定める独自の基準・要件に従って諸手当を支給することとしています。

　とはいえ各手帳制度は実際には各種支援や税の減免の前提となっていたり，公共交通機関の割引制度や就労と結び付くなど，障害者，障害児の日常・社会生活において現在でも重要な役割を果たしています。それゆえ各手帳制度の対象外とされる難病の者等についても対策が求められるところです。

(4) 手帳の申請

　いずれにしても各手帳の交付，各支給決定とも行政による判定を経る必要があり，さらに行政による判定のためにはそもそも当事者から申請がなされなければなりません。一定年齢未満の子どもについては上記のように保護者による申請となりますが，保護者が手帳や各種支援の存在自体を知らない場合のほか，子どもの障害を受け入れることが難しいときに申請がなされないと，子どもは必要な各種支援を受けることができません。将来にわたって子どもにかかわり続ける保護者の意思は尊重されるべきですが，あくまでも子どもの福祉に合致した意思でなければなりません。

◆ 条　文

障害者基本法

2条　この法律において，次の各号に掲げる用語の意義は，それぞれ当該各号に定めるところによる。

　　1号　障害者　身体障害，知的障害，精神障害（発達障害を含む。）その他

の心身の機能の障害（以下「障害」と総称する。）がある者であって，障害及び社会的障壁により継続的に日常生活又は社会生活に相当な制限を受ける状態にあるものをいう。
　2号　社会的障壁　障害がある者にとって日常生活又は社会生活を営む上で障壁となるような社会における事物，制度，慣行，観念その他一切のものをいう。

児童福祉法
4条2項　この法律で，障害児とは，身体に障害のある児童，知的障害のある児童，精神に障害のある児童（……発達障害児を含む。）又は治療方法が確立していない疾病その他の特殊の疾病であって……障害の程度が……程度である児童をいう。

身体障害者福祉法
4条　この法律において，「身体障害者」とは，別表に掲げる身体上の障害がある18歳以上の者であって，都道府県知事から身体障害者手帳の交付を受けたものをいう。
15条1項　身体に障害のある者は，都道府県知事の定める医師の診断書を添えて，その居住地……の都道府県知事に身体障害者手帳の交付を申請することができる。ただし，本人が15歳に満たないときは，その保護者……が代わって申請するものとする。
　4項〔手帳交付〕〔略〕
　5項　……審査の結果，その障害が別表に掲げるものに該当しないと認めたときは，都道府県知事は，理由を附して，その旨を申請者に通知しなければならない。
　7項　身体に障害のある15歳未満の者につき，その保護者が身体障害者手帳の交付を受けた場合において，本人が満15歳に達したとき，又は本人が満15歳に達する以前にその保護者が保護者でなくなったときは，身体障害者手帳の交付を受けた保護者は，すみやかにこれを本人又は新たな保護者に引き渡さなければならない。

精神保健及び精神障害者福祉に関する法律
5条　この法律で「精神障害者」とは，統合失調症，精神作用物質による急性中毒又はその依存症，知的障害，精神病質その他の精神疾患を有する者をいう。

① 障 害 児

45条1項　精神障害者（知的障害者を除く。……）は，……その居住地……の都道府県知事に精神障害者保健福祉手帳の交付を申請することができる。
　2項〔手帳の交付〕〔略〕
　3項　……審査の結果，申請者が……精神障害の状態にないと認めたときは，都道府県知事は，理由を付して，その旨を申請者に通知しなければならない。

発達障害者支援法
2条1項　この法律において「発達障害」とは，自閉症，アスペルガー症候群その他の広汎性発達障害，学習障害，注意欠陥多動性障害その他これに類する脳機能の障害であってその症状が通常低年齢において発現するものとして政令で定めるものをいう。
　2項　この法律において「発達障害者」とは，発達障害を有するために日常生活又は社会生活に制限を受ける者をいい，「発達障害児」とは，発達障害者のうち18歳未満のものをいう。

障害者の日常生活及び社会生活を総合的に支援するための法律
（障害者総合支援法）
4条1項　この法律において「障害者」とは，……並びに治療方法が確立していない疾病その他の特殊の疾病であって政令で定めるものによる障害の程度が厚生労働大臣が定める程度である者であって18歳以上であるものをいう。
　4項　この法律において「障害支援区分」とは，障害者等の障害の多様な特性その他の心身の状態に応じて必要とされる標準的な支援の度合を総合的に示すものとして厚生労働省令で定める区分をいう。

特別児童扶養手当等の支給に関する法律〔略〕

子どもの権利条約
23条1項　締約国は，精神的又は身体的な障害を有する児童が，その尊厳を確保し，自立を促進し及び社会への積極的な参加を容易にする条件の下で十分かつ相応な生活を享受すべきであることを認める。

第10章　障害児の現在と将来

2　障害の発見と療育

(1)　早期の発見と支援

　子どもの障害は，出生時に早く発見されることもあれば，しだいに発達していく過程で発見されたり新たに生じたりする場合もあります。乳幼児期は，子どもの発達に周囲の大人がどのようにかかわっていくかが極めて重要であり，その後の人生にも大きな影響があることから，できるだけ早く障害に気づき，早期に障害への対応を進めていくことが重要と考えられています。

　発達障害など子どもの発達状況が障害によるものであると保護者が気づかないときにも，保育所ほか様々な子育て支援の場で，あるいは定期的な乳幼児健診の際に障害が発見されます（発達障害5条）。母子保健法は，乳幼児の健康の保持増進のため1歳6か月児健診，3歳児健診を行うことを市町村の義務とする（母子保健12条1項）ほか，必要に応じて乳児健診，さらには妊産婦健診などを行うことを求めています（母子保健13条）。障害の有無に限らず，子どもの発達については妊娠時から継続的に様々な関係機関が見守っていくことが必要であり，そのために妊娠の届出が求められ（母子保健15条），届出に対し母子健康手帳が交付されます（母子保健16条1項）。

　障害が発見された場合，障害に対応した医療ならびに養育が行われなければなりません。母子保健法上の訪問指導とは別に，身体に障害のある児童等については児童福祉法上，保健所長による診査，応談，療育の指導（児福19条）がなされるほか，一般的な相談機関としての児童相談所の相談業務のうち実際上相当部分が障害に関する相談となっています。また，発達障害者支援法は，早期の発達支援のため市町村が応談，発達障害者支援センター等の紹介，助言等を行うと定めています（発達障害6条）。

　具体的な支援については障害者総合支援法ほかの定める様々な支援に加え，法令によらない支援，さらには行政による支援以外にもNPOなど多様な私的団体による支援，行政と私的団体の協働による支援も広がりつつあります。もっともこれら多様な支援の存在にもかかわらず，実際には上記のような保護者の事情などにより，個々の障害児がそれぞれの必要に応じた支援を十分に利用できていない場合が少なくないことが課題として挙げられています。

こうした支援とは別に，もしくは支援の一環として，学齢期前の障害児にとってはとりわけ日常生活の場が重要な意味を持ちます。選択肢としては日中自宅で生活する場合のほか，日中一定の場所に通う場合，自宅を離れ他の場所で生活する場合がありますが，後二者については以下の点に留意する必要があります。

(2)　保育所・幼稚園と共生の理念

　まず日中一定の場所に通う場合については，児童福祉法，学校教育法上，障害児の通所・通園の形態をとるものとして，①乳幼児一般を対象とする保育所・幼稚園等での「統合保育」，②後述の障害児のみを対象とする児童発達支援センター，特別支援学校幼稚部，さらにはデイサービス事業の利用がありますが，必要に応じて（①②の）「並行通園」も行われており，保育所に通う障害児への「保育所等訪問支援」制度も定められるに至っています。地域社会における共生の理念（障害基3条2号）に基づくものであり，とりわけ発達障害者支援法はこの理念を明確に定めています（発達障害7条）。こうしたノーマライゼーションの理念の下，子どもの福祉に合致した保護者の意思は尊重されるべきであり，発達障害に限らず，障害を理由とした保育所・幼稚園への入所・入園拒否は，保育所等の負担が過重となるなど「やむを得ない事由」がない場合には「必要かつ合理的な配慮」（障害基4条）を欠くものとされ，実際に入所拒否を違法とした裁判例もあります。2013（平成25）年に成立した「障害を理由とする差別の解消の推進に関する法律」（2016〔平成28〕年4月施行）も踏まえる必要があるでしょう。

(3)　障害児施設

　次に自宅を離れて生活する入所施設もあわせて視野に入れると，児童福祉法上の障害児施設は，18歳までを対象とするものです。従来「知的障害児施設」「盲ろうあ児施設」等といったように障害の種類毎により区分されていましたが，障害の種類ではなく必要とされる支援内容に応じた障害者施策との基本理念に基づき，自宅を離れて生活する「障害児入所施設」，および「児童発達支援センター（通所施設）」それぞれについて，治療を行う「医療型」とそれ以外

の「福祉型」の施設に二分された体系へと再編されました。その上で，療育による支援は，これも地域社会における共生の理念（障害基3条2号）に基づき，できる限り子どもにとって身近な場所で実施される必要があります（障害基17条1項）。これら施設における支援については，児童福祉法上，通所・入所給付費，通所・入所医療費などが保護者に対して支給されることとされていますが，施設を運営する事業者への直接支給も認められており，実務上はこれによっているようです。なお肢体不自由または重度の心身障害のある子どもについて，障害が進行中であるなど医療型の施設では十分な対応が難しい場合は医療機関への入院により治療が行われます。

◆ 条　文
母子保健法
12条1項　市町村は，次に掲げる者に対し……健康診査を行わなければならない。
　　1号　満1歳6か月を超え満2歳に達しない幼児
　　2号　満3歳を超え満4歳に達しない幼児
13条1項　前条の健康診査のほか，市町村は，必要に応じ，妊産婦又は乳児若しくは幼児に対して，健康診査を行い，又は健康診査を受けることを勧奨しなければならない。
15条　妊娠した者は……速やかに……妊娠の届出をするようにしなければならない。
16条1項　市町村は，妊娠の届出をした者に対して，母子健康手帳を交付しなければならない。
　2項　妊産婦は，医師，歯科医師，助産師又は保健師について，健康診査又は保健指導を受けたときは，その都度，母子健康手帳に必要な事項の記載を受けなければならない。乳児又は幼児の健康診査又は保健指導を受けた当該乳児又は幼児の保護者についても，同様とする。

児童福祉法
19条1項　保健所長は，身体に障害のある児童につき，診査を行ない，又は相談に応じ，必要な療育の指導を行なわなければならない。
27条2項　都道府県は，肢体不自由のある児童又は重症心身障害児については，前項第3号の措置に代えて，指定発達支援医療機関に対し，これらの児童を入

院させて障害児入所施設（……医療型障害児入所施設に限る。）におけると同様な治療等を行うことを委託することができる。

42条 障害児入所施設は，次の各号に掲げる区分に応じ，障害児を入所させて，当該各号に定める支援を行うことを目的とする施設とする。

 1号 福祉型障害児入所施設　保護，日常生活の指導及び独立自活に必要な知識技能の付与

 2号 医療型障害児入所施設　保護，日常生活の指導，独立自活に必要な知識技能の付与及び治療

43条 児童発達支援センターは，次の各号に掲げる区分に応じ，障害児を日々保護者の下から通わせて，当該各号に定める支援を提供することを目的とする施設とする。

 1号 福祉型児童発達支援センター　日常生活における基本的動作の指導，独立自活に必要な知識技能の付与又は集団生活への適応のための訓練

 2号 医療型児童発達支援センター　日常生活における基本的動作の指導，独立自活に必要な知識技能の付与又は集団生活への適応のための訓練及び治療

発達障害者支援法

5条1項 市町村は，母子保健法……に規定する健康診査を行うに当たり，発達障害の早期発見に十分留意しなければならない。

6条1項 市町村は，発達障害児が早期の発達支援を受けることができるよう，発達障害児の保護者に対し，その相談に応じ，センター等を紹介し，又は助言を行い，その他適切な措置を講じるものとする。

7条 市町村は，……保育所における保育を行う場合……は，発達障害児の健全な発達が他の児童と共に生活することを通じて図られるよう適切な配慮をするものとする。

障害者基本法

3条 第1条に規定する社会の実現は，全ての障害者が，障害者でない者と等しく，基本的人権を享有する個人としてその尊厳が重んぜられ，その尊厳にふさわしい生活を保障される権利を有することを前提としつつ，次に掲げる事項を旨として図られなければならない。

 2号 全て障害者は，可能な限り，どこで誰と生活するかについての選択の

機会が確保され，地域社会において他の人々と共生することを妨げられないこと。

4条1項 何人も，障害者に対して，障害を理由として，差別することその他の権利利益を侵害する行為をしてはならない。

2項 社会的障壁の除去は，それを必要としている障害者が現に存し，かつ，その実施に伴う負担が過重でないときは，それを怠ることによって前項の規定に違反することとならないよう，その実施について必要かつ合理的な配慮がされなければならない。

17条1項 国及び地方公共団体は，障害者である子どもが可能な限りその身近な場所において療育その他これに関連する支援を受けられるよう必要な施策を講じなければならない。

③ 特別支援教育システム

(1) 学校教育を受ける権利

　学校教育法18条は，病弱等のため就学困難な場合に保護者の就学義務を猶予または免除しうると定めていますが，これは極めて例外的な場合にのみ認められるものです。障害児の「学校教育を受ける権利」を保障する教育基本法4条2項の下，小中高等学校等（特別支援学級を含む）と特別支援学校による特別支援教育システムに基づき教育が行われます。このシステムは2007（平成19）年の学校教育法改正により導入されたもので，従来の盲学校，聾学校，養護学校が特別支援学校に一本化されるとともに，小中学校等での特殊学級が特別支援学級へと改められました。障害者基本法の理念，すなわち特別な場での教育ではなく，どのような教育の場であろうと子どもの個別のニーズに対応した適切な指導，必要な支援を行うというノーマライゼーション，インクルージョンの理念に基づくものです。

(2) 特別支援学校

　特別支援学校は，視覚障害者，聴覚障害者，知的障害者，肢体不自由者または病弱者（身体虚弱者を含む）のうち障害の程度が一定以上の者を対象とし（学

校教育法72条・75条），都道府県に設置が義務付けられる（学教80条）ほか，市町村が設置する場合もあります。小学校，中学校に相当する小学部，中学部が置かれるほか，幼稚園，高等学校に相当する幼稚部，高等部が置かれることもあります（学教76条・77条）。一本化により複数の障害に対応した教育を行うこととなり，各学校はそれぞれが行う教育の種類を明らかにすることとなりました（学教73条）。これにより重複障害の児童にも対応した教育の可能性が広がり，個々の学校では障害の状態に応じた教育を行うために柔軟な教育課程編成がなされ，さらに一人一人の子どものニーズに合わせて個別の教育支援計画が作成され，各機関の連携などにも活用されます。他面において特別支援学校の設置基準が定められておらず，過大・過密校等の問題が指摘されています。

(3) 小中学校等での特別支援教育

これに対し，小中学校等に設置される特別支援学級は，知的障害者，肢体不自由者，身体虚弱者，弱視者，難聴者等を対象とします（学教81条）。設置が義務付けられていないため，実際には高等学校には設置されていません（とりわけ知的障害児にとっては学力検査がハードルとなって高等学校進学が難しい問題があります）。特別支援学級でも個別の教育支援計画が活用されるとともに，通常の学級で授業に参加しつつ特別支援学級に通う「通級による指導」の拡充により，発達障害児への対応が期待されます。こうした小中学校等での特別支援教育に関する助言，援助の役割が特別支援学校に求められます（学教74条）一方，特別支援教育は特別支援学級だけで行われるものではなく，通常の学級での介助や学習支援，特別支援学級と通常の学級との交流，共同学習などが重要な役割を果たします（障害基16条3項）。

なおいわゆる「院内学級」は，病院内に設置される特別支援学級や特別支援学校の学級のことですが，子ども達の病状は一人一人異なり，しかもそれぞれの子どもの状態が時間とともに大きく変わりうることから，一方で「学級」としての安定性が求められるとともに，他方で個々具体的な状況に応じた柔軟性も求められるといった難しさがあり，多くの課題が指摘されています。

◆ 条　文

教育基本法

4条2項　国及び地方公共団体は，障害のある者が，その障害の状態に応じ，十分な教育を受けられるよう，教育上必要な支援を講じなければならない。

学校教育法

18条　……保護者が就学させなければならない子……で，病弱，発育不完全その他やむを得ない事由のため，就学困難と認められる者の保護者に対しては，市町村の教育委員会は……義務を猶予又は免除することができる。

72条　特別支援学校は，視覚障害者，聴覚障害者，知的障害者，肢体不自由者又は病弱者（身体虚弱者を含む。以下同じ。）に対して，幼稚園，小学校，中学校又は高等学校に準ずる教育を施すとともに，障害による学習上又は生活上の困難を克服し自立を図るために必要な知識技能を授けることを目的とする。

73条　特別支援学校においては……前条に規定する者に対する教育のうち当該学校が行うものを明らかにするものとする。

74条　特別支援学校においては……幼稚園，小学校，中学校，高等学校又は中等教育学校の要請に応じて，第81条第1項に規定する幼児，児童又は生徒の教育に関し必要な助言又は援助を行うよう努めるものとする。

75条　第72条に規定する視覚障害者，聴覚障害者，知的障害者，肢体不自由者又は病弱者の障害の程度は，政令で定める。

76条1項　特別支援学校には，小学部及び中学部を置かなければならない。……

　2項　特別支援学校には，小学部及び中学部のほか，幼稚部又は高等部を置くことができ……る。

77条　〔特別支援学校の教育課程〕〔略〕

80条　都道府県は，その区域内にある学齢児童及び学齢生徒のうち，視覚障害者，聴覚障害者，知的障害者，肢体不自由者又は病弱者で，その障害が第75条の政令で定める程度のものを就学させるに必要な特別支援学校を設置しなければならない。

81条1項　幼稚園，小学校，中学校，義務教育学校，高等学校及び中等教育学校においては，次項各号のいずれかに該当する幼児，児童及び生徒その他教育上特別の支援を必要とする幼児，児童及び生徒に対し……障害による学習上又

は生活上の困難を克服するための教育を行うものとする。
2項 小学校，中学校，義務教育学校，高等学校及び中等教育学校には，次の各号のいずれかに該当する児童及び生徒のために，特別支援学級を置くことができる。
　　1号　知的障害者
　　2号　肢体不自由者
　　3号　身体虚弱者
　　4号　弱視者
　　5号　難聴者
　　6号　その他障害のある者……
3項 前項に規定する学校においては，疾病により療養中の児童及び生徒に対して，特別支援学級を設け，又は教員を派遣して，教育を行うことができる。

障害者基本法
16条3項 国及び地方公共団体は，障害者である児童及び生徒と障害者でない児童及び生徒との交流及び共同学習を積極的に進めることによって，その相互理解を促進しなければならない。

4 学校が決まるまで

　子どもの就学に際しては，学校保健安全法11条により就学前の健康診断を行うことが市区町村教育委員会の義務とされています。受診が義務付けられているわけではありませんが，就学先決定のプロセスとしては，診断結果に基づき教育委員会が保護者に対して特別支援学校への就学などに関し指導（学校保健安全法12条）を行った後，当該市区町村の小学校か都道府県等の特別支援学校か，子どもの就学先を決定し通知することになっています（学校教育法施行令5条1項・14条1項）。なお国立学校，私立学校等に入学する場合は，保護者は当該学校の就学承諾書を添えた区域外就学届を市区町村教育委員会に届け出なければなりません（学教令9条1項）。

　指導，および就学先の決定は，障害の程度に関する就学基準（学教令22条の3）を基になされますが，この基準は身体障害者福祉法等の定める「身体障害者」「精神障害者」の定義や基準，あるいは障害者総合支援法上の「障害程度

区分」と同じではありません（例えば「知的障害者」の基準がある一方，「精神障害者」は除外されています）。就学基準は，あくまでも学校教育上特別の支援が必要であるか否かの基準であり，また，就学基準に該当する場合でも，障害の状態，教育上必要な支援の内容，地域における教育の体制の整備の状況その他の事情を総合的に勘案して就学先が決定されます。その際，市区町村教育委員会は保護者および専門家の意見を聴くことが義務付けられています（学教令18条の2）。以上は中学校，特別支援学校中学部への進学の際についても同様です。

　一方，小中学校等の特別支援学級か通常の学級かの学級決定は，国公私立とも校長の権限に属すると解されており（学教37条4項），高等学校の入学許可もそれぞれの学校の校長の権限です（学教則90条）。

　就学先の決定は子どもの将来に重大な影響を及ぼしうることから，将来にわたって子どもにかかわり続ける保護者，および年齢に応じて子ども本人の意向が尊重されなければなりません。そのためには十分な情報提供に基づく保護者，子ども本人の意見表明の機会を保障した上で，可能な限り障害者である子どもが障害者でない子どもと共に教育を受けられるよう配慮する必要があります（障害基16条）。学校生活における子どもの介助者については公立学校に対しては国庫補助による地方財政措置がとられており，学校施設面での制約についても後述のように改善に努めることが求められており，決定機関の判断の余地は限定されているといえます。決定に至る過程につき行政手続法の適用除外であるとしても憲法上適正手続の保障が要請されるとの見解も主張されています。

　いずれにせよ保護者，子ども本人の意見を聴くとしても，就学先の決定に対し，決定機関と保護者，子ども本人との間で意見が対立し，ときに法的争いとなることがあります。国公立学校については当事者の求める学校への入学決定を求める「義務付け訴訟」といった法的手段があり，学校のほか公立保育所入所等をめぐる争いにおいても利用されてきました。障害を理由とした入学拒否は「合理的な配慮」を欠く場合があり，入学拒否を違法とした裁判例もあります。裁判で争っている間に子どもにとって貴重な時間が奪われてしまうという問題に対しても，「仮の義務付け」制度があり，裁判例において公立保育所・幼稚園への仮の入所・入園，公立中学校，特別支援学校への仮の入学が認められています。

もっとも保育所・幼稚園については 2015（平成 27）年より施行された子ども・子育て支援の新制度の下で法的手段が変わることになると考えられます。私立学校入学の問題とあわせて今後の課題といえます。

◆ 条　文
学校保健安全法
11 条　市……町村の教育委員会は，……翌学年の初めから……学校に就学させるべき者で，当該市町村の区域内に住所を有するものの就学に当たって，その健康診断を行わなければならない。
12 条　市町村の教育委員会は，前条の健康診断の結果に基づき，治療を勧告し，保健上必要な助言を行い，及び……義務の猶予若しくは免除又は特別支援学校への就学に関し指導を行う等適切な措置をとらなければならない。
学校教育法
37 条 4 項　校長は，校務をつかさどり，所属職員を監督する。
学校教育法施行令
5 条 1 項　市町村の教育委員会は，就学予定者……のうち，認定特別支援学校就学者（視覚障害者，聴覚障害者，知的障害者，肢体不自由者又は病弱者（身体虚弱者を含む。）で，その障害が，第 22 条の 3 の表に規定する程度のもの（以下「視覚障害者等」という。）のうち，当該市町村の教育委員会が，その者の障害の状態，その者の教育上必要な支援の内容，地域における教育の体制の整備の状況その他の事情を勘案して，その住所の存する都道府県の設置する特別支援学校に就学させることが適当であると認める者をいう。以下同じ。）以外の者について，その保護者に対し，翌学年の初めから 2 月前までに，小学校又は中学校の入学期日を通知しなければならない。
9 条 1 項〔区域外就学届〕〔略〕
11 条 1 項　市町村の教育委員会は，……認定特別支援学校就学者について，都道府県の教育委員会に対し，翌学年の初めから 3 月前までに，その氏名及び特別支援学校に就学させるべき旨を通知しなければならない。
14 条 1 項　都道府県の教育委員会は，第 11 条第 1 項……の通知を受けた児童生徒等……について，その保護者に対し，……翌学年の初めから 2 月前までに……特別支援学校の入学期日を通知しなければならない。

18条の2 市町村の教育委員会は，児童生徒等のうち視覚障害者等について，第5条……の通知をしようとするときは，その**保護者**及び……専門的知識を有する者の意見を聴くものとする。

学校教育法施行規則

90条1項 高等学校の入学は，……調査書その他必要な書類，選抜のための学力検査……の成績等を資料として行う入学者の選抜に基づいて，校長が許可する。……

障害者基本法

16条1項 国及び地方公共団体は，障害者が，その年齢及び能力に応じ，かつ，その特性を踏まえた十分な教育が受けられるようにするため，可能な限り障害者である児童及び生徒が障害者でない児童及び生徒と共に教育を受けられるよう配慮しつつ，教育の内容及び方法の改善及び充実を図る等必要な施策を講じなければならない。

2項 国及び地方公共団体は，前項の目的を達成するため，障害者である児童及び生徒並びにその保護者に対し十分な情報の提供を行うとともに，可能な限りその意向を尊重しなければならない。

4項 国及び地方公共団体は，障害者の教育に関し，調査及び研究並びに人材の確保及び資質の向上，適切な教材等の提供，学校施設の整備その他の環境の整備を促進しなければならない。

行政事件訴訟法

3条6項 この法律において「義務付けの訴え」とは，次に掲げる場合において，行政庁がその処分又は裁決をすべき旨を命ずることを求める訴訟をいう。

　1号 行政庁が一定の処分をすべきであるにかかわらずこれがされないとき（次号に掲げる場合を除く。）

　2号 行政庁に対し一定の処分又は裁決を求める旨の法令に基づく申請又は審査請求がされた場合において，当該行政庁がその処分又は裁決をすべきであるにかかわらずこれがされないとき。

37条の5第1項 義務付けの訴えの提起があった場合において，その義務付けの訴えに係る処分又は裁決がされないことにより生ずる償うことのできない損害を避けるため緊急の必要があり，かつ，本案について理由があるとみえるときは，裁判所は，申立てにより，決定をもって，仮に行政庁がその処分又は裁

決をすべき旨を命ずること……ができる。

子どもの権利条約
23条2項 締約国は，障害を有する児童が特別の養護についての権利を有することを認めるものとし，利用可能な手段の下で，申込みに応じた，かつ，当該児童の状況及び父母又は当該児童を養護している他の者の事情に適した援助を，これを受ける資格を有する児童及びこのような児童の養護について責任を有する者に与えることを奨励し，かつ，確保する。

5 特別支援学校・学級での学校生活

　特別支援学校では，基本的には小学校，中学校，高等学校等に準じた教科教育が行われますが，知的障害など障害の実態に対応した柔軟な教育課程編成が行われるとともに，独自の教育領域として「自立活動」が設けられています。「自立活動」とは，障害児が自立を目指して，障害による学習上，生活上の困難を主体的に改善・克服するための指導・生活訓練を行うものです。こうした教育課程の下，手厚い教員配置により，一人一人の子どもの必要に応じた専門的な教育が行われます。

　このような教育環境においては，とりわけ子どもと教師の間の応答的な直接の関係が尊重されなければなりません。東京高裁平成23年9月16日判決（七生養護学校事件）は，旭川学力テスト事件の最高裁判決（昭和51年5月21日大法廷判決・刑集30巻5号615頁）（→第6章①(4)）をふまえ，生徒の性的問題行動の多発を受けて保護者とも連携しつつ取り組まれてきた性教育を問題視する都議会議員の言動，都教育委員会の対応の一部を違法と判断しています。

　もっともこうした教育を受けるために都道府県内の遠方にある特別支援学校に自宅から通うことが困難な場合があることから，学校教育法は，特別の事情のあるときを除いて特別支援学校に寄宿舎を設けなければならないと定めています（学教78条）。自宅通学でない場合，生徒は寄宿舎に住み学校生活を送るほか，学校近隣の障害児入所施設から徒歩あるいは送迎バスで通学することもあります。

第10章　障害児の現在と将来

　以上のような子どもと教師の密接な関係，寄宿舎での生活を含めた特別支援学校での閉鎖的な学校環境は，他面において人間関係が濃密となるリスクを伴うものです。さらに障害に関連する子ども本人および家族のプライバシー情報が学校側に保有されている点に加え，障害によっては自らの意思を他人に伝えて助けを求めることが難しいことから，後述の特別支援学級も含めて，障害児虐待やプライバシー侵害が問題となってきました。これに対し，「障害者虐待の防止，障害者の養護者に対する支援等に関する法律（障害者虐待防止法）」は，学校の長に対し，就学する障害者に対する虐待の防止のための措置を求めていますが（障害虐待29条），具体的な定めは置いていません。養護者による虐待防止の定めも障害児を適用除外としていますが（障害虐待7条），学校や寄宿舎での虐待防止のため，障害児施設を含めた児童福祉施設等での虐待防止に関する児童福祉法上の規定（→第4章③）に準じた定めが求められるところです。

　一方，特別支援学級では教科教育が重視されますが，子どもの必要に応じた教育の保障が十分であるかが問われます。差別禁止に留意しつつ，一人一人の子どもの特別のニーズに応じた教育が保障される必要があり，そのために特別支援学校による助言，援助がなされます。また，教育課程に限らず過剰な負担とならない限りで必要かつ合理的な配慮が求められることから，例えば市町村内の特定の学校のみ特別支援学級を置くことによって子どもが遠方の当該学校に通学せざるをえなくなるといった一部の実態についても改善が求められます。このほか特別支援学校，特別支援学級に限らず障害児を他の子どもによるいじめや差別から守ることも重要です。

◆ 条　文

学校教育法

78条　特別支援学校には，寄宿舎を設けなければならない。ただし，特別の事情のあるときは，これを設けないことができる。

79条1項　寄宿舎を設ける特別支援学校には，寄宿舎指導員を置かなければならない。

　2項　寄宿舎指導員は，寄宿舎における幼児，児童又は生徒の日常生活上の世話及び生活指導に従事する。

障害者虐待の防止，障害者の養護者に対する支援等に関する法律
（障害者虐待防止法）
- 7条1項　養護者による障害者虐待（**18歳未満の障害者について行われるものを除く。**以下この章において同じ。）を受けたと思われる障害者を発見した者は，速やかに，これを市町村に通報しなければならない。
- 29条　学校……の長は，教職員，児童，生徒，学生その他の関係者に対する障害及び障害者に関する理解を深めるための研修の実施及び普及啓発，就学する障害者に対する虐待に関する相談に係る体制の整備，就学する障害者に対する虐待に対処するための措置その他の当該学校に就学する障害者に対する虐待を防止するため必要な措置を講ずるものとする。

6　障害児，保護者への生活支援

　自宅から通学する学齢期の障害児にとっては学校だけが生活の場ではなく，放課後あるいは夏休みなど長期休暇中の学校外での生活も重要な意味を持ちます。障害に対応した生活支援が求められるところですが，小中高等学校等就学の場合につき放課後等デイサービスに対する通所給付費の支給が児童福祉法上定められています。

　障害児への生活支援は保護者への支援でもあります。障害児が保護者の下で生活する場合には，実際上障害児の日々の生活を支える存在であることから，保護者自身についても就労に制約があるほか，子どもが大きくなるにつれて，むしろ身体的，精神的負担が継続的に重くなっていくといった問題があります。保護者自身の生活の視点をも併せて考える必要があるでしょう。前者については一般的な就労支援の域にとどまり，後者についても短期入所事業や日中の一時預かりなどの事業が始まっていますが，公的支援の拡充が求められます。保護者の就労に制約があること自体を「社会的障壁」として合理的配慮がなされていないとみる考え方もあります。

　さらに，兄弟など障害児とともに生活する健常の子どもへの視点も求められています。

第 10 章　障害児の現在と将来

◆ 条　　文
児童福祉法
21 条の 5 の 2　障害児通所給付費及び特例障害児通所給付費の支給は，次に掲げる障害児通所支援に関して……支給する給付とする。
　　1 号　児童発達支援
　　2 号　医療型児童発達支援（医療に係るものを除く。）
　　3 号　放課後等デイサービス
　　4 号　保育所等訪問支援

7　バリア・フリー（社会的障壁の除去）

　学校生活に限らず，障害児の日常生活，社会生活を制限する社会的障壁として主なものは，①交通施設ほかの公共的施設の利用と②情報の利用に関するものです。
　ハード面での社会的障壁としては，公共的施設のバリアフリー化を求める障害者基本法 21 条の下，学校をはじめ障害児が利用する公的施設，およびそれら施設にアクセスするための交通手段につき，障害者の利用の妨げとなる物理的な障害を取り除き円滑な利用が可能となるよう，「高齢者，障害者等の移動等の円滑化の促進に関する法律」により，鉄道・バス等の公共交通事業者などについては，施設等を一定の基準に適合させ，維持する義務が課され（高齢障害移動 8 条以下），学校・病院・ホテルなど特定の建築物の建築主についても施設等を一定の基準に適合させるよう努めることが求められています（高齢障害移動 16 条）。
　一方，身体障害者補助犬法により，身体障害者補助犬（盲導犬，介助犬，聴導犬）の訓練事業者の義務，使用者である身体障害者の管理義務が定められるとともに，国等が管理する施設，公共交通機関，不特定多数者の利用施設などでの身体障害者補助犬の同伴を原則として拒むことができないとされています。
　これに対し，情報の利用に関するバリアフリー化については通信・放送身体障害者利用推進法が定めるほか，障害者基本法 22 条は，とりわけ災害時の安全確保のための情報伝達に焦点を当てています。東日本大震災において障害者

の移動，情報伝達に支障があったことから，障害者の被災に関する様々な課題が明らかとなりました。

◆ 条　　文
障害者基本法
3条　……
　　　3号　全て障害者は，可能な限り，言語（手話を含む。）その他の意思疎通のための手段についての選択の機会が確保されるとともに，情報の取得又は利用のための手段についての選択の機会の拡大が図られること。
4条1項　何人も，障害者に対して，障害を理由として，差別することその他の権利利益を侵害する行為をしてはならない。
　2項　社会的障壁の除去は，それを必要としている障害者が現に存し，かつ，その実施に伴う負担が過重でないときは，それを怠ることによって前項の規定に違反することとならないよう，その実施について必要かつ合理的な配慮がされなければならない。
21条1項　国及び地方公共団体は，障害者の利用の便宜を図ることによって障害者の自立及び社会参加を支援するため，自ら設置する官公庁施設，交通施設（車両，船舶，航空機等の移動施設を含む。次項において同じ。）その他の公共的施設について，障害者が円滑に利用できるような施設の構造及び設備の整備等の計画的推進を図らなければならない。
　2項〔公共的施設を設置する事業者の努力義務〕〔略〕
　4項　国，地方公共団体及び公共的施設を設置する事業者は，自ら設置する公共的施設を利用する障害者の補助を行う身体障害者補助犬の同伴について障害者の利用の便宜を図らなければならない。
22条1項　国及び地方公共団体は，障害者が円滑に情報を取得し及び利用し，その意思を表示し，並びに他人との意思疎通を図ることができるようにするため，障害者が利用しやすい電子計算機及びその関連装置その他情報通信機器の普及，電気通信及び放送の役務の利用に関する障害者の利便の増進，障害者に対して情報を提供する施設の整備，障害者の意思疎通を仲介する者の養成及び派遣等が図られるよう必要な施策を講じなければならない。
　2項　国及び地方公共団体は，災害その他非常の事態の場合に障害者に対しそ

の安全を確保するため必要な情報が迅速かつ的確に伝えられるよう必要な施策を講ずるものとする……

3項〔事業者の努力義務〕〔略〕

高齢者，障害者等の移動等の円滑化の促進に関する法律

2条 この法律において次の各号に掲げる用語の意義は，それぞれ当該各号に定めるところによる。

 16号 特定建築物 学校，病院，劇場，観覧場，集会場，展示場，百貨店，ホテル，事務所，共同住宅，老人ホームその他の多数の者が利用する政令で定める建築物又はその部分……

8条1項 公共交通事業者等は，旅客施設を新たに建設し，若しくは旅客施設について……大規模な改良を行うとき又は車両等を新たにその事業の用に供するときは，当該旅客施設又は車両等……を，移動等円滑化のために必要な旅客施設又は車両等の構造及び設備に関する主務省令で定める基準……に適合させなければならない。

16条1項 建築主等は，特定建築物……の建築……をしようとするときは，当該特定建築物を建築物移動等円滑化基準に適合させるために必要な措置を講ずるよう努めなければならない。

 2項 建築主等は，特定建築物の建築物特定施設の修繕又は模様替をしようとするときは，当該建築物特定施設を建築物移動等円滑化基準に適合させるために必要な措置を講ずるよう努めなければならない。

身体障害者補助犬法

2条1項 この法律において「身体障害者補助犬」とは，盲導犬，介助犬及び聴導犬をいう。

3条〔訓練事業者の義務〕〔略〕

6条 身体障害者補助犬を使用する身体障害者は，自ら身体障害者補助犬の行動を適切に管理することができる者でなければならない。

7条〔国等が管理する施設における身体障害者補助犬の同伴等〕〔略〕

8条 公共交通事業者等……は，その管理する旅客施設……及び旅客の運送を行うためその事業の用に供する車両等（車両，自動車，船舶及び航空機をいう。以下同じ。）を身体障害者が利用する場合において身体障害者補助犬を同伴することを拒んではならない。ただし……

9条 ……不特定かつ多数の者が利用する施設を管理する者は，当該施設を身体障害者が利用する場合において身体障害者補助犬を同伴することを拒んではならない。ただし……

8 自立に向けて

　学校卒業後の進路についても障害児本人の意思が尊重される必要があります。大学など高等教育へと進む障害児も少なくありませんが，就労に関しては職業教育・進路指導など学校教育と，就労移行支援，就労継続支援，さらには公共職業安定所などの就労システムとの連携が求められます。

　「障害者の雇用の促進等に関する法律（障害者雇用促進法）」は，障害者雇用を促進するため，官公庁，一定規模以上の民間企業に対し，障害者を一定の割合（法定雇用率）以上雇用する義務を課し，この義務を遵守できない企業から不足分に応じた「納付金」を徴収するとともに，逆に法定雇用率を超える企業に「調整金」を支給することとしています。従来からの身体障害者，知的障害者に加え，精神障害者についても 2018（平成 30）年 4 月以降は雇用義務の対象となることが決まっていますが（なお雇用義務の対象であることの確認のため雇用の際に各「手帳」が利用されています），発達障害者や難病の者は対象外とされたままです。他方，同法の定める雇用・労働における障害者差別禁止規定（2016〔平成 28〕年 4 月施行）は，これらの者も視野に入れています。

　雇用される場合，雇用契約が締結されるため最低賃金法の適用がありますが（減額特例があります），雇用形態としては契約社員が多く，賃金も総じて低いといった課題が指摘されています。

　一方，障害者に対する職業上の資格制限の見直しも進められており，例えば重度聴覚障害者が医師法，薬剤師法上の資格を取得することが可能となっています。

　これに対し，労働契約に基づく一般的な就労，あるいは自営業などが困難な障害者については，社会福祉施設や小規模作業所などでの福祉的就労が行われてきましたが，最低賃金法が適用されず労働の対価が著しく低いなど，労働基準法や最低賃金法の水準に照らした就労条件の改善が課題とされています。そ

の一方で障害者雇用促進法により，就労移行支援事業，就労継続支援事業の下で労働意欲・能力を高めて自立を目指すとともに，ジョブ・コーチのように就労後の職場での支援（支援つき就労）も求められています。

　加えて，障害者の自立のためには就労だけでなく生活全般を視野に入れた支援が求められ，障害者雇用促進法は，障害者の身近な地域で就業面・生活面の支援を一体的に行う「障害者就業・生活支援センター」を都道府県知事が指定・監督すると定めています（障害雇用27条・28条）。

　生活支援については，市町村および都道府県の地域生活支援事業として，通所施設ほか様々な障害福祉サービス事業がありますが，入所施設で生活する場合も，従来のように成年後も知的障害児施設で生活し続けるといった実態を改め，18歳以上の者は障害者支援施設等に入所することとなりました（知的障害16条）。年齢を問わず一貫したサービスが提供されてきた重度心身障害者についても，重度心身障害児施設といった区分が廃止され，実質的サービス内容を維持しつつ，法律上は子どもと大人で明確に区別されることとなりました。

　このほか，就労による所得があったとしても必ずしも十分とはいえないことから，所得保障として国民年金法上の障害基礎年金などがあります。20歳から加入する国民年金については，20歳より前に障害があった者も保険料納付を前提とせず（無拠出制）年金を受給できますが（国年30条の4），この場合は一定以上の収入があれば額が半減，もしくは不支給となります（国年36条の3）。ただし，受給対象となる障害の範囲は，国民年金法など法律によって異なるほか，生活保護水準未満の額であることから，就労による所得のない者にとっては十分な所得保障とはいえません。それゆえ生活保護を受けている障害者も少なくありません。

　さらに成人後も職場その他で虐待や経済的搾取の被害を受けやすいことから，権利擁護システムとして民法の成年後見制度があります。

◆ 条　文
障害者基本法
19条1項　国及び地方公共団体は，国及び地方公共団体並びに事業者における障害者の雇用を促進するため，障害者の優先雇用その他の施策を講じなければ

ならない。

2項 事業主は，障害者の雇用に関し，その有する能力を正当に評価し，適切な雇用の機会を確保するとともに，個々の障害者の特性に応じた適正な雇用管理を行うことによりその雇用の安定を図るよう努めなければならない。

3項 国及び地方公共団体は，障害者を雇用する事業主に対して，障害者の雇用のための経済的負担を軽減し，もってその雇用の促進及び継続を図るため，障害者が雇用されるのに伴い必要となる施設又は設備の整備等に要する費用の助成その他必要な施策を講じなければならない。

障害者の雇用の促進等に関する法律（障害者雇用促進法）

17条 公共職業安定所は，障害者の職業の安定を図るために必要があると認めるときは，その紹介により就職した障害者その他事業主に雇用されている障害者に対して，その作業の環境に適応させるために必要な助言又は指導を行うことができる。

27条〔障害者就業・生活支援センターの指定〕〔略〕

28条 障害者就業・生活支援センターは，次に掲げる業務を行うものとする。

  1号 支援対象障害者からの相談に応じ，必要な指導及び助言を行うとともに，公共職業安定所，地域障害者職業センター，社会福祉施設，医療施設，特別支援学校その他の関係機関との連絡調整その他厚生労働省令で定める援助を総合的に行うこと。

43条1項 事業主……は，……雇用関係の変動がある場合には，その雇用する身体障害者又は知的障害者である労働者の数が，その雇用する労働者の数に障害者雇用率を乗じて得た数……以上であるようにしなければならない。

50条（障害者雇用調整金の支給）〔略〕

53条以下（障害者雇用納付金の徴収及び納付義務）〔略〕

69条〔精神障害者に関する特例〕〔略〕

知的障害者福祉法

16条1項 市町村は，**18歳以上**の知的障害者につき，その福祉を図るため，必要に応じ，次の措置を採らなければならない。

  2号 ……当該市町村の設置する障害者支援施設……に入所させてその更生援護を行い……

第 10 章　障害児の現在と将来

国民年金法
30 条の 4 第 1 項　疾病にかかり，又は負傷し，その初診日において 20 歳未満であった者が，障害認定日以後に 20 歳に達したときは 20 歳に達した日において，……障害等級に該当する程度の障害の状態にあるときは，その者に障害基礎年金を支給する。

36 条の 3 第 1 項　第 30 条の 4 の規定による障害基礎年金は，受給権者の前年の所得が……政令で定める額を超えるときは，その年の 8 月から翌年の 7 月まで，……その全部又は 2 分の 1……に相当する部分の支給を停止する。

民　　法
7 条　精神上の障害により事理を弁識する能力を欠く常況にある者については，家庭裁判所は，……後見開始の審判をすることができる。

◆ま と め

　障害児にかかわる法は，障害者基本法の理念の下，まず何よりも子ども本人，次いで子どもと密接にかかわり続ける保護者を中心に，出生前から成年後に至る本人の人生全体を視野に入れて時間の観点から理解する必要があります。そのためにも障害児虐待に関する法の定めに典型的にみられるような児童福祉法，障害者法，学校教育法間の間隙を埋めるよう理論的整理が求められます。

◇ Column 15　意思決定支援

　障害者基本法は，教育に関し「障害者である児童及び生徒並びにその保護者に対し十分な情報の提供を行うとともに，可能な限りその意向を尊重しなければならない」（16条2項）と定めるだけでなく，「国及び地方公共団体は，障害者の意思決定の支援に配慮しつつ，障害者及びその家族その他の関係者に対する相談業務，成年後見制度その他の障害者の権利利益の保護等のための施策又は制度が，適切に行われ又は広く利用されるようにしなければならない」（23条1項）との規定も定めています。障害者の意思を尊重した上で他者が決定することとは別に，障害者本人が自ら決定することの重要性を前提とする規定といえます。ここで「意思決定の支援」とは主に知的障害者を念頭に置くものですが，一人では責任を伴う意思決定が難しい場合でも，意思決定の支援を伴って自ら意思決定をなしうるよう，障害者自身の意思を可能な限り尊重しなければならないとの考え方が示されているといえます。民法の定める成年後見制度も「後見」「保佐」「補助」と法的な能力制限規定を細分化し，自力での意思決定の困難さの程度に応じた支援のしくみを用意することによって本人の意思を可能な限り尊重しようとするものです。

　狭い意味の「意思決定」に限らず，障害児および障害者の教育福祉実務においては，障害の「社会モデル」の考え方の浸透とともに，一般的な発達基準に照らした本人の能力の程度を重視し「○○ができるようになったら，□□（就労など）をすることを認める」といった「ボトムアップ型」の考え方から，個々の具体的な目的（□□）に向けて本人を取り巻く様々な具体的状況に着目し「本人に対して具体的にどのような支援があれば□□をすることができるようになるか」という「トップダウン型」の考え方へ重心が移りつつあります。

　実はこのような考え方は，障害の有無にかかわらず，すべての子どもについて重要な考え方であると考えられます。意思決定に限らず，子どもが何かをなしうることを認めるべきかを問う場合，一般的，抽象的に「子どもの未成熟」を強調して子どもに対する制約を正当化する裁判例などもみられますが，まずは子どもが何かをなしうるためにどのような支援が必要であるかという観点から出発し，できる限り個別的具体的に大人と異なる制約の必要性をあらためて考え直していく必要があると考えられます。「自律性」が前提とされる大人も消費者法など様々な支援に支えられて自律的決定を行っているという点を自覚する必要があるでしょう（→第9章 4）。

◇ Column 16　外国人の子どもの学校教育

　日本に住む外国人の子どもは，出身国の外国人学校やインターナショナルスクールに通学する場合のほか，多くは日本国民と同様，住んでいる地方公共団体の公立学校に通学しています。しかし，憲法26条2項，教育基本法4条などが親に課す就学義務は「国民」の義務として定められており，民族教育の自由の観点からも，外国人の子どもについては就学義務は及ばないとされています。そのため，子どもが実際に就学するための手続も含め，就学に関する明確な法令の定めがなく，文部科学省の通達ほか実務に委ねられています。実際には授業料不徴収，教科書無償，就学援助などは日本国民と同様の扱いとなっていますが，他方で外国人の子どもの不就学が問題となっており，（民族教育の自由の余地を残しつつ）等しく義務教育の対象とする立法が求められます。

　不就学問題の背景には，外国人の子どもが公立学校で学ぶ上で様々な実際上の困難があることが指摘されます。「日本人と同一の教育」で十分かが問われています。

　最も大きな問題の一つは言葉の問題です。憲法をはじめ，日本語を公用語とする法令の定めは見当たりませんが，学校教育法上の学校（1条校）における学校教育は基本的に日本語で行われています。日本語指導のための教員配置などの予算措置がとられていますが，子ども本人の教育上の困難に加え，子ども本人が日本語での教育に支障がなくても，子どもの親が日本語でのコミュニケーションに困難を抱える場合に学校教育にかかわる上で生ずる問題もあります。

　言葉に限らず文化の違いから生ずる問題，それと関連した実際上の差別など，さらには不法滞在の発覚を恐れる親が子どもの就学をひかえるといった出入国管理にかかわる問題もあります。

　一方，外国人学校等に通学する場合は，当該学校が学校教育法上の要件に合致する教育を行い1条校として扱われることもありますが，外国人学校の多くはそうした教育を行っていないため「各種学校」（学教134条）として認可されています。各種学校については教育の内容が問われますが，1条校の教育と民族教育をあわせて行う1条校は子どもの負担が重くなります。各種学校は1条校と比べて不利な扱いを受けており，大学受験資格，定期券運賃など同等扱いも進んでいますが，各種学校への補助金は私学助成と比べて低水準にとどまり，旧日本育英会から都道府県に移管した高校奨学金事業も各種学校は対象外です。

第 11 章
学校から社会へ

◆ ストーリー

高校生が中心となって企画した集会『若い世代が原発を考える』が終わった後の打ち上げ会場で。

A　今の大人達が作った間違いだらけの日本社会の後始末をさせられるのは僕達なのに，なんで自分達の意見が尊重されないわけ？　原発だけじゃなくて年金とかも本当は僕らの世代の問題だし，おかしくない？　18歳なんて言わずに高校生にも**選挙権**→5認めろよ。選挙になったら**リツイートもできない**→6なんてありえないんだけど。

B　いや，でも前の世代の人たちが大変な思いをして作ってくれた平和で豊かな社会のおかげで，今自分たちがこうして好き勝手なことが言えるっていう面もあるし。大人が悪いとか批判ばかりしてたってダメだよ。

A　まったく！　どうしてそんなにものわかりがいいわけ？　そんなんじゃ，大人達にいいように利用されるだけだよ。

C　さっきの続きやってるの？　別にいいけど，ちゃんと反省会もやろうよ。こっちにおいでよ。

D　当日までドタバタしてしまったけど，やっぱり何人かに仕事が集中したのが問題だったと思う。もうちょっと役割をうまく分担してれば，もっと効率的にできたと思うし，今日も余裕持って進行できたんじゃないかな。

E　そうだけど，僕の高校，**校則**→2厳しくて夜とか帰らないといけなかったし。

F　うちの校則なんか政治活動禁止だよ。これバレたらマジで停学かも。

C　それって学校の外でも禁止なの？　いくらなんでも厳し過ぎじゃない？

F　公民の授業で**政治の勉強**→7してんのに，なんで政治活動禁止なんだか。

A　ほんと，わけわかんない校則多過ぎるし。

G　バイクの免許取るのまで禁止とか，**法律が認めてるのに**→1おかしいよね。

C　私，高校で生徒会長してるけど，一つ上の先輩ががんばってくれたおかげで，

この間，校則見直して家が遠い人はバイク通学できるようになったよ。
F　そんな高校じゃないし。
B　だったらそんな高校入らなきゃ良かったんじゃない？　大体F君は私立でしょ。自分で選んで入学したんじゃないの？
F　そんな！　私立だからって何でもありはおかしいよ。
E　ほんと学校って自由無いよね。卒業するまで仕方ないということか。
H　でも社会に出たら出たで会社の規則とかあるし，言い訳になるけど，僕も残業続きであまり参加できなかったし。世の中もっと厳しいよ。
G　そうかもしれないけど。私の場合は学校より親の方が厳しくて。ここの中ホールの許可もらうのだって最初は私の担当だったのに，**保護者の承諾**→③とか言われて結局Cさんに代わってもらったし。
C　私の親は**PTA**→④で学校に物申すっていうような人だから。
D　なんか話がそれてるけど，今日の話に戻すよ。さっき参加者のアンケート見てたら，やっぱりちゃんと判断するのに必要な情報が足りないって。
E　一生懸命情報集めたつもりだけど，そもそも知りたい情報が十分に出てないんだから，しょうがないんじゃないの。
C　本当にそうかな。ダメもとでもっと**情報公開請求**→⑤とかしとくべきだったんじゃないかな。それこそ保護者の承諾なんかなくても請求できるのに。
D　次に向けての課題かな。もうひとつ，情報集めるだけでなく，これだけの企画やったら，結果を発信したいよね。別に原発の問題に限らないけど。
C　うまく**パブリックコメント**→⑥とかにつなげられるといいかも。
E　どっちにしても僕は選挙権も認められないし関係ないけど。
C　情報公開とかパブリックコメントとか**外国人**→⑨でもOKだよ。
G　また話それるけど，選挙権があるとかないとか役所はどうやって調べてるわけ？
C　選挙人名簿ってのがあって，**住民票**→⑧を基にして作成してるみたい。住民票って，小学校に入る前に通知が来たりとか，いろんな権利の基礎になってるのよ。
E　僕も選挙権は認められないけど，住民票はあるよ。ちょっと前までは無かったけど法律が変わったからね。
D　脱線ばっかりで，なかなか話が前に進まないんだけど。

[1] 子どもの自由・法令による制約・親の権限

◆ ポイント

　憲法によって全ての人に保障される基本的な権利は、当然子どもにも認められますが、未成熟な子どもであることを理由に法律などで権利が制限されます。法令によって子どもの自由が直接制限されるほか、親権者による制限も、もともとは法令が保護者の判断に委ねることによって子どもの自己決定を制約するものです。さらに学校に通う生徒は、その学校の校則により自由を制限されることになりますが、どこまでの自由制限が可能か、国公立学校、私立学校それぞれについて問われます。

　一方、子どもの自由を直接制限する法令や校則は、親の自由を制限するものでもありますが、親の場合には、自由の制限は政治や学校への参加を要請します。子どもについても学校運営への参加は認められつつありますが、学校から社会へと目を転じると、18歳以上に選挙権が認められる一方で、18歳未満の者には選挙権が認められないだけでなく、選挙運動も禁止されています。有権者としての準備のためには、政治教育だけでなく実際の政治活動に参加してみることも有意義でしょう。情報公開請求、パブリックコメントなどの政治参加は年齢を問わず認められています。

　選挙権行使や小学校への就学などの権利実現は、住民基本台帳法上の住民票への記載を基礎とするものです。選挙権を有しない外国人の住民も法改正によって住民票に記載されることとなりました。

1　子どもの自由・法令による制約・親の権限

　日本国憲法が保障する思想・良心の自由（憲19条）、信教の自由（憲20条）、集会・結社・表現の自由（憲21条）といった精神的自由、また職業選択の自由（憲22条）などの経済的自由は、何人にも保障される人権として、子どもにも保障されるものです。子どもの権利条約も子どもの精神的自由を認めています。しかし、子どもにはこれらの自由の行使が必ずしも大人と同程度に認められるわけではなく、この本でこれまでみてきたように、子どもであるがゆえに様々な制約が法令上定められています。法令による制約は、飲酒・喫煙のようにもっぱら未成熟な子ども自身の保護を目的とするパターナリズムに基づくもの（→**第7章1**）と、バイク運転のように子ども自身の保護だけでなく未成熟な子

どもから他人や社会を守ることをも目的とするものがあります。それぞれの制約目的に照らして制約が憲法に反していないかを問う必要があります（都道府県の青少年保護条例などの条例による制約については，国の法令によらず条例によることができるか，国と地方公共団体の関係という視点からの検討も求められます）。

　一方，子どもの保護は親権者ほか，子どもの保護者の権限でもあり，保護者の権限行使によっても子どもの自由は制限されます。法令による自由制約と親権者など保護者の権限とはどのような関係にあるのでしょうか。

　法令によりバイクの運転や飲酒・喫煙など子どもの自由が制限される場合，そうした法令の定めは同時に子どもの保護・教育に関する親の判断の余地も制限しています。16歳以上にバイクの免許取得を認める道路交通法88条は，15歳の子どもが安全運転を学べるようバイク運転を経験させたいという親の教育的判断も許していないことになります。個々の法令の定めは，子どもの自由に加えて，憲法が保障すると考えられる親の権限の観点からも憲法に反していないかが問われます。

　このように考えると，逆に法令が子どもの自由を制限していない場合に，親の判断により「うちの子はまだバイクの運転は無理だ」と子どもの自由を制限する余地までも否定されているかは慎重に考える必要があります。法令が一般的な観点から全ての子どもに対して一律の定めを置くのに対し，自らの子どもに対する親の個別的な判断の余地は十分に尊重されるべきでしょう。

◆　条　文
道路交通法
88条1項　次の各号のいずれかに該当する者に対しては，第一種免許……を与えない。
　　1号　……普通免許……にあっては18歳に，普通二輪免許，小型特殊免許及び原付免許にあっては16歳に，それぞれ満たない者

子どもの権利条約
　　13条1項　児童は，表現の自由についての権利を有する。…
　　14条1項　締約国は，思想，良心及び宗教の自由についての児童の権利を尊重

する。
15条1項 締約国は，結社の自由及び平和的な集会の自由についての児童の権利を認める。

2 校　則

　子どもにも精神的自由などの人権が保障される一方，教育という営みは一般に何らかの自由の制約を伴うものであり，学校教育の場合も同様です。授業中は静かにさせるなど，教科教育だけでなく生活指導も含めて教育活動の一環として自由の制約が認められ，さらに教育活動をどのように行うかについては教師，および学校の専門的教育判断が尊重されます。このことから学校ごとに定められる「校則」と呼ばれる一般的なルールについても，教育目的実現のため必要とされる学校の自治的な規範として認められ，その内容についても学校の専門的判断を尊重して裁判例でも厳格な審査はなされていません。

　しかし，校則が問題となるのは主として教科教育そのもの以外の場面であり，そこでは一方で親の権限，他方で国家等の定める一般的な法令との関係で学校教育の権限の範囲が問題となります。

　まず校則の内容が①学校内のみの事柄であるのか，②学校内と学校外の両方にかかわる事柄であるのか，③もっぱら学校外の事柄であるのか，によって区別して考えるべきでしょう。③学校外の事柄については基本的に学校の権限外と考えられ，校則の合理性につき厳格に問うべきであり，②学校の内外にわたる事柄についても親の権限との関係など慎重に考えるべきでしょう。例えば③学校外での政治活動については，他の生徒はもとより生徒本人への学校教育上の影響も疑わしく，親の政治教育の自由の観点からも，これを禁止する校則には疑問があります。②バイク通学禁止にとどまらずバイク免許取得自体を禁止する校則についても，道路交通法が16歳以上の者にバイク免許取得を認める以上，道路での生徒の生命・身体の安全確保は学校の権限外として道路交通法の一般的な定めにより，さらに教育上の観点を含めた個別的な判断についても親に委ねられていると考えられます（**第5章**のストーリーでも停学処分が可能なのは通学中の自転車事故に限られるでしょう）。

一方，学校内の事柄については(1)主として一人ひとりの子どものためのルールであるか，他の子ども達との関係で求められるルールであるか，また，(2)教科教育か，親の権限との関係が問題となりうる生活指導にかかわるものかを考慮しつつ，(3)制限の目的，(4)目的に照らした制限の合理性，(5)制限の程度，(6)制限される自由の内容，(7)訓示的なものにとどまるか否か，校則違反に対する懲戒処分との関係などによって校則の合理性が判断されます。なお実際に懲戒処分がなされた場合については，校則の合理性とは別に具体的処分の適切さが問題となります。退学処分など過剰な処分でないか比例原則（過剰禁止）の観点から厳しく問われなければなりません。

以上は私立学校の校則の場合にも基本的には妥当します。私立学校には宗教教育に象徴されるように独自の教育目的があり，これを踏まえた親，あるいは子ども自身の学校選択に基づき学校教育がなされますが，そのことによって正当化される範囲には限界があります。親ですら許されない自由制限は私立学校にも許されないし，その学校の教育目的に照らし，あるいは制限される自由の内容などにより過度の自由制限として許容されない場合もあるでしょう。

なお労働者の服務規律を定める就業規則については，企業の維持運営に不可欠な企業秩序の維持のために定められるものであり，その限りで正当化されるものです。私生活上の行為は企業秩序にかかわる限りで規律され，また，労働者の人格・自由に対する過度の規制は許されません。

◆ 条　　文
労働基準法
89条　常時10人以上の労働者を使用する使用者は，次に掲げる事項について就業規則を作成し，行政官庁に届け出なければならない。……
　1号　始業及び終業の時刻，休憩時間，休日，休暇並びに労働者を2組以上に分けて交替に就業させる場合においては就業時転換に関する事項

3　親の判断に委ねる

親の権限行使により子どもの自由，権利の実現が制限される場合，親権一時

3 親の判断に委ねる

停止，親権喪失となるような著しく不当な制限でない限り，子どもは制限を受け入れざるをえません。この場合，制限するのは親ですが，そのような権限を親に認めているのは国の法律です。子どもの自由，権利の実現を親の権限の下に置く法律の定めがあって初めて親による制限が可能になるのであり，そうした法律の定めがなければ子どもの自由，権利の実現を親が制限することはできません。

　一方，親の権限行使により子どもの権利が実現されるようにみえる場合であっても，子ども自身による権利実現や判断の余地が認められないとすれば，そうした権限を親に認める法律の定めは，子どもの自己決定を制約するものといえます。飲酒・喫煙など法令により子どもの自由が直接制限される場合だけでなく，法令により親に権限を与える形で子どもの自由が制約される場合も，憲法的観点から未成年者保護を目的とする当該規定の合理性を問う必要があります。

　民法は，子どもの経済的な取引活動について，未成年者保護のために法定代理人の同意を必要とする行為能力制限や，法定代理人が未成年者に代わって行為する法定代理の一般的な定めを置いています。後者については憲法に適合しているかを問う見解もありますが，これらの定めにより法定代理人である親権者などが子どもの自己決定を制限し，子どもの保護を図ります（→第9章3）。

　一方，子どもが行政機関に対して申請などの手続を行う場合については，行政機関個人情報保護法や地方自治体の個人情報保護条例に見られるように法定代理人の代理申請につき明示的に定める例（→第6章8(2)）が増えつつあるものの，何ら定めが置かれていない場合も少なくありません。そのような場合，民法と同じように法定代理人の同意が求められたり代理が認められたりすることが少なくありませんが，子どもの保護を目的として正当化しうるのか，また，どのような保護が求められるのかが問われ，いずれにしても法律で憲法に適合した明確な定めが置かれることが望まれます。旅券法などパスポート申請に法定代理人の同意が必要であることが旅券法施行規則の申請書書式をみて初めて明らかになりますが，たとえ法定代理人の同意が必要であるとしても法令の定め方として適切であるか疑問があります。

◆ 条　文
行政機関の保有する個人情報の保護に関する法律（行政機関個人情報保護法）
12条2項　未成年者……の法定代理人は，本人に代わって……開示の請求……をすることができる。

4　親 の 参 加

　法令や学校の校則により自由を制約される親は，自由を制約するプロセスに自らが参加することを通じて制約のあり方に働きかけることができます。法律については，自由を制約する法律の立法者を自らが選挙で選んだことによって，自ら（立法者を通じて）定めたルールによる自己制限として自ら責任を負うと説明することもできるでしょう。
　一方，学校についても，親は，もっぱら自らの子どもに関する事柄について学校教育に個別にかかわるだけでなく，子どもが通う学校における学校教育のあり方全体について学校運営に参加する機会の保障が求められます。
　従来，親集団と学校のかかわりとしては，PTAが学校運営を支援するなど実際上重要な役割を果たしてきましたが，本来PTAは，社会教育法上の社会教育関係団体（社教10条）として位置づけられるものであり，設立義務も加入義務もない任意団体です。PTA会費の学校経費への流用が問題となりましたが，学校とPTAの関係を透明化し，両者の「距離」を確保する必要があります。
　これに対し，近年親の学校運営参加の制度が法的に整備され始めています。2000（平成12）年の学校教育法施行規則改正により学校評議員の制度が導入され，次いで2004（平成16）年には「地方教育行政の組織及び運営に関する法律（地方教育行政法）」の改正により学校運営協議会の制度が導入されました。前者は校長の求めに応じて意見を述べるもので，必ずしも親の参加を保障するものではありませんが，後者は，教育委員会が所管する公立学校に限られるものの，委員として保護者を念頭に置いており，学校運営に主体的にかかわるものです。保護者集団の参加へとつなげていくことが今後の課題でしょう。
　さらに学校運営にとどまらず地方公共団体の教育政策への参加として，2001

（平成13）年の地方教育行政法改正により，教育委員に保護者が含まれるよう努力義務が定められています（教育行政4条5項）。

　こうした親の学校教育参加の前提となるのが，学校や教育政策にかかわる情報へのアクセスです。十分な情報なくして的確な意思形成はできません。学校や学校設置者による積極的な情報提供が期待されるとともに，情報公開制度の適切な運用が求められます。国立大学法人が設置する国立学校については独立行政法人等情報公開法に基づき当該法人に対し，公立学校については学校設置者たる地方公共団体の情報公開条例に基づき教育委員会に対し開示請求をすることになります。しかし，情報公開制度は民主主義の理念に基づくことから，私立学校は基本的に対象外となっています。私立学校を所管する都道府県の保有する私学助成関係書類が情報公開条例に基づく開示請求の対象となるほか，私立学校法により利害関係者に限って私立学校の保有する財務関係書類のみ閲覧できる（私学47条）にすぎませんが，再考の余地があるように思われます。

◆ 条　文

社会教育法

10条　この法律で「社会教育関係団体」とは，……公の支配に属しない団体で社会教育に関する事業を行うことを主たる目的とするものをいう。

学校教育法施行規則

49条1項　小学校には，設置者の定めるところにより，学校評議員を置くことができる。

　2項　学校評議員は，校長の求めに応じ，学校運営に関し意見を述べることができる。

　3項　学校評議員は，当該小学校の職員以外の者で教育に関する理解及び識見を有するもののうちから，校長の推薦により，当該小学校の設置者が委嘱する。

地方教育行政の組織及び運営に関する法律

4条2項〔教育委員会委員の任命〕〔略〕

　5項　地方公共団体の長は，第2項の規定による委員の任命に当たっては，……委員のうちに保護者（親権を行う者及び未成年後見人をいう。……）である者が含まれるようにしなければならない。

47条の5第1項　教育委員会は，……その所管に属する学校のうちその指定す

る学校（以下この条において「指定学校」という。）の運営に関して協議する機関として，当該指定学校ごとに，学校運営協議会を置くことができる。
2項　学校運営協議会の委員は，当該指定学校の所在する地域の住民，当該指定学校に在籍する生徒，児童又は幼児の**保護者**その他教育委員会が必要と認める者について，教育委員会が任命する。
3項　指定学校の校長は，当該指定学校の運営に関して，教育課程の編成その他教育委員会規則で定める事項について基本的な方針を作成し，当該指定学校の学校運営協議会の承認を得なければならない。
4項　学校運営協議会は，当該指定学校の運営に関する事項……について，教育委員会又は校長に対して，意見を述べることができる。

独立行政法人等の保有する情報の公開に関する法律
（独立行政法人等情報公開法）
3条　何人も，この法律の定めるところにより，独立行政法人等に対し，当該独立行政法人等の保有する法人文書の開示を請求することができる。

私立学校法
47条1項　学校法人は，毎会計年度終了後2月以内に財産目録，貸借対照表，収支計算書及び事業報告書を作成しなければならない。
2項　学校法人は，前項の書類及び第37条第3項第3号の監査報告書……を各事務所に備えて置き，当該学校法人の設置する私立学校に在学する者その他の利害関係人から請求があった場合には，正当な理由がある場合を除いて，これを閲覧に供しなければならない。

5　選　挙　権

　子どもは自らの自由を制限する法律や条例の制定に参加することができません。憲法44条が，国会の衆参両議院の議員およびその選挙人の資格は，法律でこれを定めるとし，これをうけて公職選挙法が地方公共団体の議会の議員および長も合わせて選挙権，被選挙権について定めています。2015（平成27）年の同法改正により，選挙権が年齢満18年以上の日本国民に認められることとなりましたが，一方で，満18年未満の者には選挙権が認められないのは，子ども自身の保護のためというよりも，自由な意思による公明かつ適正な選挙に

5 選挙権

よって民主政治の健全な発達を期するという公職選挙法の目的（公選1条）によるものです。選挙権の性格については議論がありますが，権利であるだけでなく民主政治の基礎となる責務でもあるとの考え方が有力です。選挙権を有することは政治社会の責任ある構成員であることを意味します。子どもは大人と同様に社会の一員として法に服しますが，その法を定める政治社会の一員とはみなされていないのです。

選挙権のほか，地方自治法上の条例制定改廃請求，地方議会の解散請求，長の解職請求といった直接請求も選挙権を有する者にのみ認められています（自治74条1項）。

なお特定の政治課題につき住民の意思を直接問う住民投票は，地方公共団体の長等の決定を拘束しない限りで許されると考えられ，実際に実施されていますが，法的拘束力がないことから未成年者にも投票を認めた例があります。地方分権改革の一環としての市町村合併の際に，合併の是非は地域の将来を問うものであるとして，住民投票の投票権を15歳以上の者に認めた地方公共団体がありました。

◆ 条　　文

日本国憲法

44条　両議院の議員及びその選挙人の資格は，法律でこれを定める。但し，人種，信条，性別，社会的身分，門地，教育，財産又は収入によって差別してはならない。

公職選挙法

1条　この法律は，日本国憲法の精神に則り，衆議院議員，参議院議員並びに地方公共団体の議会の議員及び長を公選する選挙制度を確立し，その選挙が選挙人の自由に表明せる意思によって公明且つ適正に行われることを確保し，もって民主政治の健全な発達を期することを目的とする。

9条1項　日本国民で年齢満18年以上の者は，衆議院議員及び参議院議員の選挙権を有する。

　2項　日本国民たる年齢満18年以上の者で引き続き3箇月以上市町村の区域内に住所を有する者は，その属する地方公共団体の議会の議員及び長の選挙権

を有する。

(9条1項2項は平成28.6.19施行)

地方自治法
74条1項 普通地方公共団体の議会の議員及び長の選挙権を有する者……は，……その総数の50分の1以上の者の連署をもって，その代表者から，普通地方公共団体の長に対し，条例……の制定又は改廃の請求をすることができる。
75条〜88条〔監査の請求，解散及び解職の請求〕〔略〕

6 学校への参加，政治社会への参加

一方，学校運営については，学校に通う子ども自身が参加する動きが進みつつあります。

実際に生徒自身が校則の制定，改廃に参加する学校があるほか，文部科学省通知では学校運営協議会への生徒の参加も想定されています。参加というよりも生徒の自主的な活動ですが，いじめ防止対策推進法は，学校は，いじめの防止に資する活動であってその学校に在籍する児童等が自主的に行うものを支援すると定めています（いじめ防止15条2項）。

子どもの学校参加についても情報へのアクセスが前提となりますが，情報公開制度は民主主義の理念に基づくものでありながら，有権者に限らず「何人」にも，したがって未成年者や外国人にも開示請求権を認めています。情報開示自体によって民主政治に影響があるわけでなく，また，当該情報から未成年者を保護する必要があるとしても，個人の権利利益を害するおそれがある場合は不開示情報とされ，個別的な判断により対処することができるためです。仮に開示請求を制限したとしても，任意の有権者に開示請求を依頼することによって容易に制限をすり抜けることができるといった事情もあります。

ここであらためて学校の外の社会に目を向けると，選挙権が認められないとしても，将来の有権者に向けての準備は必要ですが，政治社会への参加もまずは情報へのアクセスが出発点となります。自らが住んでいる地方公共団体の保有する情報については当該団体の情報公開条例により，国の保有する情報については情報公開法により「何人」にも開示請求権が認められます。

一方，行政手続法39条以下などが定める，いわゆるパブリックコメント制度は，命令等の行政準則について広く一般の意見を求めるものです。民主主義的な要素が指摘されることもありますが，この場合も未成年者は意見を提出することができます。未成年者を保護する理由に乏しく，また，あくまでも行政活動等の参考とされるにすぎないため，公益の観点からも意見の提出を制限する必要がありません。提出された意見に対しては，命令等を定める機関は，意見を考慮した結果およびその理由を公示する必要があり，これは未成年者の意見であっても同様です。

　以上からして，政治活動を禁止する校則によって，こうした政治社会への参加を禁ずることも許されないでしょう。

　なお公職選挙法は未成年者の選挙運動を禁止した上で，未成年者をも処罰の対象としてきましたが，2015（平成27）年の同法改正により，満18年未満の者への規制に改められました（公選137条の2・239条）。これは選挙権の問題とは異なり，未成年者の選挙運動によって民主政治のあり方に影響が及ぶわけではないので，未成年者保護を目的とするものと考えられてきました。しかし，選挙運動への参加には将来の有権者としての準備の側面があり，子ども本人に選挙権がないことを補う意義や親の政治教育の自由をも考慮すると，全面禁止や子ども本人の処罰には憲法上疑問があります。インターネットでの選挙運動が認められたことにより，これをも含めて禁止することの不合理性がより明白になったといえます。

◆ 条　文
いじめ防止対策推進法
15条2項　学校の設置者及びその設置する学校は，……いじめの防止に資する活動であって当該学校に在籍する児童等が自主的に行うものに対する支援……を講ずるものとする。
行政機関の保有する情報の公開に関する法律
3条　何人も，この法律の定めるところにより，行政機関の長……に対し，当該行政機関の保有する行政文書の開示を請求することができる。

第 11 章　学校から社会へ

行政手続法
39 条 1 項　命令等制定機関は，命令等を定めようとする場合には，当該命令等の案……及びこれに関連する資料をあらかじめ公示し，意見……の提出先及び意見の提出のための期間……を定めて広く一般の意見を求めなければならない。
43 条 1 項　命令等制定機関は，意見公募手続を実施して命令等を定めた場合には，当該命令等の公布……と同時期に，次に掲げる事項を公示しなければならない。
　1，2 号　〔略〕
　3 号　提出意見　〔略〕
　4 号　提出意見を考慮した結果〔略〕及びその理由

公職選挙法
137 条の 2 第 1 項　年齢満 18 年未満の者は，選挙運動をすることができない。
　2 項　何人も，年齢満 18 年未満の者を使用して選挙運動をすることができない。ただし……

（平成 28. 6. 19 施行）

239 条 1 項　次の各号の 1 に該当する者は，1 年以下の禁錮又は 30 万円以下の罰金に処する。
　1 号　……第 137 条の 2……に違反して選挙運動をした者

7　政 治 教 育

　学校教育の目的については人間教育を重視する立場と公民教育を重視する立場がありますが，いずれにしても子どもは将来の有権者であり，民主政治の担い手としての政治的教養を身につけさせ，政治社会の一員となる準備をさせることは学校教育の重要な役割の一つといえるでしょう。選挙権が満 18 年以上の者に認められることとなり，この点があらためて意識されるようになりました。旭川学力テスト事件・最高裁昭和 51 年 5 月 21 日大法廷判決（刑集 30 巻 5 号 615 頁）の立場からすれば，政治教育であるからといって教育行政ほかによる不当な介入が許されるわけでもありません。
　教育基本法 14 条 1 項は「良識ある公民として必要な政治的教養は，教育上尊重されなければならない」と定め，学校教育法 51 条 3 号は高校教育の目的として「社会について，広く深い理解と健全な批判力を養い，社会の発展に寄

与する態度を養うこと」を掲げています。

　その一方で教育基本法14条2項は「法律に定める学校は，特定の政党を支持し，又はこれに反対するための政治教育その他政治的活動をしてはならない」と定めています。教育の目的とされる政治的教養が，政治社会についての広く深い理解と健全な批判力を意味するとすれば，教育行政であれ学校であれ特定の政治的立場を子どもに押し付けることは教育目的を実現する上で適切とはいえないでしょう。教育基本法14条は全体として整合的に理解する必要があります。もっとも実際の教育の場面では，とりわけ現実に起こっている政治社会の事件などをどう扱うかをめぐって難しい問題があり，この点に関する裁判紛争も少なくありません。

　政治教育に限らず，個人の価値観にかかわる領域における教育は，価値観の一方的な押し付けとならないよう教育方法について特に繊細な配慮が求められます。教育方法が適切さを欠く場合には結局目指すところの教育目的を実現することも難しいでしょう。近時，社会を形成する市民としての法的教養を目的とする「法教育」の導入が検討されていますが，とりわけ「憲法教育」については教育目的だけでなく，教育プロセスについても慎重に考える必要があるでしょう。「憲法教育」の目的を実現するためにも，人権や民主主義といった憲法の理念に合致した教育方法や学校環境こそが求められるところです。

◆ 条　文
教育基本法
14条1項　良識ある公民として必要な政治的教養は，教育上尊重されなければならない。
　2項　法律に定める学校は，特定の政党を支持し，又はこれに反対するための政治教育その他政治的活動をしてはならない。
学校教育法
51条　高等学校における教育は，……次に掲げる目標を達成するよう行われるものとする。
　　3号　……社会について，広く深い理解と健全な批判力を養い，社会の発展に寄与する態度を養うこと。

8 住民としての地位

　政治社会の一員としての選挙権行使や，小学校への就学といった様々な社会の一員としての権利の実現，あるいは住民税の賦課といった義務の負担は，地域社会の構成員たる住民としての法的地位と結びついています（自治10条2項）。この法的地位は，地方自治法により住所を基礎として認められ（自治10条1項），住民基本台帳法上の住民票に記載されることになっています（自治13条の2）。住民票は市区町村によって作成され，住民の居住関係を公証するものとして，行政の各種活動はこれに拠っています。

　もっとも住民としての法的地位はあくまでも実際の住所，居住の事実に基づくものなので（原発避難者特例法による例外があります。→第6章），住民票の記載と事実が異なる場合は，事実に基づいて行政活動が行われます。例えば住民票の記載があっても居住の事実がない場合には選挙権は行使できず，逆に住民票の記載がなくとも住民であれば別途手続を経て小学校への就学が認められます。

　とはいえ，地方公共団体が個々の行政活動ごとに全ての住民の居住の事実を職権により調査することは難しいため，ほとんどの場合は住民票の記載に基づいて行政活動が行われており，それが住民基本台帳法の目的とするところでもあります（住民台帳1条）。公職選挙法は，選挙人名簿は，住民票作成後3か月以上の者を登録すると明記しています（公選21条1項）。

　住民票の作成自体も職権による調査には限界があるため，基本的には住民からの届出に基づいて住民票は作成されます。住民には届出を正確に行うことが求められています（住民台帳3条3項）。子どもの住民票は，出生時は戸籍法上の子の出生届により戸籍記載がなされた後，職権により住民票が作成されるほか，地方公共団体への転入の場合などは，親などが転入届を提出することによって作成されます。

　このため，住民基本台帳法上の転入届などの届出がなされなかったり，そもそも戸籍法上の出生届が出されず無戸籍であるため，子どもの住民票が作成されないという問題があります。子どもの存在自体を地方公共団体が把握することができないため，行政活動の視野に入らず，非就学となったり，虐待への対応に困難があったり（→第3章13），子どもにとって深刻な事態が生じています。

親などによる届出が求められることはいうまでもありませんが，住民票の有無にかかわらず，住民としての法的地位に基づき子どもの権利を保障することが地方公共団体の責務であることも確認されるべきでしょう。

◆ 条　文
地方自治法
10条1項　市町村の区域内に住所を有する者は，当該市町村及びこれを包括する都道府県の住民とする。
　2項　住民は，法律の定めるところにより，その属する普通地方公共団体の役務の提供をひとしく受ける権利を有し，その負担を分任する義務を負う。
11条　日本国民たる普通地方公共団体の住民は，この法律の定めるところにより，その属する普通地方公共団体の選挙に参与する権利を有する。
13条の2　市町村は，別に法律の定めるところにより，その住民につき，住民たる地位に関する正確な記録を常に整備しておかなければならない。

住民基本台帳法
1条　この法律は，市町村……において，住民の居住関係の公証，選挙人名簿の登録その他の住民に関する事務の処理の基礎とするとともに住民の住所に関する届出等の簡素化を図り，あわせて住民に関する記録の適正な管理を図るため，住民に関する記録を正確かつ統一的に行う住民基本台帳の制度を定め，もって住民の利便を増進するとともに，国及び地方公共団体の行政の合理化に資することを目的とする。
3条1項　市町村長は，常に，住民基本台帳を整備し，住民に関する正確な記録が行われるように努め……なければならない。
　3項　住民は，常に，住民としての地位の変更に関する届出を正確に行なうように努めなければならず，虚偽の届出その他住民基本台帳の正確性を阻害するような行為をしてはならない。
4条　住民の住所に関する法令の規定は，地方自治法……第10条第1項に規定する住民の住所と異なる意義の住所を定めるものと解釈してはならない。
15条1項　選挙人名簿の登録は，住民基本台帳に記録されている者で選挙権を有するものについて行なうものとする。
22条（転入届）〔略〕

公職選挙法

21条1項　選挙人名簿の登録は，……その者に係る登録市町村等……の住民票が作成された日（他の市町村から登録市町村等の区域内に住所を移した者で住民基本台帳法……第22条の規定により届出をしたものについては，当該届出をした日）から引き続き3箇月以上登録市町村等の住民基本台帳に記録されている者について行う。

9　外国人の地位

　外国人は，出入国管理及び難民認定法により，日本国との関係で入国，滞在，出国，再入国につき日本人とは異なる制限が課せられています。最高裁昭和53年10月4日大法廷判決（民集32巻7号1223頁。マクリーン事件）は，「憲法上，外国人は，わが国に入国する自由」「在留の権利ないし引き続き在留することを要求しうる権利」を保障されていないとの判断を示しています。

　もっとも，ひとくちに外国人といっても多様であり，上記の法律は「永住者」「日本人の配偶者等」「永住者の配偶者等」「定住者」とされる外国人を他の外国人と区別し，出入国や日本国内での活動（就労など）に対する制限を緩やかにしています。「永住者」には在日韓国・朝鮮人，「定住者」には日系のブラジル人やペルー人などが該当し，さらに在日韓国・朝鮮人の多くは別の法律で「特別永住者」として特別の地位が認められています。このほか在日米軍の軍人等にも特別の地位が認められています。これに対し，以上とは異なる外国人は例えば「留学」など認められた一定の在留目的の範囲内でのみ在留が許されるにすぎません。

　ただし，上記大法廷判決は，「基本的人権の保障は，権利の性質上日本国民のみをその対象としていると解されるものを除き，わが国に在留する外国人に対しても等しく及ぶ」とも述べています。例えば日本になじみのない宗教を信じる外国人についても，信教の自由など日本人と同様に認められるべきでしょう。政治活動の自由についても上記判決は在留制度の枠内で与えられていると認めています。少なくとも永住者等については日本人と同様に認められるでしょう。

一方，選挙権や一定の公務への就任など政治的意思決定過程への直接参加は，国民固有の権利であるとして，判例・学説上，外国人には憲法上の保障は及ばないとされています。これに対し，外国人も住民である地方公共団体の長・議会の選挙について法律で外国人に選挙権を認めることは否定されていないといった考え方や，在日韓国・朝鮮人など一定の外国人については日本国民と同様に考えるべきであるといった考え方もあります。

　他方で，憲法上の保障が及ぶかはともかく，医療保険・年金保険など様々な給付の領域で外国人も対象とする施策が展開されてきていますが，給付の前提として地域における外国人の存在を行政が正確に把握する必要があります。従来は外国人登録法上の外国人登録制度があり，「出入国管理及び難民認定法」上の在留資格を有しない不法滞在の外国人も含めて登録され，各種給付の基礎とされていましたが，これが廃止されるとともに「出入国管理及び難民認定法」，住民基本台帳法が改正され，在留資格を有する外国人は在留カードを交付されるとともに住民票に記載されることとなりました。一方で不法滞在の外国人は在留カードを交付されず，住民票にも記載されないため，外国人を対象とした各種給付を受けられなくなり，退去強制令書等の発付後の仮放免など即座に国外退去とならない場合の対応が問われています。

◆ 条　文
出入国管理及び難民認定法
19条の3　法務大臣は，本邦に在留資格をもって在留する外国人のうち，次に掲げる者以外の者（以下「中長期在留者」という。）に対し，在留カードを交付するものとする。
　　1号　三月以下の在留期間が決定された者
　　2号　短期滞在の在留資格が決定された者
　　3号　外交又は公用の在留資格が決定された者
　　4号　〔略〕
19条の4第1項　在留カードの記載事項は，次に掲げる事項とする。
　　1号　氏名，生年月日，性別及び国籍の属する国……
　　2号　住居地（本邦における主たる住居の所在地をいう。以下同じ。）

3号　在留資格，在留期間及び在留期間の満了の日
4号　許可の種類及び年月日
5号　在留カードの番号，交付年月日及び有効期間の満了の日
6号　就労制限の有無
7号　〔略〕

住民基本台帳法

30条の45　日本の国籍を有しない者のうち次の表の上欄に掲げるものであって市町村の区域内に住所を有するもの（以下「外国人住民」という。）に係る住民票には，……国籍等……，外国人住民となった年月日……及び同表の上欄に掲げる者の区分に応じそれぞれ同表の下欄に掲げる事項について記載をする。

中長期在留者（入管法第19条の3に規定する中長期在留者をいう。以下この表において同じ。）	一　中長期在留者である旨 二　入管法第19条の3に規定する在留カード……に記載されている在留資格，在留期間及び在留期間の満了の日並びに在留カードの番号

◆ まとめ

　子どもにも憲法上保障されている自由・権利を実際にどの程度行使することができるかは，子どもの自由・権利を直接制限する法令の定めだけでなく，子どもの自由・権利を制限する権限を親に認める法令の定めや，その権限を個々の親がどのように行使するか，さらには学校の校則や職場の就業規則といった定めによっても左右されます。自らが服するこうした定めが作成される過程に子ども自身が参加する機会は必ずしも保障されていませんが，選挙権年齢が満18年以上へと引き下げられたほか，子どもの学校や社会への参加についても積極的に認めていこうとする動きが始まっています。

　こうした政治社会の一員となるべき地位や社会の一員として享受する様々な権利は，実際上，地域社会の構成員たる住民としての地位によって基礎づけられている面があり，外国人についても日本国民との法的地位の差異を踏まえた上で，住民としての地位の観点から捉えていこうとする動きがみられます。

◇ Column 17　出入国管理と外国人の子ども

　むやみに子どもと親が引き離されるべきでないことは，外国人の子どもの場合も同様です。児童虐待が問題となるときなどは，日本人の子どもと同様に扱われるべきである（日本にいる外国人にも児童福祉法は適用されますが，親権など部分的に外国の法律が適用される場合があります。→Column 3）ほか，外国人の子どもについては，特に出入国管理行政においてこの点が問題となります。

　一方で出入国管理及び難民認定法は，外国人が日本に在留しうるための資格（在留資格）の一つとして「家族滞在」を挙げており，これは「日本人の配偶者等」といった在留資格とは異なり，家族の国籍の如何を問わず，家族が一緒にいることの利益を法的に尊重するものと理解されます。他方，国外退去が求められる外国人に対し例外的に「在留特別許可」を認める際（入管50条），年長の子ども一人にのみ許可を与えるべきとして他の家族は国外退去とする，あるいは国外退去の場合にそれぞれ国籍のある国に送還されることから国籍の異なる子どもと親が別々の国に送還される，等の行政実務，裁判例もあります。

　しかし「子どもの権利条約」は子どもと親が不当に引き離されないことを子どもの権利として保障していると考えられ（9条，10条など。ただし，日本政府は条約9条，10条は退去強制には適用されないとの解釈宣言を行っています），そもそも日本国憲法24条1項が，「婚姻は……相互の協力により，維持されなければならない」との文言からして，家族が一緒に生活する権利を保障しているとの考え方も主張されるようになってきています。

　前述のマクリーン事件最高裁判決も「基本的人権の保障は，権利の性質上日本国民のみをその対象としていると解されるものを除き，わが国に在留する外国人に対しても等しく及ぶ」と述べていますが，家族が一緒に生活する権利は，入国の権利や参政権などと異なり，外国人にも等しく保障される性質の権利と考えられます。外国の裁判例ですが，家族が一緒にいる権利を保障するヨーロッパ人権条約8条につき，ヨーロッパ人権裁判所は，当初国家統治権に基づく各国の裁量を優先する立場をとっていましたが，1980年代以降，同条項を根拠に家族が一緒にいる権利を尊重して外国人家族の在留を保障すべきとする判断を示すようになってきています。マクリーン事件当時には観念されていなかった「家族が一緒に生活する権利」の観点から，日本においても出入国管理のあり方を問い直すべき時期に来ているのではないでしょうか。

第 11 章 学校から社会へ

◇ Column 18 子どもの労働

　日本国憲法 27 条 3 項は，児童の酷使を禁止しています。有償無償を問わず「働く」という行為は，子どもの年齢に応じて積極的な意義もありますが，子どもの心身の健康，成長発達の機会を損なうことがあってはなりません。

　労働基準法 56 条 1 項は中学生以下の児童を労働に使用することを原則として禁止しています。ただし，これには例外があります。1 つは，一定の事業以外で児童の福祉に有害でないものにつき満 13 歳以上の児童（映画・演劇については満 13 歳未満も含む）に，修学に差し支えないとの学校長および親権者等の証明を条件として修学時間外の労働が労働基準監督署長によって許可される場合です。もう 1 つは「同居の親族のみを使用する事業」の場合であり，この場合は労働基準法が適用されません（労基 116 条 2 項）。家事労働も同法の対象外です。同法は，親権者等が子どもに代わって労働契約を締結し，賃金を受け取ることを禁止する（労基 58 条・59 条）ほか，親権者等の行為を規制するものではありません（なお児童自らが事業やボランティアを行う場合も同法の対象外です）。

　もっとも労働基準法が適用されない場合も含めて児童福祉法 34 条に定める禁止行為（業務として酒席に侍する行為をさせるなど）は許されません。子どもが義務教育を受けることを妨げてはならないのも同様です（学教 20 条）。もともと憲法 26 条 2 項が定める保護者の義務は，児童労働からの保護を念頭に置くものです。この点で就学義務の対象外とされる外国人の子どもが就労あるいは家事労働により不就学となる実態が問題となっています（→ Column 16）。

　一方，中学卒業後，満 18 歳未満あるいは未成年の者についても就業制限の定めがあります。労働基準法が満 18 歳未満の者を一定の危険有害業務に就かせることを禁止する（労基 62 条・63 条）ほか，例えば「風俗営業等の規制及び業務の適正化等に関する法律（風営法）」は風俗営業において満 18 歳未満の者に客の接待をさせることを禁止しています（風俗 22 条）。

　以上に加えて，年齢に応じた労働時間制限，あるいは一定の時間帯の深夜業務の禁止などが労働基準法，児童福祉法，風営法等により定められています。

　義務教育後の法規制はもっぱら子どもの保護の観点からの規制となりますが，これら法規制とは別に高校生のアルバイトを規制する校則については，もっぱら当該学校の教育目的に照らして正当化しうるかが問われることになります。

　なお家事労働に関しては，一人親家庭や外国人の親が日本社会に適合困難な場合，親や家族に障害者・病者がいる場合，里親家庭における実子など，他者をケアする役割を実際上担う子どもへの支援の必要性が指摘されています。

あ と が き

　「子ども法」とは，「子どもの」「法」のことである。では，「子どもの」とは，いかなる意味か。これには二つの意味がありうる。一つは「子どもを対象（規律の客体）とする」法であり，もう一つは「子どもを読者（学習の主体）とする」法である。「子ども法」という本を作るときに，どちらか一つの観点に立つことは十分に考えられる。しかし，本書では二つの観点のどちらか一方に絞り込んではいない。「子どもを対象とする」ならば「子どもを読者とする」必要があるのではないか，そうすることによって，「子ども法」はよりよい法となるではないか。そう考えたからである。

　本書の大半を執筆した二人は，それぞれ行政法・民法の専門家であるが，同時に，これからの「子ども法」を担う「子ども法」の専門家でもある。その記述は一見すると平易であるが，内容にはかなり高度なものも含まれている。その意味で，様々な立場から子どもたちと関わる方々に，生成しつつある「子ども法」のエッセンスを適切に伝えるものになっているはずである。他方，本書が子どもたちの関心の対象となりうるか。形式面・実質面の双方にわたって，いくつかの工夫をしたつもりではあるが，この点については読者の判断を待たなければならない。

　本書の執筆にあたっては，構想・検討の段階から完成に至るまで，終始，有斐閣書籍編集第一部の藤本依子氏のお世話になった。この場を借りてお礼を申し上げる。

2015年7月20日

著者を代表して

大　村　敦　志

事項索引

●あ 行●

旭川学力テスト事件　121, 125, 233, 258
安全確認　63
安全配慮義務　123
遺　言　186
遺言能力　207
意思決定支援　243
意思能力　201
いじめ　118
いじめ問題対策連絡協議会　134, 135
一時保護　66, 156
一時保護委託　66, 156
一時保護所　66
従兄弟　31
医療行為　12, 214
「淫行」条例　79
姻　族　26, 50
院内学級　227
氏の変更　207
嬰　児　10, 11, 15
永住者　262
縁組あっせん制度　83
叔父叔母　31
親　14
　——によって養育される子どもの権利
　　56, 57, 68, 76
　——の政治教育の自由　249, 257
　——の責任　57, 150
　——への指導　72
親子再統合　56, 72

●か 行●

開示請求　138, 253
開示請求権　256

核家族　23
各種学校　244
家事事件　115
家事事件手続法　3
家事相談　115
家事労働　266
家　族　23
家族が一緒に生活する権利　265
家族滞在　265
学級制　121, 146
学　区　120
学区制　120
学校運営協議会　252, 256
学校警察連絡協議会　134
学校設置者　126
学校選択制　120
学校評議員　252
家庭裁判所　3, 16, 17, 115
家庭裁判所調査官　42, 115, 150, 164,
　　166, 168
家庭的養護　86
仮退院　173
仮の義務付け　230
簡易送致　161
観護措置　160, 161, 163
監護費用　43
監督者責任　112
管理権喪失の審判　68
寄宿舎　233, 234
基本原理（子どもの法の）　4
義務教育諸学校　119, 131
義務付け訴訟　230
義務の猶予・免除　80
逆　送　177
教育委員会　126

269

事項索引

教育裁量　136
教育の機会均等　103
教育扶助　103
教育を受けさせる義務　119, 136
教育を受ける権利　80, 119, 146
矯正教育　172
行政警察　74
行政責任　113
ぐ　犯　152
ぐ犯少年　152
クーリングオフ　205
警　察　118
刑事司法と福祉の協働　75
刑事責任　107
刑事責任能力　152
刑事手続　74
刑の減軽規定　178
刑　罰　107
契　約　197
　──の拘束力　198
結　婚
　→婚姻
結社の自由　18
献　血　209
権限濫用（親の）　15
検察官送致　166, 177
憲法教育　259
行為能力　199
行為能力制限　251
後見人　17
更生保護　175
校　則　112, 247, 249
交通事故　105
高等学校卒業程度認定試験　146
勾　留　160
国際結婚　53
国選付添人　169
国立大学法人　139

個人情報保護　137
戸籍法　10
子育て　28
小遣い　187
子ども　4
　──の奪い合い紛争　47
　──の貧困　103
　──本人の意思　69
子ども・子育て支援制度　37
子ども手当　35
子どもの権利条約　1, 10, 12, 14
子の意見聴取　207
子の行為を目的とする義務　208
子の利益　15, 42
個別の教育支援計画　227
雇用義務　239
雇用義務制度　217
婚　姻　6, 24, 206
　──に対する父母の同意　206

●さ　行●

再婚　50
再婚家庭　51
財産　12
　第三者が無償で与えた──　191
財産管理　14, 187
差異性　2
裁判所　7, 17
在留カード　263
在留特別許可　265
裁量の逸脱・濫用　132
詐欺　199
里親　83, 86
　親族──　91
　専門──　89
　養育──　87
　養子縁組──　87
里親委託　86

事項索引

里親手当　87
参政権　18
支援つき就労　240
試験観察　166, 167
施設内虐待　160
市町村の就学援助義務　103
しつけ　58
児童買春　79
指導監督　175
児童虐待　265
児童虐待防止法　1
児童憲章　32
自動車損害賠償責任保険　111
児童自立支援施設　151, 166, 167
児童自立支援施設送致　155
児童自立支援施設等　156
児童相談所　60
児童手当　36
児童発達支援センター　223, 223
児童福祉　31
児童福祉法　3, 17
児童ポルノ　79
児童養護施設　83, 86
司法警察　74
市　民　18
社会調査　164
社会的障壁　217, 235, 236
社会的養護　83, 98
社会内処遇　175
自　由　12
就学援助　80
就学基準　229
就学義務　80, 119, 244
　　――の猶予又は免除　226
就学先の決定　217, 229
就学前の健康診断　229
就学猶予・免除　146
宗教的輸血拒否　214

住民投票　255
住民としての地位　260
住民票　247, 260, 263
収容観護　163
就労移行支援　239
就労移行支援事業　240
就労継続支援　239
就労継続支援事業　240
出席停止　132, 136
障害基礎年金　240
障害児　181, 216, 217
障害児施設　223
障害児入所施設　223, 233
障害者就業・生活支援センター　240
障害程度区分　219
障害の「個人モデル」　217
障害の「社会モデル」　217, 243
小学部及び中学部（特別支援学校の）　119
肖像権　12, 209
少年院　150, 172
　（第4種）――　178
少年院送致　155, 166, 172
少年鑑別所　150, 161, 163, 164, 172
少年警察活動規則　151, 155
少年刑務所　150, 178
少年審判　150, 155
少年の健全育成　152, 178, 180
少年非行　131, 151, 152
少年法　3, 107
消費者被害　205
条文の書き方　6
触法少年　134, 152, 174
職権主義　168
所有権　184
自立援助ホーム　83, 94
私立学校　250
自立活動　233
人　格　12

271

事項索引

──と人身　11
──にかかわる行為　206
人格権　12
親　権　29, 57
──（代理権）の濫用　191
離婚と子の──　42
親権一時停止　102, 251
──の審判　68
親権者　17
──と子との利益相反　190
──の権限縮小　195
──の代諾　214
──の同意　202
親権喪失　68, 251
──の審判　68
人工妊娠中絶　214
人事訴訟法　3
人身にかかわる行為　208
人身保護請求　47
親　族　30
親族里親　91
身体障害者手帳　218
身体障害者補助犬　236
身体的虐待　59
親　等　31
審　判　115
──の非公開　170
審判不開始　166
審判前の保全処分　69
推知報道の規制　182
スクールカウンセラー　127
スクールソーシャルワーカー　127
ステップファミリー　51
　→再婚家庭
請求権の時効　75
制限行為能力（者）　201
政治教育　247, 258
青少年保護条例　79, 248

生殖補助医療　39
精神障害者保健福祉手帳　218
精神的虐待　59
性的虐待　59, 79
性同一性障害　27
成年後見　200
成年後見制度　243
生命保険契約　209
責任能力　105
選挙権　254
選挙人名簿　260
全件送致主義　161
専門里親　89
臓器移植　214
相　続　185
贈　与　185
措置決定　83
祖父母　30
損害賠償　142
損害賠償責任　105

●た　行●

怠　学　80, 119, 150
退学処分　131, 250
第三者が無償で子に与えた財産　191
第三者評価委員会　89
体　罰　147
代理母　39
代理ミュンヒハウゼン症候群　181
立入調査　63
単位制　121, 146
地域生活支援事業　240
地方更生保護委員会　173, 175
嫡出子　24
中学校卒業程度認定試験　146
懲　戒　58, 147
懲戒処分　131, 151, 250
調査前置主義　164

調　停　115
通級による指導　227
通　告　155
通所施設　223
通　報　60
付添人　155, 169, 170
　　──の選任　211
連れ子養子　51
停学処分　113, 131
DV
　→ドメスティック・バイオレンス
適応指導教室　146
手続行為能力　210
統合保育　223
同性婚　27
登　録　10
道路交通法　108
特定妊婦　77
特別永住者　262
特別支援学級　217, 226, 227, 234
特別支援学校　119, 217, 226, 233
　　──小学部及び中学部　119
　　──幼稚部　223
特別支援教育　217
特別支援教育システム　226
特別養子縁組　83, 99
ドメスティック・バイオレンス　50, 102

●な　行●

名　10
七生養護学校事件　233
難病の者　219
28条審判　68
　　──の2年更新　72
乳児院　86
乳児家庭全戸訪問事業　76
乳幼児検診　222
乳幼児揺さぶられ症候群　181

任意後見契約　200
妊産婦検診　222
認　知　29
ネグレクト　59, 80
ネットいじめ　143
年少成年者　205
ノーマライゼーション　223
ノーマライゼーション，インクルージョン
　217, 226

●は　行●

配偶者間暴力
　→ドメスティック・バイオレンス
ハーグ条約　48
発信者情報の開示　144
発達障害　218
発達障害児　227
発達障害者支援センター　222
パブリックコメント　257
バリア・フリー　236
犯罪少年　134, 152, 160
判　例　7
引きこもり　146
非就学　80
非対称な関係　56, 58, 60, 89, 121, 134,
　147
非嫡出子　24
　　──の相続分　24
PTA　252
人　9
ファミリーホーム　86
夫婦小舎制　159
福祉的就労　217, 239
父子関係　29
不就学　80, 244
不処分　166
婦人保護施設　102
父性の推定　24

273

普通養子縁組　83, 99
不登校　80
　　──の権利　80, 136
不登校支援　146
普遍性　2
扶養義務　91
不良行為少年　151, 156
プロバイダーの責任　144
並行通園　223
保育所　34
保育所等訪問支援　223
法教育　259
法人格　11
法定雇用率　239
法定代理　251
　　──の同意　203
法的調査　164
訪問販売　205
保護観察　150, 155, 166, 174
保護観察官　175
保護観察所　175
保護司　175
保護処分　150, 166
保護と自律のバランス　201
母子関係　28
母子健康手帳　222
母子生活支援施設　102
母子保健　33
母子保健事業　76
補導　151
補導援護　175

●ま　行●

マクリーン事件　262, 265
学び直し　146
身柄付送致　163
未成年後見　192
未成年後見制度　83

未成年後見人　96
未成年者の選挙活動　257
未成年者保護　251
身元保証　83, 97
民事責任　105
民　法　9, 13, 14
無戸籍　260
面会交流　48
免許制度　113
モンスター・ペアレント　135
問題と体系　5

●や・ら行●

夜間中学　146
約　束　197
有形力の行使　147
養　育　14
養育里親　87
養育支援訪問事業　77
養育費　43
養育費・婚姻費用算定表　44
養育放棄　59
養子縁組　51, 83, 98
　　──あっせん制度　100
　特別──　83, 99
　普通──　83, 99
養子縁組里親　87
要支援児童　77
養　親　99
幼稚園　34
要保護児童　61, 151, 155
要保護児童福祉対策地域協議会　77
予防接種　214
離　縁　99
離婚届　43
療育手帳　218
臨検捜索　63
労働契約　208

274

子ども法
Children Law

2015年9月15日 初版第1刷発行
2016年2月10日 初版第2刷発行

著者　大村敦志
　　　横田光平
　　　久保野恵美子

発行者　江草貞治

発行所　株式会社　有斐閣
郵便番号 101-0051
東京都千代田区神田神保町 2-17
電話　(03)3264-1314〔編集〕
　　　(03)3265-6811〔営業〕
http://www.yuhikaku.co.jp/

印刷・大日本法令印刷株式会社／製本・牧製本印刷株式会社
© 2015. A. Omura, K. Yokota, E. Kubono. Printed in Japan
落丁・乱丁本はお取替えいたします。
★定価はカバーに表示してあります。

ISBN 978-4-641-12576-6

JCOPY　本書の無断複写(コピー)は、著作権法上での例外を除き、禁じられています。複写される場合は、そのつど事前に、(社)出版者著作権管理機構(電話03-3513-6969、FAX03-3513-6979、e-mail:info@jcopy.or.jp)の許諾を得てください。

本書のコピー, スキャン, デジタル化等の無断複製は著作権法上での例外を除き禁じられています。本書を代行業者等の第三者に依頼してスキャンやデジタル化することは, たとえ個人や家庭内での利用でも著作権法違反です。